# EMM
## Enterprise Marketing Management

# 利益を創出する統合マーケティング・マネジメント

[著]
デイヴ・サットン、トム・クライン

[訳]
博報堂 ブランドソリューションマーケティングセンター
高宮 治・千葉 尚志

英治出版

ENTERPRISE MARKETING MANAGEMENT:
The New Science of Marketing
by Dave Sutton, Tom Klein and Sergio Zyman
Copyright © 2003 by Dave Sutton and Tom Klein
All Rights Reserved.
This translation published under license from
John Wiley & Sons International Rights, Inc.
through The English Agency (Japan) Ltd.

## 本書への賛辞

　マーケティング、それは新製品を開発しそれを販売するまでのあらゆる活動を含む。そのそれぞれの過程に潜むギャップを埋めるために、長い間マーケティングは、確固たる体系化を模索してきていた。サットンとクラインが、本書で展開するEMM（エンタープライズ・マーケティング・マネジメント）の概念を考案しこのギャップを埋めた功績は賞賛に値する。いまやEMMは、ERP、CRM、SCMと並び、効果効率の高い収益力のある事業運営のプラットフォームの4大要素の一つとして重視されるべきものである。日本の読者諸氏も、事業運営の必須基盤としてこのEMMを実行することで、事業を成功に導くことができるであろう。

　　　　　　——ノースウェスタン大学ケロッグ校　教授　フィリップ・コトラー


　本書は、現実の課題に適用しやすい包括的なかたちで、マーケティングに科学的手法を取り込むことに成功した。憶測に基づくマーケティングを排除し、データに基づく意思決定をマーケティングに採りいれるためのロードマップを提示してくれている。マーケティングに携わるすべての読者諸氏に本書の閲読を強く勧める。特に日本のように大きくかつ独特の市場でのマーケティングに携わる場合は、なおさらである。

　　　　　　——ペンシルバニア大学ウォートン校　教授　デイブ・レイブスタイン


　サットンとクラインは、本書によりマーケティングそのものを再定義し直した。マーケティングの原理は不変ではない。彼らの新しいマーケティング原理であるEMMは、これまで曖昧模糊としていた、企業の組織全般にマーケティングの考え方を浸透させる課題に初めて成功した。さらにEMMは、最高マーケティング責任者（CMO）に対しても、その本来果たすべき企業内での役割を取り戻す道筋をも提示してくれている。

　　　　　　——チュレーン大学　教授　ビクター・クック

## 日本語版へのまえがき

　数年前に本書を著して以来、この本の中に書いた原理のすべてが正しく、また今後も正しい原理として機能しうることを、日々ますます痛感している次第である。我々が本書で明らかにした最大の特徴は、「マーケティングはアートではなく、科学である」ということに尽きる。もちろんマーケティングには、マーケターの才気あふれるクリエイティブな側面があることも事実である。しかしマーケティングそのものは決してアートというべき性格のものではなく、ましてや何か秘密めいた奥義などというものではない。本書で提唱するEMMは、アメフトにおけるプレーブック（チームの作戦図を書いたノート）のように、マーケティングに系統だった論理的なやり方で科学的手法を適用して、あなたの会社のこれまでのマーケティングの機能を変えていきビジネスの成果を早く手中に収めるための指南書としての役割を果たすはずである。

　歴史上、今ほどマーケティングに科学的手法を導入する必要性が高まった時代はない。

　今日の米国市場において、放送広告のような従来のマスマーケティングの手法は、ますますその効果・結果を精査され収益への継続的な貢献が強く求められるようになってきている。並いる競合の中で自社ブランドを際立たせ、それに対する顧客の購買意思を高める上で、まるでレーザー光のように精緻にターゲティングして顧客の注意を喚起し、顧客行動を誘引するメッセージを発信することが絶対条件となっている。ほんの数年前には考えられなかったような高い基準がマーケターに課されているのである。

　現在では、あらゆるマーケティング投資は投資収益率（ROI）の尺度で評価される。さらに企業経営者や投資家たちは、マーケティング投資計画一つひとつやマーケティング投資のポートフォリオを、他の資本投資と全く同じやり方で評価するようになってきている。すなわち、投資収益率の"ハードル・レート★"を超えることが求められているのである。このようにマーケティングを科学的に捉えるようになった現在では、効果測定のでき

★　目標とする収益率

る市場進出のプロセスを描き、そのマーケティング投資の業績評価を積極的に監視し、企業にとっての価値を鋭意最大化するようにマーケティング投資のポートフォリオを組むことがすべてのマーケターに求められている。それゆえ、情報テクノロジーがかつてなかったほどマーケティング部門に幅広く取り込まれていることは驚くに値しない。

　過去数年間、販売とマーケティングの技術面は著しい進歩を遂げてきたために、顧客関係管理（CRM）・デジタル資産管理（DAM）・マーケティング活動管理（MOM）・マーケティング資源管理（MRM）といったソリューションが軒並み発達し、我々が本書のなかで強く勧めているマーケティングの科学的なアプローチを、堅固なスキルセットとしてマーケターが付帯するに至っているのである。しかし残念なことに、多くの企業がCRMなどのテクノロジーがもたらす恩恵や可能性を十分には理解し切れていないようである。映画「フィールド・オブ・ドリームス」に出てくる有名な台詞のように、企業用ソフトウェア業者の多くは以下のような約束をしている。「（システムを）構築すれば、彼ら（顧客）はやって来ますよ」と。つまり、ソフトウェアには顧客を自社ブランドにひきつける神秘的な力があると言うのである。しかしながら、ここ数年間にわたりCRMに関するソリューションをさまざまな企業相手に実施してきた我々の経験から言えることは、このような「フィールド・オブ・ドリームス的マーケティング」は決して成功しないということである。逆にこうした情報テクノロジーツールに対する盲信こそが、上述したCRM・DAM・MOM・MRMなどのソフトウェアの活用に失敗したり、十分に活用できなかった主たる原因となっている。

　皮肉なことに、多くの企業が「顧客中心主義」という新たな教義を信奉し、CRMなどの情報テクノロジー的解決策を実施している。我々はマーケターに対し、情報テクノロジーを信奉すべきであるとは説いているが、こうしたテクノロジーはマーケティングを変えていく手段に過ぎないことも力説している。元来CRMは、それ自体がひとりでにブランド・ポジショニングを決めたり、競合に勝つマーケティングキャンペーンを展開して自社製品・サービスを買わせるようにできるものではない。市場リーダーたちは、CRMを顧客取引データの収集目的で活用している。こうしたデータを分析することで、顧客の購買行動の傾向について展望を得たり顧客

ベースでのセグメンテーションをすることが容易になり、長い時間をかけて自社ブランドに対する好意度を醸成していくことができるようになる。このようにして初めて、CRM はブランド構築活動を支援する素晴らしいツールになり得るのである。しかし最も重要なことは、CRM は投資を適切に実行するために意思決定を科学的に支援するシステムとして機能しうるという点である。エンタープライズ・マーケティング・マネジメントはその名のとおり、長く続いていくブランド好意度を醸成して顧客の購買意欲をそそり、企業全体の収益を根本的に成長させていくことに、企業の全マーケティング資産を注力し動員していくものである。

これまでにアメリカ市場で生起してきたことが、いまや全世界に急速に広まっていっている。我々は過去数年間、北米、南米、ヨーロッパ、アジアの一部でクライアントにコンサルティングサービスを提供してきた。その多くがグローバルなブランドを保持しており、現在そのブランドマーケティングに EMM の科学的手法を適用し、世界のどこであってもそのブランドマーケティングが機能するようにしようとしている最中である。技術インフラの世界的規模での発展により、マーケティングの新科学手法を自社に取り込むことがいっそう容易になってきている。たとえば日本の場合、IT インフラに則って事業を運営している多くの企業が、アメリカ企業やヨーロッパ企業と同様のやり方を取っている。アメリカやヨーロッパで経験してきているマーケティングの新科学手法への移行が、日本を初めとするアジアの経済先進国において既に始まっており、今後加速していくであろうことはほぼ間違いない。

本書『利益を創出する統合マーケティング・マネジメント』が日本で出版されるにあたり、我々は先取りで革新的なすべてのマーケターに本書を捧げる。マーケティングの新科学を取り入れ、ブランド好意度を向上させ、何度でも顧客を獲得するために本書を活用されたい。そうすることで、あなたの会社の収益を飛躍的に高めていただきたい。

2006 年 8 月

デイブ・サットン、トム・クライン

## Contents

# 目次

ENTERPRISE MARKETING MANAGEMENT

本書への賛辞　1
まえがき　3
目次　7

## Introduction
## エンタープライズ・マーケティング・マネジメント　15

### Part 1　ブランドを、キャンペーンではなくビジネスとして運営しよう

## Chapter 01
## マーケティングはアートではなく科学である　23

科学を実用化する　28
ブランドを、キャンペーンではなくビジネスとして運営しよう　29
顧客ではなく、ブランドを管理しよう　33
コミュニケーションだけでなく、自分のビジネスを再発明せよ　34

## Chapter 02
## ブランド・アーキテクチャー　39

ブランドは自社をどう語っているか？　41
ブランド・アーキテクチャー　44
ブランド・アーキテクチャーの基本構造　46
ブランド・アーキテクチャーの中にすべてをまとめる　50
ブランド・エクイティ要因　52
ブランド・アーキテクチャーの構築法　55
ブランド・アーキテクチャーはブランドによって異なる　58
ブランド・アーキテクチャーはどのように活用されるのか　60
ビジネスとしてのブランド　60
● CASE STUDY：Kマート──道を見失ったブランドとその顧客たち　63
● マーケティングの新科学：ブランド・アーキテクチャーを構築する　68

## Chapter 03
## マーケティングを企業活動全体につなげる 73

マーケティング部門と販売部門の連携 79
マーケティング部門と財務部門の連携 82
マーケティング部門と人材管理（HR）部門の連携 83
マーケティング部門とオペレーション部門の連携 84
● CASE STUDY：アメリカン・エキスプレス
　――マーケティング部門と販売部門の連携で会員増加を実現 85
●マーケティングの新科学：マーケティングと他部門の融合 91


## Part 2　顧客ではなくブランドを管理しよう

## Chapter 04
## ブランド・エクスペリエンスの主導権を握れ 97

ニーズの自覚（ニーズの告知） 104
選択肢の検討（選択肢提案） 105
購入（販売） 108
使用（より良く／より多く使ってもらうためのサポート） 110
サポートを受ける（サポートの提供） 113
情報過剰？ 116
ブランド・エクスペリエンス・ブループリントを設計し、売上につなげる 117
● CASE STUDY：ナビスコ
　――ブランド・エクスペリエンス・ブループリントでコモディティ化の罠を回避 121
●マーケティングの新科学：マーケティング・イメージによる企業の再形成 133

# Chapter 05
## マーケティングを CRM につなげよう　135

顧客関係のコントロールだけでは十分ではない　136
CRM の将来性と危険性　138
マーケティングのギャップと CRM　139
CRM は必ずオペレーションの効率化を実現する　141
CRM は競争力の持続的な優位性を生み出す　145
顧客データから実用的なカスタマー・インサイトへ　147
CRM を利用して影響力を持つ人たちと対話する　150
賢者への言葉　151
CRM 投資の見返りを手に入れる　152
もう一つの選択肢　153
賢い企業は別の方向に向かって泳ぐ　154
● CASE STUDY：東芝——マーケティング・サイエンスを CRM に結びつける　155
●マーケティングの新科学：マーケティングを CRM につなげる　157

# Chapter 06
## クロスセルのためのクロスマーケティング　159

クロスセルの歴史的経緯　161
CRM とクロスセル　162
クロスセル前に必要なクロスマーケティング　163
クロスマーケティング・テクノロジーの展望　165
クロスマーケティングの落とし穴　166
広さと深さ　167
● CASE STUDY：ウェルズ・ファーゴ
　　——顧客一人ひとりとの関係を強化するクロスマーケティング　168
●マーケティングの新科学：クロスセルのためのクロスマーケティング　171

# Chapter 07
## ブランドを活性化する新たなメディア　173

新しいメディアのハードル——顧客をもっと知ろう　180
新しいメディアをどのように測定するか？　184
秘密兵器　189
● CASE STUDY：M&M——購買意欲を刺激する新しいメディア・プロモーション　190
● マーケティングの新科学：ブランド活性化のための新しいメディアの利用　195


## Part 3　コミュニケーションだけでなく、自分のビジネスを再構成する

# Chapter 08
## ビジネスモデルの再構成　201

ビジネスモデルの再評価　203
戦略と構造　204
ブランド・アーキテクチャーを使ってブランド・エクスペリエンスを活性化する　206
ビジネスモデルの構成要素　206
ブランド・エクスペリエンス・ブループリント　208
組織構造上の選択肢　209
ブランド・エクスペリエンス・ブループリントにもとづくビジネスモデルの再構成　211
● CASE STUDY：アスペン・スキー社
　　——アスペン／スノウマスのリポジショニングとその競合　216
● マーケティングの新科学：ブランド・エクスペリエンスにもとづいた再構築　221

# Chapter 09
## マーケティング投資収益率を測る 225

マーケティングは投資である——そして適切な評価が必要である 226
マーケティングのための予算計上をやめて、賢い投資を始める 227
ROMI 追求を流行ではなく信念にする 230
何を変えるべきか？ 233
測定方法を日常的に使えるものにする 235
マーケティング・プログラムの効果を伝える 237
結果にもとづいて学び、向上する 238
トレードオフを成立させる 239
結果と文化に対する期待値の違い 240
● CASE STUDY：ハラーズ・カジノ
　　——投資戦略でブランド・エクスペリエンスの生産性と収益性を高める 241
●マーケティングの新科学：アクティビティ・ベースト・マーケティング（ABM）
　　——顧客行動ベースのマーケティング 244

# Chapter 10
## マーケティング投資を最適化し、収益性を高める 249

ブランド・アーキテクチャーとの整合性を保つ 253
マーケティング投資にブランド・エクスペリエンス・ブループリントを活用する 255
成功へのカギ：横断的に思考する 255
マーケティング投資プログラムの作成 259
● CASE STUDY：ロングス・ドラッグ・ストア
　　——迅速な売上増加のための価格設定の最適化 266
●マーケティングの新科学：マーケティング投資の最適化 270

# Conclusion
## マーケティングの新時代 273

今なぜ EMM を実践すべきなのか　274
マーケティングを成功させるために企業は何をすべきか　276


　　訳者あとがき　281
　　著者紹介　286
　　訳者紹介　287

# Introduction

# エンタープライズ・マーケティング・マネジメント

Enterprise Marketing Management

マーケティングへの取り組み方を説く本は巷にあふれている。その大部分は、広告やプロモーション、製品発表会などの販売促進の施策について非常に基本的な方法を説明したものである。

　本書はそうした類の本ではない。

　大半のマーケターがビジネスの本筋から外れた孤島に長年置き去りにされた状態だが、仕入れ・製造・財務・営業といった他部門、そして経済そのものも、情報革命によって変化し続けている。

　我々は、情報革命が最近の10年間に行ったこの創造的破壊に、クライアントの仕事を通じて積極的に参加してきた。情報革命はほぼすべてのビジネス原理を変えてしまった。

　まず我々は「ビジネスのプロセスを根本的に再検討して徹底的に再設計し、飛躍的な改善を実現する」★ために、最初にリエンジニアリングに取り組んだマイケル・ハマーとジェイムズ・チャンピーと仕事をした。そこでの努力は、財務・オペレーション・物流・人事管理（HR）など企業の従来の機能を完全に変えるエンタープライズ・リソース・プランニング（ERP：企業資源計画）システムの実行につながるものだった。

　次に我々は、シーベル社のCRM（顧客関係管理）ソフトの初期開発者の一人と仕事をした。そのソフトは営業とカスタマーサービスの業務を根本から再定義し、両者を統合した高度な業務プロセスを実現するものだった。

　そして今では、世界のトップ・マーケターの一人であるセルジオ・ジーマンと、世界的に有名な企業のためにブランド戦略を立案し、かつ実践する機会に恵まれている。

　こうしたあらゆるビジネスの領域での経験から、マーケティングの世界が、情報革命によってもたらされる大転換を今日まで避けてきたことに我々は気づいた。そしてマーケティング部門と企業の他部門とのギャップこそが、売上の低迷、顧客の大幅な減少、CRMやマーケティングに対する投資の利益率の低さ、そしてそれらの総合的な結果である業績低迷の原因となっている事例を幾つも目にしている。多くの

---

★1　マイケル・ハマー、ジェイムズ・チャンピー著『リエンジニアリング革命』、野中郁次郎訳、日経ビジネス人文庫、2002年

企業でマーケティング部門は戦略立案の役割を期待されるが、いざ経営に情報を取り入れる段になると、ラッダイト[2]のように遅れた組織になってしまっている。

このギャップを解決するのが、エンタープライズ・マーケティング・マネジメント（EMM）である。

「エンタープライズ（Enterprise：企業）」とつけたのは、マーケティングへのこのアプローチは、マーケティングだけに留めるには重要すぎるからである。企業が成功をめざすなら、従来のようにただマーケティング・ミックスを活用するのではなく、売上と利益をあげるためにあらゆる経営資源をどう活用するかを理解するべきではないだろうか？

「マーケティング（Marketing）」とつけたのは、やはりこのアプローチも、伝統的なマーケティングのやり方であるセグメンテーションや差別化といったものを活用して、市場を理解しそれを育んでいく手法を採用しているという理由による。

「マネジメント（Management）」とつけたのは、この実践的なデータ駆動型アプローチでは、マーケティング部門がいっそうの責任を負い、企業の他部門と広範囲にわたって協力することが必要となるからである。ブランドを築き上げる作業は、マーケティングという小さな一部門内に閉じこめておくべきものではない。ブランドの体現者として顧客と関わる全社員によって運用されていくべきものである。

地方の零細企業でもグローバル企業でも、すべての企業にとって「マーケティングはアートである」という時代は終わり、「マーケティングの新科学」の時代が始まっている。もはやマーケティングは、創造的な努力を必要とする一部のクリエーターの秘儀などではない。売上に焦点を当てた分析的方法の時代が訪れたのである。単純かつ明快である。マーケティングとは賞をもらうことではなく、ビジネスの成果を手に入れるためのものなのである。

どんなキャンペーンよりも、適切な情報が継続して流れていることのほうが重要だ。売上と利益を高めるためには、あらゆるマーケティング資産と従業員とが最適なメッセージを伝達し、顧客に最大限のベネフィット

---

★2　技術革新への反対者。19世紀初頭のイギリスで機械化に反対した熟練労働者の組織。

を提供しなければならない。これこそマーケターが確実に実行すべき課題である。

あなたの会社全体にわたる真のマーケティングの仕組みを確立する気があるなら、本書はまさにうってつけである。あらゆる資産——ブランド・人材・店舗・車輌など何でも——を用いて売上と利益を高めるため、統制のとれた科学的なアプローチを学ぶ必要があるとあなたは感じ始めているだろうか。もしそうなら、どうかこのまま本書を読み進めてもらいたい。

財務上のことについて言えば、EMMは収入以上の出費を要する新たな方法ではない。マーケティングが長らく享受してきた自由気ままに経費を使う時代は、EMMによって終焉を迎える。今後のマーケティングは賭けではなく投資を行い、そのリターンを確実に回収するためあらゆる努力をしなければならない。

また経費を賢く使うだけでなく、企業内のあらゆる情報処理機能を活用することが必要である。マーケティングを上に述べたような暗黒の時代から引き上げ、より科学的なアプローチを採用することにより、あなたの会社は競合の一歩先を行く機会を得るだろう。その場合、投資に頭を使わなければならないだけではなく、企業の情報化に関わるあらゆる要素をうまく取り込むことが必要である。ビジネスを変革していかなければ、先駆者にはなりえない。しかもそうすれば、売上も必ず上がる——それこそがすべてのマーケターの最終目標である。

本書は始めから順に読んでもいいし、関心に応じて個々の章に絞って読むこともできる構成になっている。各章では、そこで説明した理論の具体的事例を最低一つはあげている。紹介した企業は、大小・新旧すべてを含む全業界を代表している。ただしすべてが良い例とは限らない——行うべきでないことを知ることも役に立つのである。また第2章以降の各章の終わりには、読者が自分の会社で試みられるよう、その章で論じた科学的アプローチを簡潔にまとめている。

この科学的手法を導入している企業はまだ少なく、素晴らしい実例もまだ豊富ではないため、我々はやむをえず幾つか架空の事例も使っている。

これは読者にとって良い報せだろう。マーケティングの新科学をいち早く取り入れ、競争市場でリーダー的地位に立つための時間がまだあるということである（もしかしたら本書の改訂版には、あなたの企業の事例が載るかもしれない！）。

　EMM は、利益を高めるために必要なことなら何でもやろうという意志によって実現可能となるものであるが、それだけでは十分ではない。この情報時代にマーケティングがいかに機能すべきかを熟考しなければならないのである。ではさっそく取りかかろう。


　ウェブサイト www.MarketingScientists.com は、本書を読み終えて、エンタープライズ・マーケティング・マネジメントをさらに進めようとする読者の情報源として役立つだろう。このサイトには次のようなことが載っている。

- 連絡先情報（Marketing Scientists 社とのコンタクト）
- 新しいプレゼンテーション／講演（科学は常に進歩しているのである）
- マーケターの科学的手法
- ニュースレターの登録方法

# Part 1

## ブランドを、キャンペーンではなく ビジネスとして運営しよう

RUN BRANDS AS BUSINESS,
NOT AS CAMPAIGNS

## Chapter 01

# マーケティングは アートではなく科学である

### Marketing Is Not an Art— It Is a Science

マーケティングとは独創性がすべてではないだろうか。顧客と結びつくインスピレーションを生むための空間を作ることではないだろうか。顧客がすぐさま自社製品を買いに駆け出したくなるように、顧客と奥深いところで共鳴する完璧なメッセージを探すことではないだろうか。

もう一度考えてみよう。セルジオ・ジーマンが『そんなマーケティングなら、やめてしまえ！』★で指摘したように、マーケティングとは科学であり、アートではない。もしあなたが、マーケティングとは独創性にもとづいた努力にほかならないと考えて時間をかければ、アイデアは山ほど思いつくだろう——だが、山ほどの顧客は獲得できない。

もちろんマーケティングは、昔、高校の実験室で行った科学とは異なる。マーケティングの仕事を選んだ理由は、コピーライター、広告クリエーター、グラフィック・アーティストといった社会の最も独創的な人々と交流できるからだと言うマーケターが多い。確かにマーケターは、物事をどう見るべきかという目と、言葉に敏感な耳、深く見抜くことができる理解力、そして文化的なものへの強い興味を持っているようだ。そうした傾向自体は別に悪くない。

しかしすべて物事には、陰があれば陽がある。今日の創造的な企業においてのマーケターの役割は、ご機嫌取りやうわべだけの干渉に終始すべきではない。重要なのは、マーケターはビジネスパーソンだということだ。ややもすれば創造的な行動になりがちである投資について、その考え方と実行プロセスを適切に規定し統制することこそ、マーケターの責任なのである。この賢明な統制が、エンタープライズ・マーケティング・マネジメント（EMM）とマーケティングの新科学の中心をなしている。

まず辞書では、科学という言葉をどう定義しているかを見ておこう。

1. 現象の観察、識別、描写、実験研究、および理論的説明。
（a）自然現象の類に限定される、その種の活動。
（b）（広く）調査や研究の対象に適用される、その種の活動。
2. 方法論的活動、研究、論理にもとづく体系化（例：彼は芝刈りを科学の域にまで高めた）。
3. 研究や方法を必要とするように思われる活動（例：購買の科学）。
4. 知識、特に経験を通じた知識。

★　セルジオ・ジーマン『そんなマーケティングなら、やめてしまえ！』、中野雅司訳、ダイヤモンド社、2000年

次に、現実の世界で定義してみよう。「科学」とは、我々のまわりの世界を説明する方法である。つまり、今この瞬間に起きていること、今の時点までに起きたこと、あるいは特定の行動をとれば（もしくはとることができなければ）今後起こることを説明するものである。数百年前、地球が太陽の周りを回っておりその逆ではないことを、一般的な説とは相容れなかったにもかかわらず科学は間違いなく正確に説明した。

　マーケティングに適用するのは、科学のこうした面である。つまり日常の先にあるものを洞察する能力であり、疑問を抱き、問いかけと探求を続ける能力なのだ。物事の状態を説明するのにどういった論理を用いるのだろうか。

　自社の売上や利益が上がらないのはなぜか。

　なぜ新製品をもっと迅速に生産できないのか。

　なぜ株価がまったく上がらないのか。

　こうした疑問に答えられる理論——または理由付け——が、市場についての理解と市場内での事業活動を構成している。

　おそらく、現在の事業に関するあなたの「科学的」知識はもう十分かもしれない。独自の「理論」を持っている人もいるだろう。問題は、あまりにも多くのそういった「理論」がでたらめだということである。つまり確信を持った口調で何度も繰り返し話されることで、それらの「理論」があたかも事実であるかのようなオーラを放ってしまっている（または影響力を持ってしまっている）のである。企業には、その企業に生起することを説明する数多くの理論があるかもしれない。だが、その理論の正当性を立証する労を執っている企業はほとんどない。正当性を立証すべき点については後述するが、そこでは顧客（もしくは対象顧客）の活用に焦点を当てた、ブランドのバリュー・プロポジション（提供価値の規定）の構築について述べる。あなたが答えるべき質問、顧客の購買行動を促すベネフィットが何なのかをどうやって判定するか、というものである。

マーケティングによって達成したいことや、期待することについての仮定から始めよう。マーケターにとって、それは通常次のようなものになる。この取り組み（キャンペーンなど各種のマーケティング施策の実践、新たなマーケティングフレームの導入など）は、売上を伸ばすのに役立つだろうか。この総括的な問いには、さらに詳細でいっそう焦点を絞った質問が多数含まれている。

- 価格を下げずにシェアを拡大するにはどうすればよいか。
- 市場への製品投入を早めるにはどうすればよいか。
- 自社の10倍の規模の競合他社に勝つにはどうすればよいか。
- 契約を素早くまとめるにはどうすればよいか。
- 競合に対抗するために、ブランドをどうポジショニングするか。
- 成功する新製品を開発するにはどうすればよいか。
- 売上を伸ばすために、市場のセグメンテーションをどう行うか。
- 日用品市場で自社商品を差別化するにはどうすればよいか。

　これらの問いの一つひとつが、次の大きな問いにつながる。もっと大きなマージンで、より多くの顧客にさらに多くの商品を売らなければならない場合、この行動は本当に役立つのだろうかという問いである。しかしその点に触れる前に、自社の市場をもっとよく理解するため、多くの仮説を証明しなければならない。言い換えれば、対象となる市場全体を理解すればするほど、自社のマーケティング・プログラムを利用して売上を伸ばせる可能性が高くなるのだ。

　小学校時代の理科の授業を思い返してみよう。科学的方法と呼ばれたテクニックを覚えていると思う。仮説の正しさや誤りを、次の手順で証明する方法である。

1. ある現象や事物を観察する。
2. 観察の対象に整合する理論を立てる。
3. その理論を用いて、予測を立てる。
4. 実験や継続的な観察を行い、その予測を確かめる。
5. 得られた結果を踏まえて、理論を修正する。
6. 3に戻り、必要に応じて4〜5の手順を繰り返す。

実に簡単だ……たとえば、水の沸点を調べているような場合であれば。しかし、これがマーケティングとどう結びつくのであろうか。この科学的な方法をマーケティングに応用して考えてみよう。

1. ある現象や事物――この場合は対象となる市場――を観察する。
   （例：人々の平均年齢は上がっている）
2. 観察の対象に整合する理論を立てる。
   （例：対象購買客の平均年齢は上がっている）
3. その理論を用いて、予測を立てる。
   （例：年輩の購買客は健康志向が強く、健康関連のマーケティング・プログラムや商品によく反応する）
4. 実験（この場合はマーケティング・プログラム）や継続的な観察を行い、その予測を確かめる。
   （例：健康志向の商品の発表や、健康に関するマーケティング・プログラムの実施）
5. 得られた結果を踏まえて、理論を修正する。
6. 3に戻り、何度実験しても希望の結果を得られるようになるまで、4～5の手順を繰り返す。

読者諸氏は問題にこのような取り組み方をしているだろうか。マーケティングに科学的な方法を適用しているだろうか。

一定のレベルでは、渋滞の時に別の道を通って職場へ行こうと決めるような簡単な場合であっても、誰もがこの方法を用いている。だがマーケターたちは、科学的な方法を仕事にどう応用するかを考えなければならない。にもかかわらず、マーケティングの仕事は情報の真空地帯、つまり情報が断絶された状態で行われる傾向がある。情報を持たずに行われる投資はギャンブルに近い。

マーケティングによって資産を失ったとすれば、それは自社のマーケティングが市場のどの面にももとづいていなかったことを意味している。世の中に起きていることを的確に見定めていれば、マーケティングで資産を失うことなどないのである。また、望む結果を生み出すべく理論を都合よく改竄し、計画性のない場当たり的なマーケティングを正当化するようなこともなくなるだろう。

科学的な方法を活用しなければ、あなたの会社が行っていることは実際はただのギャンブルである。その方法で勝つ可能性が皆無だと言うわけではない。最高のチャンスもたまには巡ってくるだろう。だが確率は常に不利である。長く続けていれば無一文になるはずだ。

## 科学を実用化する

　そういうわけで科学とは、対象となる市場の中で顧客に起きていることを説明するものである。科学的な方法を用いることで、市場で起きている現象に関する知識を増やしたり、それをコントロールする能力を高めたりする上で有益なアプローチがわかるだろう。対象となる市場とはあなたの会社に固有な専門分野のことであり、積み重ねられてきた事業の成果である。また情報とは、当該企業の持つ「科学」、すなわちその企業がこれまでに習得した事柄すべてを指す。それには、より深く市場を学ぶための継続的な実験（マーケティング・プログラム）も含まれる。これらすべてを手に入れその集約的知識を用いることによって、あなたの会社は勝利へつながる戦略を開発し実行することができるのだ。

　マーケターにはこうした方法でビジネスを行う機会が何十年もあったが、実行を妨げるような障害が途中で何度も出現している。

- ブランドの提供価値を定義し、ブランドに関する意思決定と投資を決定づける、時宜を得た的確な顧客インサイトの欠如。
- 従来のメディアと企業活動全体の両面で対象顧客に包括的なブランド体験を提供するため、このブランドの提供価値を具体的な行動に移す能力の欠如。
- ビジネスの収益性を高めるために、マーケティングや販売・サービス・製造・財務・人事・情報テクノロジー（IT）など企業の主な事業基盤の全域にわたって重要な顧客インサイトを統合すること、およびその結果実施する活動についての説明責任が欠けていたこと。

　マーケターが成功するには、派手な学位や多岐にわたる技能、豊富な成功経験は必要ない。必要なのは、自社商品を顧客の手に届けてお金を払ってもらうために、最良の方法に意識を集中することである。こんな

ふうに考えてみよう。マーケターは次の3点で失敗することが多い。すなわち、(1) ブランドをポジショニングするため、顧客に関する知識を利用する能力の欠如、(2) 従来型のメディアを超えてブランドを広める能力の欠如、(3) ブランド・マネジメントのために組織・文化・情報を支援するのに必要な、顧客視点でのプロセス形成能力の欠如、である。

## ブランドを、キャンペーンではなくビジネスとして運営しよう

　ブランドをビジネスとして運営する上での障害については、さらに検討する必要がある。次章からは、その方法についてさらに詳しく説明しよう。まずは、ブランドとは部屋の片隅に座って眺めるだけのものでも、マーケターたちによってのみ語られるものでもない、という認識が必要だ。あなたの会社のブランドはあなたの会社のビジネスなのだ。あなたの会社は次にあげるいずれかの過ちを犯していないだろうか。

- ブランドをキュートなロゴや洒落たブランドスローガン、あるいは素晴らしいパッケージだと考えている。
- 極端に走りすぎてあらゆるものに新しいブランド名を付けてはいるが、そのブランド名を実際に顧客にとって意味あるものにするだけの資金はない。
- 基本商品のカテゴリーだけにもとづいた、あるいはもっと悪いことにブランド（ブランド毎にまとめられる損益）ではなく個人（ビルの損益、ジョアンの損益、など）にもとづいた計画を立て続ける。

　もし上にあげたような間違いを犯しているなら、なすべき課題は山ほどある。

　EMMへの道の第一歩は、ブランドをビジネスとして考え運営することである。ブランドにはマーケティング・キャンペーンや広告、ロゴ以上の意味がある。今あなたがいる課や部署に対するのと同じくらい、ブランドを重んじなければならない。ビジネスを考えたり運営したりする方法にブランド中心のアプローチを取り入れなければ、いつになってもスタート地点から動けないであろう。

ブランドをビジネスとして運営することに決めたら、次に直面する最も困難な問題は、ブランドをポジショニングするために顧客の知識をどう利用するかを、おそらくあなたの会社はわかっていなかったということであろう。確かに書店の棚にはこのテーマの書籍がずらりと並んでいるが、ブランドをポジショニングするという考えは、なぜか多くの企業で理解されないままになっている。

　企業は顧客に購買行動を起こさせるベネフィットの理解を深めようとせず、あくまでも現在の当て推量頼みの姿勢にこだわって開き直っているように思われる。言い換えると、具体的にどんなベネフィットを伝えれば売上はもっと伸びるのか、ということをわかっていないのである。あなたの会社のブランドの場合に、果たしてこの問いに答えられるだろうか。こうしたベネフィットは、「ブランド・アーキテクチャー」、すなわち企業がつくりだす価値と、商品やサービスの売上を上げるために一貫して伝えなければならない感情面や機能面の主なベネフィットを明確に具体化したものの中に、きちんと組み込まれるべきである。

　知らないことの責任は実際には問いにくいが、マーケティングとは何をすべきものか、またはどうあるべきかをまったく知らない企業が多い。というのも本物のマーケターなら社内で群れをつくり莫大な費用を広告だけに費やしたりするはずはまずないのだが、多くの企業にはきちんと采配を振るう真のマーケターなどいないからである。大半の大企業のマーケターのほとんどが、一皮剥けばまったく異なる訓練を受けたセールスパーソンなどが再配置された存在にすぎないことがわかるだろう。別にマーケターが素晴らしいセールスパーソンやエンジニア、優秀なIT専門家であっても問題はない。マーケティングに真の科学が存在しないふりをすることが問題なのだ。

　会社のトップセールスパーソンが即座に倉庫管理業務をこなせるようになると期待する人はいないだろう。にもかかわらず、売上と利益を上げるためにブランドを機能させる方法を知る人間がいるべきポジションに、企業は未熟なマーケターを配置し続けている。マーケティングがこれほどまでに崩壊した状態にあるのも不思議ではない。

顧客インサイトを活用する能力の欠如は、顧客に関する知識を利用できないばかりか、魅力のあるブランド・アーキテクチャーを構築できないことにも影響する。エンタープライズ・マーケティング・マネジメントも、一般的にマーケティングが社内の他部門の情報の流れから隔離され続けたせいで、確立させることが難しかった。情報革命は世界中の事業形態を完全に変えた。しかし多くの場合、マーケティングはこの革命から取り残されている。それは別に意外な新事実でもない。だが利用可能なすべてのテクノロジーをマーケティングが利用し切れていないという事実は、革命がまだ終わっていないことを意味する。

　大半の企業で、あらゆる情報は簡単に利用できる正確な統合データベースにまとめられているので、社内のほぼ全員が取引や顧客、製品に関する情報をすべてリアルタイムで閲覧できる。社内の誰もが同じ情報を得られることはこれまでにはなかったことである。

　新しいテクノロジーにはありがちだが、こうしたシステムもその重要な概念が簡潔な3文字の略語にまとめられる。とりあえず次の略語を覚えてほしい。

## CRM（顧客関係管理）
（カスタマー・リレーションシップ・マネジメント）

　企業が顧客との関係のあらゆる面を管理できる企業規模のソフトウェア・アプリケーションのカテゴリー。このシステムが目的とするのは、継続する顧客関係の構築――顧客満足を顧客ロイヤルティへ転換すること――の支援である。営業部門、マーケティング部門、カスタマーサービス部門、サポート部門から得られる顧客情報は、中央のデータベースで取り込んで蓄えられる。このシステムは、販売機会（別名、流通経路）マネジメント・システムを支援するデータ検索機能を提供することもできる。

　こうしたシステムは次のような疑問に答える時に役立つ。

- 我が社はこの四半期の販売目標を達成できるだろうか。
- そのためにはどの取引を成約させる必要があるのか。
- 最後に顧客Xを訪れた営業部員は誰だったのか。

## ERP（企業資源計画）
<small>エンタープライズ・リソース・マネジメント</small>

　中規模以上の事業の中核プロセスを支援し自動化するために設計された企業規模のソフトウェア・アプリケーションのカテゴリー。これには製造、流通、人事、プロジェクト・マネジメント、給与支払い、財務などが含まれる。ERPシステムは一般的に、顧客注文の獲得・成約・配送（物流）・経理処理に必要な企業規模のリソースの識別と計画のための会計本意の情報システムである。もともとMRP（資材所要量計画）<small>マテリアル・リソース・プランニング</small>が拡大したものだったが、その対象範囲を広げている。

　このシステムは次のような疑問に答える時に役立つ。

- 私（顧客）が注文したものはどこにあるのか。
- 業績はどうなのか。

## SCM（供給連鎖管理）
<small>サプライチェーン・マネジメント</small>

　このソフトウェア・アプリケーションは、納入業者から製造業者、卸売業者、小売業者、消費者へと順に移動するプロセス上での原材料、情報・財務状況の管理を提供する。SCMアプリケーションには企業内・企業間双方での、これらの流れの調整と統合が含まれる。効果的なSCMシステムの究極の目標は、（必要な時には商品が調達できることを前提として）在庫削減だと言われている。SCMソフトウェアには主に二つのタイプがある。プランニング・アプリケーションと実行アプリケーションである。プランニング・アプリケーションは注文に応じる最良の方法を決定するための上級アルゴリズムを使用している。実行アプリケーションは、製品の物理的状況、材料管理、全社の財務情報を追跡する。

　このシステムは次のような疑問に答える時に役立つ。

- 顧客との取引で約束できるロットはいくらか。
- 製品はサプライチェーンのどこにあるのか。
- この注文を迅速に処理して届ける最良の方法はどんなものか。

ERPやSCM、CRMの導入によって社内部門の多くが統合されてきた一方、マーケティング部門は孤島として取り残されたままである。企業と顧客の情報——これは2番目に価値ある企業資産である（最も価値があるのは無論ブランドである）——を活用する能力が無いために、マーケティングの新科学を実施できなくなっている。マーケターたちがこれらの動きに足並みをそろえたとき、本当の最適化が初めて可能になるのである。

　このようにマーケターはブランド・エクスペリエンス★1の主導権を持つ者として、企業規模での意思決定に情報を与える役を担うべきである。たとえばマーケティングによって生産予測における減少が示唆されることもあろうし、販売促進スケジュールにおける変化が示唆され、セールスパーソンの目標を変更させることもあるだろう——どれも対象顧客のニーズと欲求に合わせて変えられるものである。

　良い知らせは、上記のようなシステムをどう使うかがわかれば、マーケティングの新科学に適応する際に役立つだろうということである。悪い知らせは、こうした技術が素晴らしい機会を創造するため、現状にとどまってはいられないということであろう。

## 顧客ではなく、ブランドを管理しよう

　ブランド・アーキテクチャーの構築に顧客データを活用し、マーケティングを会社の他部門と結びつけることは正しい第一歩である。まだパズルから失われている次のピースは、ブランド・アーキテクチャーの中で詳細に説明されているブランドの提供価値にもとづいて、顧客にとって生産的かつ有益なブランド・エクスペリエンス（ブランド体験）を作り上げることである。

　こうしたブランド・エクスペリエンスを築くということは、それぞれのブランド・タッチポイント★2ごとに顧客に伝達される（ブランドイメージの）具体的な内容・機能性・メッセージをマーケティング部門が作成するという意味である。こうしたブランド・タッチポイントとは、

---
★1 ブランド体験。ブランドとの多様な接点の中で培われる、そのブランドへの認知や評価、選択傾向等の蓄積。
★2 ブランドが顧客との間で持つ多様な接点。

セールスパーソンによる対面販売からウェブサイトをクリックすることまですべてを指す。

ブランド・エクスペリエンスは、会社が顧客と接触するあらゆる局面にわたる。それには製品購入後の使用方法に関する顧客からの照会やアフターサービス等、バリューチェーンの最下流でのやり取りも含まれる。

## コミュニケーションだけでなく、自分のビジネスを再発明せよ

EMMが確固たるものになってこなかった最後の理由は、あらゆるブランド・タッチポイントでのブランド体験の構築と運営に必要なプロセスや組織を企業がこれまで築いてこなかったことである。

プロセスの面から見れば、今でもマーケティングは社内の財務決定のほぼすべてから隔離された真空地帯に存在しているのも同然である。生産能力増強のために工場を設立しようか、技術を次の段階にアップグレードすべきか、あるいはその製品ラインを設置するために工場を買収しようかどうかなどと悩む企業は常に、スプレッドシートを自宅に置き忘れてきたようなマーケティング決定をしている。まさしくセルジオ・ジーマンが述べているように、マーケティングとは純粋かつ単純な投資なのであり、払っても払わなくてもいい経費でもなければ贅沢品でもない。マーケティング・プログラムの実行・追跡のプロセスは、投資に見合ったリターンが確実に得られることを期待して行われる他のすべての企業活動と同様の視点で捉えられるべきである。

こうした視点は、今日の大半のマーケティング部門には存在しない。多くのマーケターはマーケティング予算の規模だの、投資収益率(ROI)の決定だのといった具体的な責務を、難しすぎる、または努力する価値がないものと見なしている。このような態度が、マーケターは財務的責任に無頓着な浪費家であるという悪評の原因となっているのである。

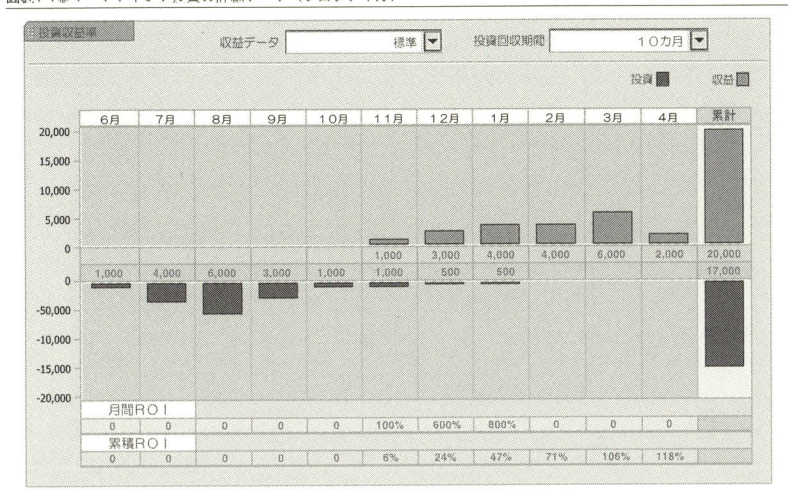

図表1-1 ●マーケティング投資の詳細データ（プロファイル）

| | 6月 | 7月 | 8月 | 9月 | 10月 | 11月 | 12月 | 1月 | 2月 | 3月 | 4月 | 累計 |
|---|---|---|---|---|---|---|---|---|---|---|---|---|
| 収益 | | | | | | 1,000 | 3,000 | 4,000 | 4,000 | 6,000 | 2,000 | 20,000 |
| 投資 | 1,000 | 4,000 | 6,000 | 3,000 | 1,000 | 1,000 | 500 | 500 | | | | 17,000 |
| 月間ROI | 0 | 0 | 0 | 0 | 0 | 100% | 600% | 800% | 0 | 0 | 0 | |
| 累積ROI | 0 | 0 | 0 | 0 | 0 | 6% | 24% | 47% | 71% | 106% | 118% | |

収益データ：標準　投資回収期間：10カ月

　顧客インサイトは、ブランドの意思決定やマーケティング投資の機動力となる。投資（支出でなく）という言葉は、マーケティングが機能するべき状態を暗示している。企業年金制度で得た年金をハイリスクのIT株や隣人がスタートさせたばかりの新規事業に投入する前には熟考するように、堅実なマーケティング投資の可能性があるにもかかわらず、勝ち目のないギャンブルにマーケティング予算を費やすことがないよう慎重に考えるべきである。

　この時点で注目すべきなのは、意思決定を促すための顧客インサイトとは、重要性の高い、時宜を得たものでなければならないことである。こうした情報収集は全世界の大半の企業にとって非常に大きな難題だが、避けて通ることはできない。顧客とのビジネスから長期的に得られるリターンと同様、対象顧客へのビジネスを作り上げるのに必要なマーケティング投資額を理解することは絶対に必要である。

　マーケティング投資の詳細（時系列）データを考えてみよう。図1-1のデータは投資時期と投資回収時期を示しており、ある特定のマーケティング活動について、月ごとの投資収益率および投資開始月からその月までの累積投資収益率の両方をモニターできる。つまりマーケティング投資の有効性が一目でわかるものである。

独創的なマーケターなら、こうした科学や投資の話を恐れる必要はない。マーケティングのアート面も、かつてないほど重要になっている。素晴らしいマーケティング施策を立案する天才マーケターは、依然として重要な存在である。しかしマーケティングにおける左脳面——投資運営をはじめ具体的な数字で表されるプロセス——は、ITの活用によって実行可能になり強化もされる。さらに新しいマーケティング用アプリケーションのおかげで、マーケターは戦略を実行するためのクリエイティブなアイデアに集中する自由が得られる。創造性と結びついたマーケティング投資は、ブランドを構築して会社の価値を高めるための非常に優れた能力をマーケターに与えるのである。

　セルジオ・ジーマンが著書『セルジオ・ジーマンの実践広告戦略論』★で示唆しているように、ブランドはマーケティングの活動全体の中心に位置する。EMMがマーケティングにアプローチする場合のブランド評価の方法は、どれくらいそのブランドが売れるかという点にもとづくのであり、『USAトゥディ』紙の一面に載ることを期待するような日和見主義のアプローチにもとづくのではない。ブランドは売れ続ける場合にだけ価値がある。マイクロソフトは偉大なブランドだが、それは本質的な価値のためではなく、マイクロソフト社が膨大な量のソフトウェアを売っているからである。

　ブランドは売上に結びつくときのみ、強力で価値あるものとなる。売上に結びつかないブランドは商品棚のスペースを占有しているだけにすぎない。本書は、売上を伸ばすブランド・エクスペリエンスの構築方法について述べることにする。ブランド・エクスペリエンスとは、顧客がどのようにそのブランドと関わっているかとは無関係に、ブランドを考えるときに思い浮かべる物事すべてを指している。

　伝統的に、マーケティングは顧客との関係構築の初期段階のみに焦点を当ててきた。それはまるで取引契約の問題のようである。今日のほとんどのマーケターは「顧客と商品を結びつけること」に熱中しすぎるため、契約が成立した後に何をすべきか分からずにいる。そして魅力的なブランド・エクスペリエンスを作り上げる能力のないマーケターは、

---

★　セルジオ・ジーマン『セルジオ・ジーマンの実践広告戦略論』、中野雅司・渡辺竜介訳、ダイヤモンド社、2003年

別の新しくて面白そうな——もしかしたら少しだけ安い——ものが現れるなり、「パートナー」に逃げられてしまうという目に遭うだろう。

　また、ただ気分が良くなるだけのブランド・エクスペリエンスを得ただけでは何の価値もないことにも注意すべきである。キャンペーンは企業に儲けを生み出すものでない限り、長くは注目されない。これは、現在のCRMが数値目標よりもブランディングの楽しい面にのみ焦点を絞って運用されがちである危険な側面である。

　マーケティングはあまりにも長期にわたって、会社の他部門との間に存在する見えない壁の裏で苦しんできた。マーケティング部門とオペレーション部門との間は言うまでもなく、マーケティング部門と販売部門との対話も少ないなかで、企業はオペレーションやサービスと同様に、伝統的な販売とマーケティング活動をも網羅する、顧客のためのブランド・エクスペリエンスを構築することができるのだろうか。

　EMMを企業に取り入れるために、やるべき課題は山ほどある。市場と顧客への理解——科学的な理解——を深めなければならない。それができた場合にのみ当該企業ブランドの提供価値を十分に開発することができ、顧客を「いい気分にさせる」だけでなく、自社製品を買わせるようコミュニケートする正しい方法も開発できるのである。

　次に、ブランドの提供価値のフレームワーク——ブランド・アーキテクチャー——を、ニーズの発生・購入ブランドの検討・購入・使用・アフターサービスといったブランド・エクスペリエンスのサイクル全体にわたって、具体的な行動に移していかなければならない。

　言い換えればマーケティングは、従来頼ってきたテレビや印刷広告のようなメディアだけでなく、あらゆるブランド・タッチポイントを活用して売上を促進しなければならない。そうすることが、より安価なだけでなく、競合他社が真似できないような自社の「フランチャイズ網」の構築を可能にする長期間にわたって有効な唯一の道である。

最後に、マーケティング・プロセスとそれを動かすものをすべて、もう一度内から外への視点で考えてみよう。マーケティングへの科学的アプローチは、研究やブレインストーミングを増やしただけでは実現できない。現実に変化を起こすことが必要である。すなわち、組織・文化・インセンティブ・ITを一つにまとめ、ブランド・エクスペリエンスの構築・維持を可能にしなければならない。財務上のルールと科学的な厳密さは、あらゆるマーケティング決定において守られるべきである。さもなければいつまでも過去にとどまる羽目になり、マーケティングへの投資はギャンブルで失うのと同じ結果に終わってしまうだろう。

　EMMへの旅の第一歩、それは自分のブランドを知ることである。

… Chapter 02

# ブランド・アーキテクチャー

Architect Your Brand

セルジオ・ジーマンの『そんなマーケティングなら、やめてしまえ！』によると、「あらゆるブランドはポジショニング戦略を持たなければならない。そしてそのブランドに関するすべての活動は、ポジショニング戦略と軌を一にしていなければならない」という。ジーマンはさらに、ブランドは企業にとって最も重要な価値を生む資産であり、ビジネスで競合他社に対する優位性と差別化を得るための唯一かつ真のリソースであると断言している。したがってエンタープライズ・マーケティング・マネジメントへのスタート地点が、対象顧客への理解を深め、事業の収益性を持続させる戦略的マーケットポジションを守るブランドを構築することであるのは驚くに当たらない。

　うまく構築されたブランドのわかりやすい例は、M&Mのチョコレートである。第1はブランド属性：「クランチ入りのミルクチョコレート」。第2は機能面での主なベネフィット：「お口でとろけて、手で溶けない」。最後に決め手となる感情面のベネフィットがある：「面白くて、家族で楽しめる経験」。成果を見れば、うまく構築されていることがわかる。本章では、読者諸氏の会社の企業ブランドを構造化する方法、その際のブランド・アーキテクチャーの基本要素の設定の仕方、競合他社のブランドと比較した自社のブランド・エクイティの評価について学ぶ。それらはすべて、持続的な収益性を得られるビジネス・ポジションを確立するためのブランド・アーキテクチャーの構築に役立つだろう。

　ブランド・アーキテクチャーを構築するに当たっては、過去の経験にいくらか頼ることも必要である。しかしブランド・アーキテクチャーを構築する際に、伝統的なコミュニケーション手段でしか伝えられないベネフィットばかりを考えていてはいけない。あなたの会社のトラック運転手からカスタマーサービス担当者にいたるまで、社員の誰に対しても教え込むことができ、かつ彼らの誰もが外部ステークホルダーへコミュニケーションできるようなベネフィットまで考えて追加していくことも必要なのである。顧客はそれらあらゆる段階でのやり取りそれぞれにおいてあなたの会社の企業ブランドを評価し、買うか買わないかについて論理的な根拠をつくりあげる。それを成り行きに任せていいものであろうか？

## ブランドは自社をどう語っているか？

　いくらかでも成功したことがあるブランドなら、当該企業の核となる信念と姿勢——会社が象徴するもの——をこれまで対象顧客に伝えてきたはずである。ブランドによって、あなたの会社がどういう会社なのかを明確に定義し、顧客に伝えることができるのである。たとえば、「常に業界最安値で売っている」、「どこよりも革新的」、「総合的なベスト・ソリューションを提供している」、「必ず選択肢に入ってくる」などというように。当該企業ブランドが象徴するものを決めておき、そのブランドの提供価値（ウォルマートの「エブリデイ・ロー・プライス（Every Day Low Price）」やフェデックスの「必ず一晩で、確実に（Absolutely, Positively overnight）」など）を効果的に繰り返し伝えよう。単に品質の良い製品やサービスを提供するだけでは十分ではない。あらゆる人に、あなたの会社が他社とは何が違うのかを知らせなければならないのである。

　さらに、当該企業ブランドがどうイメージされるかについて絶えずコントロールする必要がある。あなたの会社がそれをやらなければ、競合他社がやるに違いない。ブランドとは、たとえ競合他社の誘惑が目の前にあっても、顧客をあなたの会社のビジネスへ惹きつけるものであるべきである。理想的な状況下では、顧客は競合他社のことなど視野にも入れず、何度も自発的に当該企業製品へ戻ってくるようになる。手綱を締めてメッセージをコントロールし続ければ、競合他社に顧客を吸い取られることはまずない。

　Kマートの不運な例を考えてみよう。実に有名なブランドだが、そのブランド・メッセージは分散していた——「ブルーライト・スペシャル」というブランド・スローガンを掲げた低価格商品、広告チラシによって操作される高値／格安価格戦略、セサミストリートやマーサ・スチュワートのような魅力的なブランド。こうしたものすべてが雑然とした地域（ウォルマートの商圏よりも都心に近い古くからの商業地域）で販売された。Kマートは約10年間経営再建の努力をしたが、売上は減少し、その費用構造は会社を破綻へと追いやる点にまで至った。なぜだろうか？

それはKマートがブランドの中核メッセージを忘れたか、あるいはもっと悪いことに失ってしまったからである。そのため対象顧客は混乱し、競合相手である大型スーパー（ウォルマートやターゲット）がそのメッセージの主導権を握ってしまった。競争によって低価格ゲームのルールは変わり、戦略にもとづいたプロモーション（特定の期間に安売りすること）から日々安値を訴求するというフレームワークへと変わったのである。ウォルマートがこのエブリデイ・ロー・プライスのポジションを切り開き、優位なコスト・ポジション（売上レベルが同じときにもウォルマートの効率性はKマートを圧倒的に上回っていた）を構築するためインフラに多額な投資を行い、何度も完璧に実行した。

　またターゲット*は客層をより高く設定し、ウォルマートが対応しきれていない、価格面でのメリットを望みながらも質や内容が落ちた商品は望まないという高所得者層を狙った。ターゲット（粋でかっこいい雰囲気を伴い、フランス語訛りで発音されるブランド名）は、「手頃な贅沢」と呼ばれているものを提供することができたのである。

　Kマートは苦境に陥った。かつては売上で凌駕していたウォルマートに追いつくにはインフラ投資で遅れを取りすぎたし、ターゲットの顧客層に販売するような商品はそろえていなかった。確かに両社の販売成績がほぼ同程度だった1990年代半ばでも、ウォルマートのほうが効率的であった。ウォルマートの売上はすぐにKマートの2倍になり、さらに3倍になった。まもなくウォルマートは小売業者として最も強力なポジションを占め、さらに効率化を進めただけでなく、Kマートよりも低い価格で商品を仕入れられるようになった。

　Kマートはいきなり方向転換したが、それはおそらく1990年代半ばにターゲットから新しいマネジャーを雇ったためであろう。Kマートはマーサ・スチュワート・エブリデイのような専門分野への進出を試みたのだが、本来ならば会社の中核ブランドを積極的にリポジショニングすべき時期であった。マーサ・スチュワート・エブリデイのような高級ブランドが、荒れて薄汚れた貧相な店舗に並ぶなど考えられるだろうか？
　それもKマートの経営者自身が、アメリカ中で最もひどいショッピング・センターの一つだと見なすような店舗で（本章の最後にあるKマ

---

★　全米シェア第2位のディスカウント・ストア。商品デザイン等への注力によりウォルマートとの差別化を実現している。

ートの事例研究を参照してほしい)。

　こだわりを持ちすぎて競争に負けるわけにはいかないが、どの顧客にも応える何でも屋となって薄っぺらに手を広げすぎるわけにもいかない。Kマートの最新の動向からは、このブランドが完全に方向性を見失ったことが分かる。Kマートはエブリデイ・ロー・プライス戦略を「いつもブルーライト」というスローガンで追随し、ウォルマートと同じ対象顧客を求めたのだ。しかし家族構成が4人の年収5万ドルの家庭は、マーサ・スチュワートの商品にほとんど興味を示さないものである。最終的に残ったのは、顧客の目に映る混乱であった。この企業はいったい何を象徴しているのか、と。ベビー・ブーマー世代は、最近のKマートを中流階級と下流階級とを区分する文化的基準点として用いる。つまり彼らは、Kマートで買い物をしているところを見られたくないのである。

　この教訓はKマートにとって過酷なものだが示唆に富んでいる。自社の象徴するものを明確にしない限り、顧客との関係を生産的かつ利益の出るような状態には保てないということである。このことは、対象顧客と競合他社すべてにあてはまる。ブランドこそが焦点なのである。ブランドには、当該企業が提供するものを連想させるもともと仕込んでいたベネフィットや、結果的に付加されたベネフィットが凝縮されている。それが対象顧客の心の中に明確に存在していなければ、当該企業はやがて下降の一途をたどることになり、二度と復活できないかもしれない。

> 顧客は、あなたの会社のブランドの意味を知っているだろうか？

# ブランド・アーキテクチャー

　人間と同様、ブランドにも個別の価値や物理的特徴・個性・性格がある。物語と同様、ブランドにも登場人物や背景・筋書きがある。友人関係と同様に、ブランドもあなたとの個人的な関係を持とうとする。最良のシナリオをたどれば、関係はあなたが望むにつれて深まっていく。

　価格プレミアムが見込める強いブランドの構築に、大きな関心と潜在的な見返りがあることを考えれば、コンサルタントや研究者らが理論やモデル・技術などを掲げるのは当然である。彼らは皆、これこそブランドの構築と運営についての決定版であると主張する。だが、理論というものは複雑であればあるほど役に立たない場合が多い。ブランドの構築はマーケティングそのものと同様、科学であり、アートではない。ピカソを凝視したりする必要はない。本章で述べる説明に従うだけで、強力なブランドを構築することができるのである。

　ブランド・アーキテクチャーという用語は、実際にブランドを作り上げていく過程で生まれた。顧客にあなたの会社の商品をもっと買ってもらうために知っておくべきすべてを与えてくれるブランドを構築する上で、ブランド・アーキテクチャーは大変重要なステップである。これ以降の各章では、さらに進んでEMM（エンタープライズ・マーケティング・マネジメント）を利用した科学的アプローチをブランド・アーキテクチャーに適用し、それを企業戦略全体に適用させる方法を述べる。

　ブランド・アーキテクチャーは、建物を築くときのようにブランドの主要な要素を的確に配置することで、そのブランドに固有のメッセージや対象顧客に認知してもらうべき重要な事柄を浮かび上がらせる。

> ブランド・アーキテクチャーには、感情的ベネフィット・機能的ベネフィット・物理的ベネフィット・製品特性・購買誘因の妥当性・利用者のイメージ、そのほか多種多様な無形のものが含まれる。

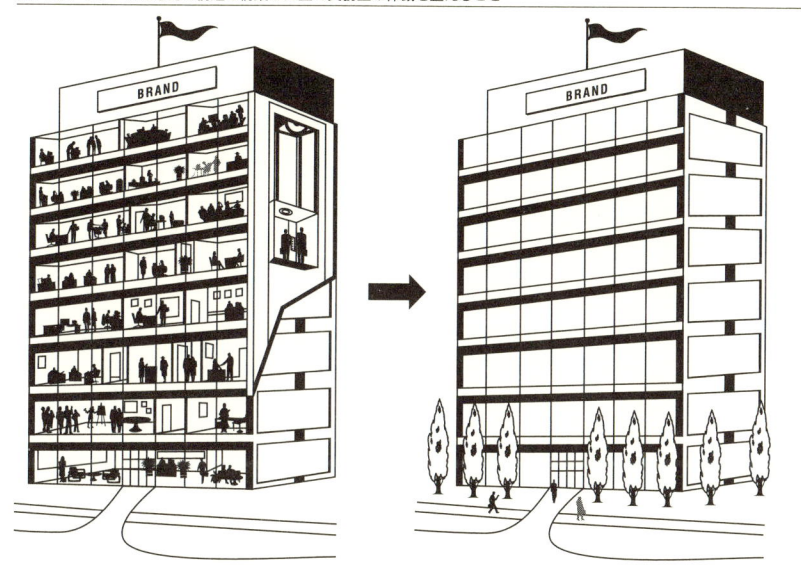

図2-1●ブランドの理想的な構造を構築した上で実務上の体裁を整えること

　ブランド・アーキテクチャーはブランドの理想的な構造を表している。ブランドがどのような構造で、どのように機能し、それぞれの構成要素がどう組み合わさって、消費者に意義あるベネフィットが届けられるのかを正確に示すのである（図2-1）。

　顧客が製品を買って使う理由を科学に求めるブランド・アーキテクチャーは、顧客の購買意思を最大化する感情的ベネフィットと機能的ベネフィットの組み合わせを提示してくれる。一旦完成すると、ブランド・アーキテクチャーは組織全体にわたる目に見える戦略的マーケティングのフレームワークを示す。このフレームワークによって、顧客にベネフィットを伝えることが可能になるのである。

## ブランド・アーキテクチャーの基本構造

　ではブランド・アーキテクチャーを動かすものは何であろうか。ブランド・アーキテクチャーの基本構造は、基本的属性（または製品特性）・機能的ベネフィット・感情的ベネフィットで表せる（図2-2参照）。ブランド・アーキテクチャーの構造は、主要な購買決定要因、すなわち製品を買ったり使ったりする顧客の最終決定に影響を及ぼす属性やベネフィットに焦点を当てれば決めることができる。

　購買決定要因の実態は見えにくいが、ある競争環境においてそのブランドの感情的ベネフィット・機能的ベネフィット・ブランドの基本属性などが顧客の購買欲求をどれほど刺激するかを決定することで測定できる。たとえばソフトドリンクの消費者には、キャラメル色のコーラよりも透明な飲み物を好む人もいる。この場合「透明」なことが購買決定要因であると考えられる。また別の消費者は、透明かキャラメル色かの違いよりも、味や価格・利便性などに関心を持つかもしれない。

　顧客の購買決定要因（顧客に商品を購入してもらうための具体的なベネフィット）は各ブランドの独自の特徴であるとは限らない。総じて相手から顧客を奪い取るチャンスがありそうな事柄は、競合他社を含むカテゴリー全体に関連するものである場合が多いということである。人気のある新製品の偽物や模倣がたちまち続出するのも、この理由による。「あの会社で売れるのなら、我が社でも売れないわけがない」というわけである。ブランドに対する知識・馴染みの高まった環境では、あるブランドが顧客の購買決定要因を捉えたことが明らかになると、すぐにコピーが出てくる。

　ではたちまちコピーされるだけなのに、ブランディングで頭を悩ませるのはなぜなのであろうか。もちろん、隣人と張り合いたいという気持ちもあるだろう。だがここで真に重要なのは、複製を作るのが実に難しく、あなたの会社だけが提供できる独自のベネフィットと属性を持った製品やサービスを作ろうと全力を尽くすことである。

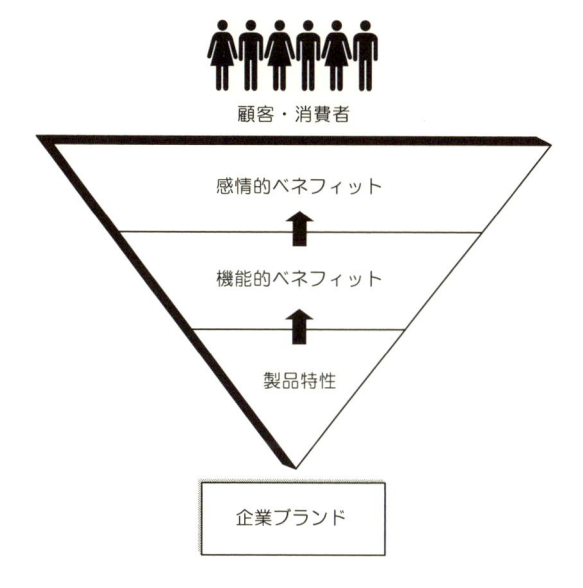

図2-2●ブランド・アーキテクチャーの基本構造

```
              顧客・消費者

         感情的ベネフィット
              ↑
         機能的ベネフィット
              ↑
            製品特性

            企業ブランド
```

　最も強力な購買決定要因には、競争力のある枠組みとブランドに結びつく根本的な感情的ベネフィットが反映されている。有名な製品が基本的な製品特徴や単純化した機能的ベネフィットによって説明されることがほとんどないのはそのためである。オレオクッキーがそのチョコレート味を賛美されることが、一体どれほどあるだろうか？　よく目にするのは母親を対象にした感情に訴える広告で、良い母親としての行為（感情的ベネフィット）としてオレオの食べ方（ドリンクに浸して、ねじって一枚ずつにする）を小さな子供たちに教える様子を描いたものである。こうした広告は、「比較検討の結果、ペーパーリッジファーム・クッキーよりオレオを買ったほうがいい」（機能的ベネフィット）という類の本音を述べてはいない。このような感情的ベネフィットを提供できる菓子はごくわずかだと言う人が多い。新製品を販売する競合他社は、オレオが独自の感情的ベネフィットにもとづいて提供しているこれまで受け継がれてきた製品や能力に対してどう戦うのだろうか？

購買決定要因は、感情的ベネフィットや機能的ベネフィット、またはブランドの基本属性でありえるが、それらすべてが同等の効果を持つわけではない。大きく分けて以下の三つに分類される（図 2-3）。

## エントリー条件

**エントリー条件**という購買決定要因は、その競争市場でビジネスを展開する以上、どんなブランドであれ提供すべき基本的なベネフィットの一群のことである。もしあなたの会社がファストフード業者なら、顧客にハンバーガーとフライドポテトを迅速に出せなければならない。このベネフィットはファストフード業者であればどこでも提供しているものであり、それがこの市場に参加する上で最低限必要な資格というわけである。こうした参加資格のベネフィットを提供できるようにするには、そのカテゴリーに属すどんなブランドであれ買われている理由を理解し、あなたの会社の企業ブランドがそれに到達する方法を見極める必要がある。

## 差別化

**差別化**による購買決定要因とは、あなたの会社のブランドを競合から良い意味で区別するベネフィットである。それは、あなたの会社にはあるが、競合他社にはないかもしれないケイパビリティやエクイティなどである。もちろん、こうしたベネフィットが対象顧客にとって必ずしも魅力的ではなく、購買意欲をかきたてるものではないかもしれない。実際、これらのベネフィットが取るに足らぬものなら、顧客はあなたの会社のブランドを選択肢から外してしまうだろう。たとえば、あなたの会社のミニヴァンがどれほど乗り心地の良いものであろうと、ミニヴァンを買わないと決めた顧客にとっては何の価値も持たないということである。さらに重要なことであるが、あなたの会社に特徴的なベネフィットが顧客にとっての最優先事項ではないかもしれない。その場合に購入する気にさせるには、相応のコミュニケーションと教育が必要となるであろう。

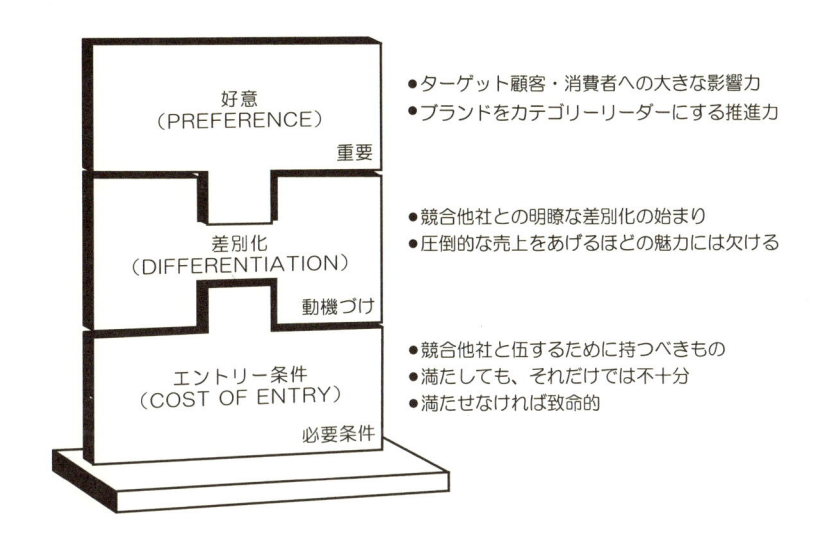

図2-3 ● ブランド・アダプションの構造ブロック

好意
（PREFERENCE）
重要
- ターゲット顧客・消費者への大きな影響力
- ブランドをカテゴリーリーダーにする推進力

差別化
（DIFFERENTIATION）
動機づけ
- 競合他社との明瞭な差別化の始まり
- 圧倒的な売上をあげるほどの魅力には欠ける

エントリー条件
（COST OF ENTRY）
必要条件
- 競合他社と伍するために持つべきもの
- 満たしても、それだけでは不十分
- 満たせなければ致命的

### 好意

　**好意**にもとづく購買決定要因とは、ブランドをそのカテゴリーのリーダー的地位に押し上げる力を持つベネフィットである。顧客が検討する選択肢には多くの競合ブランドが含まれているため、こうしたベネフィットは企業にとって本質的に極めて重要である。このタイプのベネフィットは、そのブランドが持つ顧客への影響力を大きく左右するだけではなく、持続可能な優位性の源泉になりうるものである。それは「アメリカ製品を買う」という程度の単純なものかもしれないし、顧客が競合製品と比較して幅広く検討した結果や、これまで他社製品を選んできた結果として生まれたものであるかもしれない。この要因は企業にとって切り札と言える。顧客が何度でも買いに戻って来るようなブランド属性なのである。

## ブランド・アーキテクチャーの中にすべてをまとめる

　ブランド・アーキテクチャーはブランドの基本要素の戦略的階層構造を形成し、前述の購買決定要因の一つひとつを全体像にはめ込んだものである。従ってブランド・アーキテクチャーは、マーケティング計画全体の中で何よりも重要な資料である。単純に言えばそれは、対象顧客の購買意欲を促すのにどのベネフィットが最も効果的で、どれが最も効果が少なく、どれには効果がないかを教えてくれる（図2-4）。つまりブランド・アーキテクチャーは、ブランドと関連するあらゆる企業活動を導くガイドラインとなる。

　この話をもっと分かりやすくし、ブランド・アーキテクチャーの構成要素をさらに深く理解してもらうために、リフレッシング・ビール社という架空の企業を想定してみた。ビールのカテゴリーはわかりやすい例である。なぜなら誰もがビールのことは知っているし、バーテンダーの「何にしますか？」というあの意欲をそそられる質問を受けたことがあるであろうから。

図2-4●購買決定要因

|  | 特徴 | 機能的ベネフィット | 感情的ベネフィット |
|---|---|---|---|
| 好意（PREFERENCE） |  |  | 最も効果的 |
| 差別化（DIFFERENTIATION） |  |  |  |
| エントリー条件（COST OF ENTRY） | 最も効果が小さい |  |  |

図2-5 ●リフレッシング・ビール社のブランド・アーキテクチャー

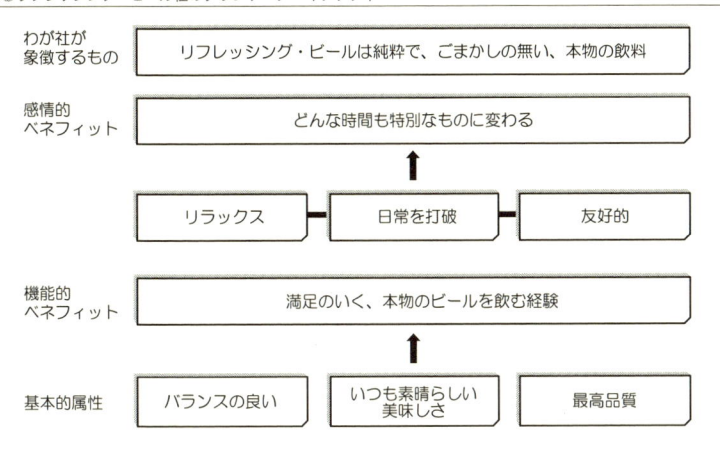

|  |  |
|---|---|
| わが社が象徴するもの | リフレッシング・ビールは純粋で、ごまかしの無い、本物の飲料 |
| 感情的ベネフィット | どんな時間も特別なものに変わる |
|  | リラックス / 日常を打破 / 友好的 |
| 機能的ベネフィット | 満足のいく、本物のビールを飲む経験 |
| 基本的属性 | バランスの良い / いつも素晴らしい美味しさ / 最高品質 |

　図2-5に示された、リフレッシング・ビール社の架空のブランド・アーキテクチャーを考えてみよう。リフレッシング・ビール社ブランドには、製品特性、機能的ベネフィット、感情的ベネフィットが幾つもあると想定しよう。これらが組み合わさって、リフレッシング・ビール社のイメージを対象顧客に向けて宣伝している。このベネフィットや特徴の中には、単にビール分野へのエントリー条件（たとえば素晴らしいおいしさ）にすぎないものもあり、実際に差別化要因になるもの（たとえば「本物のビールを飲む経験」）もあれば、本当にリフレッシング・ビール社ブランドを好きになるようにさせる潜在力を持つもの（たとえば「どんな時間も特別のものに変えてくれる」）もある。このブランド・アーキテクチャーは、マーケティング・ミックス全体とブランド体験のあらゆる要素について、内容をどう伝えるかということや、何にどれくらい投資すればいいかの目安となる。我々が発信する重要なメッセージは何か。そのメッセージは、リフレッシング・ビール社がイメージしているものをどのように強化しているのか。メッセージの強調の仕方は適切であろうか。カテゴリーへのエントリー条件でしかないものを強調しすぎていないだろうか。適切に利用すれば、ブランド・アーキテクチャーはあなたの会社の戦術（マーケティング・コミュニケーション、プロモーション、価格戦略など）を調整のとれた状態にするための究極のツールになる。

## ブランド・エクイティ要因

　あなたの会社のブランド・アーキテクチャーの基本的なフレームワークができたら、次はあなたの会社を競合他社と区別するユニークな特徴を確立し、他社にできない自社だけが提供可能な価値を明確にする段階である。これらブランド・エクイティ要因とは、自社ブランドを対象市場内で、他のどの企業に対しても優位に立たせるようなベネフィットから構成される。もし市場で持続的な優位性を持つブランドが存在していなければ、まだどの企業も顧客をどこか一つの方向へ引っ張るだけの影響力を持っていないのであるから、その市場には**「開かれた機会（open opportunity）」**要因があるということになる。それこそ誰にも取られていない有利な場所――あなたの会社が全力を尽くして獲得すべき領分なのである。

　ブランド・エクイティ要因は、次に説明するように四つの象限に分けられる（図2-6）。

### 主要エクイティ

　**主要エクイティ**とは、競合他社に対する直接的な強みを発揮する要因である。簡単に言えば、あなたの会社のビジネス・パフォーマンスが競合他社よりも高い部分ということである。まだ成熟し切っていない市場では、これを活かすことで新たなエクイティを築き新たな競争優位の基盤を構築することができる。

### マイナーアドバンテージ

　**マイナーアドバンテージ**とは、それによってあなたの会社のブランド評価は競合他社よりも高くなるが、実際のビジネス・パフォーマンスは劣ってしまっているといったベネフィットである。競合他社よりビジネス・パフォーマンスが劣っているとしても、あなたの会社の企業ブランドが本質的に強いブランド力を持っている場合、顧客が価値を認識すれば、強みは現実のものとなるのである。つまり、対象顧客に当該企業

図2-6 ●ブランド・エクイティ要因

|  | 本源的優位性 低 → 高 |  |
|---|---|---|
| **マイナーアドバンテージ**<br>ビジネス・パフォーマンスは低いが、ブランド評価は競合他社よりはるかに高い | | **主要エクイティ**<br>ビジネス・パフォーマンスは高く、ブランド評価も競合他社よりはるかに高い |
| **潜在的脆弱性**<br>ビジネス・パフォーマンスは低いが、ブランド評価は競合他社と同等 | | **パリティ・エクイティ**<br>ビジネス・パフォーマンスは高く、ブランド評価は競合他社と同等 |

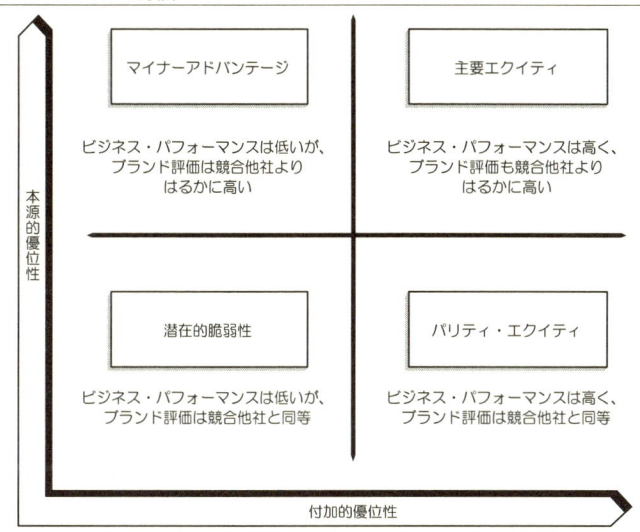

付加的優位性 →

ブランドを競合よりも強力だと考えてもらえれば、長い目で見ると実際にそうなるのである。

**パリティ・エクイティ**

　**パリティ・エクイティ**とは、当該企業のブランド評価は競合他社と同等だが、ビジネス・パフォーマンスは当該企業のほうが高い場合に作用する。この場合、当該企業の強みと競合他社の弱みを際立たせることがその企業にとって有利になる。

**潜在的脆弱性**

　**潜在的脆弱性**とは、ブランドの評価は競合他社と互角だが、ビジネス・パフォーマンスは実質的に競合よりも低くなる類のベネフィットである。これは危険な領域である。競合にこの脆弱性をつかまれて、顧客に暴露されるのは時間の問題となる。

表2-1 ●リフレッシング・ビール社競争資産分析：ブランド利用者におけるビール会社の重要度比較

| 購買要因エクイティ | 比較対象 バドワイザー | 地域の競合 | メキシコ製品 | ヨーロッパ製品 |
|---|---|---|---|---|
| なめらかな醸造 | − | ＋ | ＋ | ＋ |
| 純粋 | − | ＋ | ＋ | ＋ |
| 気が抜けていない | ＝ | ＋ | ＋ | ＝ |
| 辛くない | − | ＝ | ＝ | ＋ |
| リラックスできる | ＝ | ＋ | ＝ | ＝ |
| 最高に気分爽快 | ＝ | ＋ | ＝ | − |

＋：キー・エクイティ　　＝：パリティ・エクイティ　　−：潜在的脆弱性

　リフレッシング・ビール社のブランド・ポジショニングを詳細に分析すると、この市場のリーダーであるバドワイザーと比較して、かなり目立った脆弱性があることが分かった。しかし一方で、リフレッシング・ビール社はいくつかの主要エクイティでは競合他社に対する優位性を持っている。言い換えれば、市場のリーダー企業との間にはパリティ・エクイティがあるが、主要エクイティを活かして他社から市場シェアを奪うチャンスがあるということである。この場合の主要エクイティとは、滑らかな醸造・気が抜けていない・辛くもなく苦くもない・リラックスできる・気分爽快になるなどである（表2-1）。従ってこれらの要因が、リフレッシング・ビール社のブランド・アーキテクチャーの基幹を形成する。

## ブランド・アーキテクチャーの構築法

　ブランド・アーキテクチャーを構築する際に、企業の内側を見ることは必要であるが、それは必要な作業の半分にすぎない。ブランド・アーキテクチャーの構築には、顧客のニーズや欲求を深く理解することも必要である。そうした理解はフォーカスグループ・インタビューから得られる定性的データよりも、広範囲の顧客を対象とした調査から得られる定量的データによって得られるものでなければならない。広範囲の潜在顧客を対象とした自社ブランドと競合との分析は、購買決定要因やブランド・エクイティ要因、開かれた機会要因を見極める上での判断材料になる。定性的データだけでは、ブランド・アーキテクチャーを適切に組み立てるには往々にして不十分である。

　しかし人生と同様、厄介なことは細部で起きるものである。あなたの会社の企業ブランド・アーキテクチャーが顧客訴求に際して必要となる顧客インサイトを備えるには、他ブランドとの違いを際立たせる、微妙な違いではあるが意味のある違いを具体的なレベルで持たなければならない。顧客がブランドの本質を見抜いて消費行動を起こすのは、企業がいかに具体的にベネフィットを提示し、いかに競合より高い評価を獲得するかにかかっている。

　さてリフレッシング・ビール社に戻り、顧客の声に耳を傾けることで、ブランド間の重要な違いについてどんなことが分かり、進むべき方向がどのように見えてくるのかについて考えてみよう。リフレッシング・ビール社が自社のブランド・アーキテクチャーを構築する過程で、ビール分野全体や個別のブランドにまつわるさまざまな属性やベネフィットについて、まさに何千もの異なる顧客の声が明らかになった。味覚についてだけでも、顧客は100通りもの異なる表現をしていたのである。これくらい詳細な項目があると、エントリー条件という購買決定要因としての味（素晴らしい味）、ブランド・エクイティ要因としての味（気が抜けていない、純粋なビールの味）、開かれた機会要因となりうる味（エネルギーや活力が補充される味）などを区別して分析することが可能である。リフレッシング・ビール社は顧客の多様なベネフィットを調査し、

それらを次の6つのカテゴリーに分類した。

- 信用証明……ビールの特徴と醸造所の歴史。
- 個性……ビールを飲むことで形成される自分のイメージや個性。
- 気分転換……ビールを飲んでいるとき、どう感じるか。
- 社会的つながり……ビールを飲む行為に関連する出来事や行事。
- 責任……無駄な消費や飲酒運転をせず、自分の限界を弁えること。
- 可能性……消費によって可能になること。

さらにこれを本源的（もともとそうなるように仕込んだ／仕組んだ）優位性と付加的（結果論的に市場でそのように評価されるに至った）優位性というブランド・エクイティ要因の2軸を用いて分類することにより、リフレッシング・ビール社のどのベネフィットが消費者にとって重要であり（すなわちカテゴリー市場へのエントリー条件）、どれが潜在的な購買の動機づけとなり、どれが最重要のベネフィットであるかが明らかになる（図2-7）。このようにして、消費者とのコミュニケーションや創造的なプロモーションの戦略的方向性を、直感によってではなく、購買意思と直接的な相関を持つ消費者インサイトを知ることによって決めることができるのである。

こうしたフレームワークに即してリフレッシング・ビール社の競争力を分析することで、製品特性・機能的ベネフィット・感情的ベネフィット・使用状況・利用者の性格など多様な観点に立ったブランド評価を統合して把握することが可能になる。要因分析によってブランド・アーキテクチャーの諸々の構成要素が要約される——つまり、ブランドに対する顧客の心象がまとまった形で見えてくる。また、購入頻度とブランドの選好基準とを従属変数とした回帰分析を行えば、購買決定要因を識別することができる。

重要なのは、こうしたことが単に人々に好みを尋ねるより、はるかに複雑なプロセスだという点である。本源的優位性か本源的な選択飲用理由に基いた質問をすることで、まったく合理的な——感情に左右されない——反応が引き出される。そしてそれは製品ブランドの本質的なベネフィットを支持する。行動と態度の相関関係から、顧客の行動に関する、より包括的かつ妥当なインサイトが生まれるだろう。

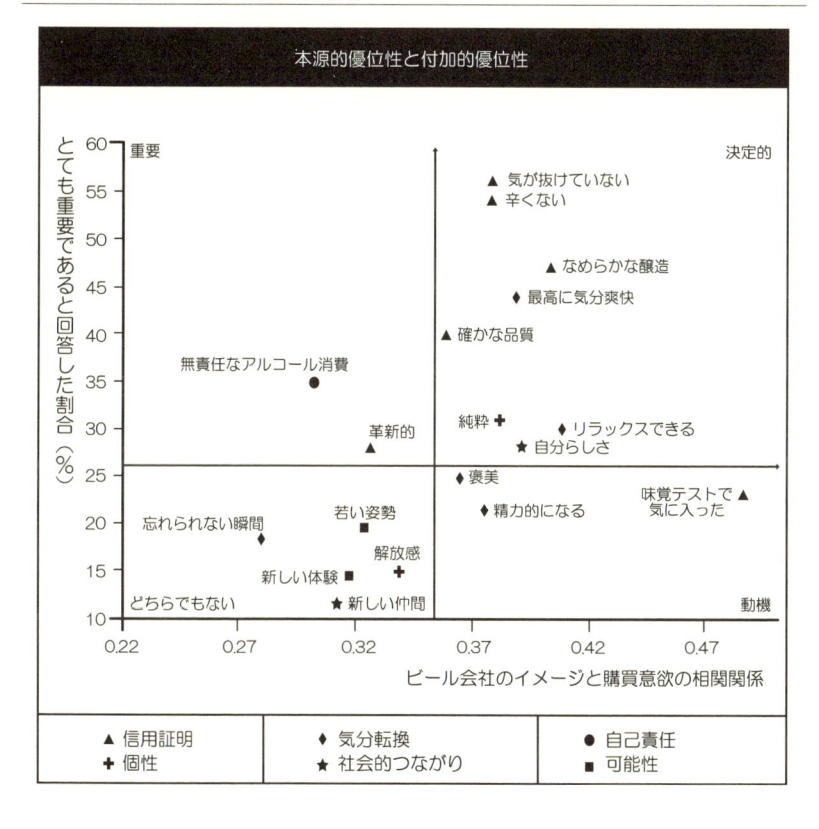

図2-7 ●リフレッシング・ビールの購買決定要因分析

**本源的優位性と付加的優位性**

縦軸：とても重要であると回答した割合（％）
横軸：ビール会社のイメージと購買意欲の相関関係

- 重要（左上）／決定的（右上）
- どちらでもない（左下）／動機（右下）

プロット項目：
- ▲ 気が抜けていない
- ▲ 辛くない
- ▲ なめらかな醸造
- ◆ 最高に気分爽快
- ▲ 確かな品質
- ▲ 無責任なアルコール消費
- ▲ 革新的
- ✚ 純粋
- ◆ リラックスできる
- ★ 自分らしさ
- ◆ 褒美
- ◆ 精力的になる
- ▲ 味覚テストで気に入った
- ◆ 忘れられない瞬間
- ■ 若い姿勢
- ✚ 解放感
- ■ 新しい体験
- ★ 新しい仲間

凡例：
- ▲ 信用証明
- ✚ 個性
- ◆ 気分転換
- ★ 社会的つながり
- ● 自己責任
- ■ 可能性

Chapter 02　ブランド・アーキテクチャー

## ブランド・アーキテクチャーはブランドによって異なる

　ブランド・アーキテクチャーは、競争の枠内にあるそれぞれのブランドに特有の構成要素基盤である。いわば指紋と同じで、真似されたり、あるブランドから別のブランドに貼り付けたりできるものではない。多様な側面を持つ（たとえばレギュラービールなどの）ブランドのアーキテクチャーは、ノンアルコール・ビールのように、より焦点を絞ったベネフィットを提供するブランドのものとは異なる。ブランド・アーキテクチャーは、様々な機会が生じたときに、多様な構成要素がどのように働くかを示すものである。このアーキテクチャーは、適切な購買決定要因とエクイティ要因・様々な市場での開かれた機会要因・消費者セグメント・使用状況などを明らかにするものでなければならない。図2-8で、もう一度リフレッシング・ビール社のレギュラービールのブランド・アーキテクチャーを取り上げてみよう。

　味と信頼性が、レギュラービールにとっての主要エクイティである。「本物の味」を求める消費者は、本物のビールに惹きつけられる。機能的ベネフィットと感情的ベネフィットが、いずれもカテゴリー内の主要購買決定要因であり、消費者の多くは、ビールでありさえすればよいと考えるわけではない。これらの要因はアーキテクチャーの中でより高いレベルに位置するのである。開かれた機会要因の大部分は、「感情に訴えかける飲料」というエリアに存在する。このようにブランド・アーキテクチャーは、味や信頼性という要素をどう活用して、感情に訴えかける独自のビールを作るのかを示すのである。

　当然ながら、ノンアルコール・ビール・ブランドのアーキテクチャーはレギュラービールのアーキテクチャーとは大きく異なる（図2-8）。ノンアルコール・ビールはもっと均質な似通ったニーズで括られる消費者層の興味をそそるし、ノンアルコール・ビールを飲む理由は、大抵がレギュラービールを飲む場合のものよりも一般的な飲料を飲む理由に近い。

図2-8◉ノンアルコール・ビールのブランド・アーキテクチャー

| わが社が象徴するもの | 選択（CHOICE）<br>まったく自分で選択した |
|---|---|
| 感情的ベネフィット | コントロール（CONTROL）<br>欲望のままに飲んでも、自制心を失うことはない |
| 機能的ベネフィット | 自分を大切にする（I'M A PRIORITY）<br>自分を大切にし、自分の思いどおりに生きることを選ぶ |
| 基本的属性 | 味（TASTE）<br>本物のビールの純粋な味 |

　ノンアルコール・ビールのブランド・アーキテクチャーは、本物の味という要因と、自分が飲酒を自制していることから生じる自尊心の要因とのつながりによって決まる。味という本質と、派生したエクイティとのこのつながりは、ノンアルコール・ビールのセグメントにおけるブランドが持つ独特の特徴である。この派生した特質は、レギュラービールには適用できない。したがってノンアルコール・ビールのマーケターは、ブランド・アーキテクチャーを（レギュラービールとは別に）ゼロからつくりあげなければ、潜在的な中核顧客を遠ざけるリスクを冒してしまうことになる。

## ブランド・アーキテクチャーはどのように活用されるのか

　マーケティング・ミックスの全要素を通じ、あらゆるブランド・タッチポイントにおいて、マーケターはブランド・アーキテクチャーをブランド活性化の手段として用いる。それが、ブランドの外見と魅力、および顧客とのやり取りが一貫していることを保証する唯一の方法である。アーキテクチャー内の主要購買決定要因は企業のエネルギーをブランドのどの強みに集中させるかの指針となり、開かれた機会要因は市場のどこに（明らかな）チャンスがあるか注意を惹き付けてくれ、ブランド・エクイティ要因は自社にとって最高の特長を発揮する方法を示してくれる。こうした科学的データをすべて確保したら、自社製品のあらゆるベネフィットを明確化し際立たせるための出発点に立ったことになる——それがどんな形で顧客に伝えられるとしても。

　ブランド・アーキテクチャーが、戦略を展開する上での基礎を成すということを忘れてはならない。すべての企業活動があなたの会社のブランドのメッセージと軌を一にしているように見えるためには、事業をどう展開するべきであろうか。あらゆる事業要素は、どうすれば顧客のベネフィットに貢献するであろうか。次章以降の各章で述べるように、ブランド・アーキテクチャーは企業全体で経営を変えるためのガイドブックである。人材を組織したり、訓練したり、評価したりする方法や、販売・サービスのプロセスを立案する方法、そのプロセスを通じて顧客をサポートするための様々なテクノロジーを活用する方法などを示している。

## ビジネスとしてのブランド

　我々は直観的に、成功したビジネスには支出以上の収入があることを知っている。そして最も成功したビジネスでは、収入と支出を継続的に測定しモニターするのに役立つマネジメント・プロセスとシステムが構築されている。今日ほとんどの企業は、ビジネスユニット（または製品ライン）単位や製品の販売地域にもとづいた組織編成を行っている。

しかしブランドとは、マーケティング部門の予算の一部としてではなく、それ自体が独立したビジネスユニットとして見なされるべきものである。ブランドは企業にとって最も価値ある資産である。重要な事業資産（工場や設備と異ならないもの）であり、独自の特性、メンテナンス需要、利益と損失（P/L）、投資回収義務などがある。

　このことを念頭に置きブランドをビジネスとして扱えば、ポートフォリオ理論の最も基礎的な要素が適用可能になる。ブランド・アーキテクチャーを構築し、経営資源をブランド・アーキテクチャー活性化のために充てるという難題を考えると、多すぎるブランドの下で窒息しそうにならないだろうか。リターンを生むのに適切なレベルでの理解もなく、また必要な投資もしないで、あなたの会社はブランドを増やしてきたのではないだろうか。圧倒的多数の企業がこうした問題で悩んでいる。自社ブランドについて、購買決定要因、ブランド・エクイティ要因、マーケティング資金をどこに投入すべきかを知る開かれた機会要因についての理解が不十分なまま会社を発展させてきたり、幸運にもブランド・アーキテクチャーを築くのに必要な顧客の十分な理解を深めることができたとしても、適切な投資をせずに多すぎるブランドの重みに苦労したりしているのである。

　これは実に単純なことである。投資がブランドの生死を決めているのである。あまりにも多くのものをサポートしようとすれば、一つも生き残らない。であるから、ブランド・アーキテクチャーを構築する前に投資を行った場合には、ギャンブルよりほんの少しましな程度の行動しかできないのである。

　エンタープライズ・マーケティング・マネジメント（EMM）とその科学的アプローチの核となる信条は、事実をありのまま受け入れよということである。主観的な意見や現状維持の姿勢、自社のまことしやかな前例を押しつけてはならない。ちょっと考えてみよう。我が社はなぜこの方法をとるのであろうか。この決定事項は実際どんなデータにもとづいて下されているのであろうか、と。

何を買おうか迷っている顧客にとって、ブランドはベネフィットを連想させる記号の役割を果たしている。マーケティングの主な目的は、自社ブランドの区分・差別化方法を最適な状態に維持することである。というのも、ターゲットは変化し、それに——ついでに言っておくが——競合他社も変化しているからである。市場とはもともと活力に満ちており、変化するものである。ある年には正しかったブランド・アーキテクチャーであっても、2年後には間違ったものになる可能性もある。

マーケティングは、潜在的なあらゆる購買機会にその時々の望ましいチャネルを通して、顧客が自社ブランドを選ぶように仕向けなければならない。これは投資に値するのかであるとか、マーケティングにいくら費やすべきかという昔からの問題に、どう答えるべきであろうか。いろいろな答えが出てくるだろう。だが簡単な答えは、損をしない程度にどのブランドにも資源を投入するということである。ここで再び科学の出番となる。科学的アプローチによってすべてのブランドやすべての企業活動ごとの個別の損益を割り出すことができれば、それは企業にとって大きな力となる。成果をあげているものに対して効果効率的に資源を配分し、成果の出ていないものは止めてしまうことにより、広告と資源配置の効率性を最大化することができるのである。

本書の各章の末尾に載っている「マーケティングの新科学」は、高いリターンを生み出すマーケティング活動への資源投入を確実にするために、マネジメント・プロセスとシステムを利用する方法を示している。それは同時に、ブランドをビジネスとして扱う上でも活かせるであろう。

こうして自社ブランドを構築できれば、顧客を購買へと促す具体的なベネフィット群を理解し、売上・利益の向上につながる自社のブランド・エクイティを増加させる最も重要な第一歩を踏み出したと言える。

さて、これで「何をするのか」の見極めはできた。さらに読み進めて「どうするのか」について詳しい説明をしていくことにしよう。

**CASE STUDY**

# Kマート──道を見失ったブランドとその顧客たち

**背景**

　Kマートの創設は、S. S. クレスゲ社が低価格雑貨店チェーンを展開した1897年にさかのぼる。1950年代に、クレスゲはアメリカ最大のゼネラル・マーチャンダイザー★の一つになっていた。1962年、クレスゲが最初のKマート・ストアを開店し、ディスカウント・ストアをアメリカに誕生させた。その後、クレスゲ社はKマートに改名し、小売ブランドの先頭に立つことになる。

　1970年代、Kマートは好調の波に乗って年商が倍々となり、新規店舗を年間250店のペースで出店して競合他社を驚かせた。しかし1980年代には勢いを失い始めた。他の小売業者がオペレーションを改善し続ける間、Kマートは商品や経理、在庫システムを向上させるための十分な努力をしなかった。何より目についたのは、Kマートが店舗のデザインをほとんど近代的に改装しなかったことである。

　Kマートはディスカウント小売業として、自社をポジショニングした。うまく行きすぎるほど成功したブランディングであったので、同社が安売りという原点から抜け出すことは決してできなかった。一方同じく1962年に創業したウォルマートは、当初の成長ぶりこそやや遅かったが、時間が経つにつれ極めて優れたオペレーション効率化を実現していった。「我々はより安く売ります（We Sell for Less）」というスローガンを普及させたウォルマートは、1990年にKマートを抑えて全米最大のディスカウント小売業者となった。

　価格リーダーとしてのポジションを追われたKマートはアイデンティティ危機に陥り、そこからいまだに抜け出せずにいる。ほかにもこれまで抱えてきた膨大な数の問題がある。店舗展開の立地問題・在庫運営問題・プロモーションへの過度の依存・経営陣の分裂・激しい競争などである。だがすべての問題の中心はKマートが自社ブランドの展望を見失ったことであり、その代償はあまりにも大きかった。

---

★　雑貨・非食品を中心に販売する小売業。

## 戦略とオペレーションの大失敗

　Kマートは高価格と低価格併用の、従来からの販売戦略を続けるために、ブルーライト・スペシャルというキャンペーンスローガンや広告チラシといった販促ツールを利用した。その目的は、いくつかの品目の価格を安く設定し、顧客を店へ引き寄せることであった。客の買い物かごの残りのスペースが、正価商品で埋まることを期待したのである。当然、その正価商品にはできる限り高いマージンを設定する必要があった。年代は少しさかのぼるが、1980年代にKマートは、高価格と低価格併用の販売戦略による利益をさらに上げ、もっと裕福な顧客を引きつけるという二つの目的で、デザイナーブランドものの販売を始めていた。

　だが、低価格のプロモーションを推し進める一方で、高価なデザイナーブランド品を販売するという体制のため、Kマートのポジショニングは二分された。アナリストらは最近、Kマートがマーサ・スチュワートとの提携と「いつでもブルーライト」運動を同時に追求した結果、こうした断絶が起きたと指摘したが、この種のアイデンティティ・クライシスは何年にもわたって広がっていたのである。疑問はこんなものになった。「Kマートは、安い豆の缶詰を求めるバーゲンハンターにとっての目的地なのか、それともマーサ・スチュワートお気に入りの色の計量カップを欲しがる将来有望な買い物客にとっての目的地なのか」。

　その間ウォルマートは、安売りや一部商品のプロモーションではなく、「毎日が低価格」戦略を一貫して追求していた。クーポン中毒や安売り中毒の顧客には、ウォルマートの戦略は功を奏さないであろうと専門家は予測した——しかしそれはまったくの間違いであった。顧客はウォルマートでカートいっぱいの買い物をした場合、どこよりも安い金額になると単純に理解するようになった。この戦略によって、ウォルマートは新聞広告をほとんど打たずに、ロー・プライスというイメージを広めることができた。

　Kマートは顧客基盤の変化に対応し、実際に自社のリポジショニングを行って競争力を高めることにも失敗した。1970年代に急速に成長したKマートは、自社店舗の3分の2の基盤を都市部に築いたが、ウォルマートやターゲットはもっと郊外へ店舗を展開していた。Kマートは人々が都市部から郊外へ移動し始めた状況に適切な対応をせず、都市部の低成長顧客基盤をそのままにし、急成長しつつある郊外の顧客へはほとんどアクセスしなかった。店舗内が乱雑でわかりにくいという会社の悪評を挽回する試みは、実を結ばなかった。

Kマートの経営陣はあまりにも多くの企業買収に走るという過ちも犯した。1984年から1991年の間、Kマートは専門小売分野に積極的に飛び込み、事業ラインを増やした。その中にはボーダーズ・ブックストア★1、ウォールデンブックス★2、ビルダーズスクエア★3、ペイレス・ドラッグストア・ノースウエスト★4、ペースメンバーシップ・ウェアハウス★5、スポーツオーソリティ、オフィスマックス、などが含まれている。

　当然ながら、Kマートのような万能型の選手はこうした専門的な小売店をうまく経営できなかった。1994年から1995年、Kマートには倒産の影がちらつき、オフィスマックスやスポーツオーソリティ、ペースメンバーシップ・ウェアハウス、ボーダーズ・ブックストアを売却したり独立させたりせざるをえなくなった。しかし現在も、Kマートは年間2億5000万ドルの賃借料を払って、ビルダーズスクエアやボーダーズ・ブックストア、スポーツオーソリティ、ペースメンバーシップ・ウェアハウス・クラブなど、独立させたり買収された会社のチェーン350店舗をリースしている。

### 熾烈な競争の痛み

　Kマートの傷が自ら作ったものであることは間違いないが、その主な競合であるウォルマートとターゲットをじっくり見ることは無駄ではない。両社とも巧みな経営によって自社ブランドを守り、成長させた。

　1990年から2000年にかけて、Kマートのマーケットシェアは30％から17％に下がった。同時期に、ウォルマートのマーケットシェアは30％から55％に増加し、ターゲットのマーケットシェアは10％から13％になった。ガートナー★6のアナリスト、ケヴィン・マーフィーによると、Kマートは近隣にウォルマートやターゲットなどの競合がいない都市部では善戦しているという。だがこの3社すべてが店舗を展開している地では、Kマートが完敗している。Kマートにとって

---

★1 現在、全米第2位の書店であるボーダーズグループの中心的チェーン店ブランド。1992年にKマートに買収され、1994年にウォールデンブックスと合併しボーダーズ・ウォールデングループとなる。1995年にKマートから独立後ボーダーズグループとなる。
★2 1984年にKマートに買収される。現在は、ボーダーズ・ブックストアと同様にボーダーズグループの中のチェーン店ブランド。
★3 ホームセンターチェーン。Kマートの子会社であったが、1997年に売却され、1999年に全店舗が閉鎖された。
★4 ドラッグストアチェーン。1985年にKマートに買収された後、1994年にTCHコーポレーションに売却されスリフティ・ペイレスとなる。その後1996年にライト・エイドによって買収され、1999年に全ペイレス店がライト。エイド店となる。
★5 会員制倉庫型量販店。1993年にウォルマート傘下のサムズ・ホールセールクラブによって買収され、現在のサムズ・クラブとなる。
★6 世界最大のIT戦略アドバイス企業。

不運なことに、Kマートの店舗の80%が、ウォルマートかターゲットの店から7分以内の場所に立地しているのである。収益状況は、さらにKマートにとって気が重くなるものであった。Kマートが14年間で出した合計38億ドルの利益は、ウォルマートが半年で生み出した利益をわずかに上回るにすぎない。

　価格リーダー競争に負けたあと、Kマートは自社の決定的なリポジショニングに失敗したため、こうした小売業者ナンバーワンとナンバーツーに競争から締め出されてしまった。ウォルマートは1990年、全米規模で低価格基盤を手に入れた時、トップディスカウント小売業者としてKマートを越えた。一方ターゲットも、シックな商品の低価格販売でKマートを抑えた。

　ウォルマートはKマートに比べて、店舗面積1平方フィートあたり約2倍の販売利益をあげている。またウォルマートは、自動化と情報テクノロジー（IT）を独創的に利用することにより、大きな能率をあげるメリットを手に入れた。ターゲットは、ウォルマートで頻繁に買い物をする顧客よりも、裕福な客層向けの販売というニッチ市場に目をつけ、モッシモ・ブランドの低価格で上品な衣料と、有名なマイケル・グレイヴス*の家庭雑貨品の取扱量を大幅に増やした。

## マーケティングの誤り

　つい最近、Kマートは崩壊をさらに速めるような失態を次々に演じた。Kマートのマーケティング部門が、顧客への自社の貧弱なイメージの改善に取り組むのに失敗した時、失敗は雪だるま式に増大していった。バーナード・リテール・コンサルティング・グループのカート・バーナード会長は、最近のKマートは劇的に改善されたが、その変化を顧客に伝えることに失敗したと述べた。

　Kマートの状況を混乱させる特徴の一つは、この会社には既に競争できるだけの正しいツールがあるということである。Kマートが提供する商品には、マーサ・スチュワート、ディズニー、セサミストリート、ルート66の衣料品などが含まれる。だがそうした強みを顧客に伝えきれずにいる。

　Kマートは「いつでもブルーライト」スローガンの下での破壊的な価格と、「比較にならない大胆さ」というキャッチコピーによる広告キャンペーンとで、ウォルマートとの直接対決を選ぶことで問題をさらに悪化させた。その戦略は紛れもなく失敗だった。ウォルマートはすぐさま自社商品の販売価格を下げた。ター

★　アメリカの建築家兼デザイナー。

ゲットからは虚偽広告だと訴えられ、Kマートは宣伝を取りやめざるをえなくなったのである。

加えて、「いつでもブルーライト」プロモーションへの移行はあまりにも突然すぎた。ここでも、Kマートのブランディングが効果的に働きすぎていたのである。最も忠実なKマートの得意客は、Kマートのマーケターによる長年の訓練と強化の賜物である新聞広告のおかげで同社に引きつけられていた。Kマートはこうした広告チラシが客を店に引き寄せる効果をあまりにも過小評価した。そしてコスト削減と資金補強を願ったKマートは、単純に広告費を減らすことで、顧客から広告チラシを奪ってしまった。

**最近の冒険：Kマートは赤から緑に変わる！**

Kマートは、自社ロゴの色を赤（自社の損益計算書状況を示唆しているような色）から緑へ変えようと計画している。またいくつかの市場では、新色のロゴ、より幅広い通路、より明るい照明、より低い棚、ショッピング体験を助長する売り場サインなどの特徴を備えた新しいコンセプトの店を試験的に運営している。新しい店のコンセプトはいまだにマーサ・スチュワートやジョー・ボクサー、セサミストリート、ディズニーなどのブランドを特徴とするが、新レイアウトでは、高品質ブランドは店の正面近くに配置されている。このコンセプトには「未来のストア」という愛称がつけられた。必ずそういう店にさせるという、従業員たちへの約束なのであろう。苦肉の策にもかかわらず、Kマートの既存店舗の売上は減少し続け、2002年8月には約12％減で終わった。

Kマート物語の最終章はまだ書かれていない。しかし、自社ブランドの保護と成長に失敗したため、最終章を目にするのもそう遠くないであろう。

## ブランド・アーキテクチャーを構築する

　次に述べるのが、ブランド・アーキテクチャーを構築するための各ステップである。

**ステップ1：ブランドの目的地を明確にする：ブランドの目的地ステートメントを作る**

　行動を開始し、あなたの会社のブランド・アーキテクチャーの構築を始める前に、当該企業ブランドと製品ポートフォリオの短期的、長期的にたどり着かせたい「目的地」を明確にしなければならない。つまるところ、どこへ向かうのかが分からなければ、そこへ到着することはかなり難しい。そして目的地が明らかであればあるほど、行きたいところへ連れていってくれるブランド・ポジショニングとブランド・アーキテクチャーを構築しやすくなる。まずは次の質問に明確に答えていくことで、ブランドの目的地ステートメントを明確にし、宣言する。

- あなたの会社はどのビジネスで長期的に競争をするつもりなのか。
- 現在および将来において、誰に対して売ろうと計画しているのか。
- 顧客は何によってあなたの会社と競合他社を区別できるか。
- あなたの会社の製品とサービスから、顧客はどんなベネフィットを得られるのか。
- あなたの会社のブランドについて、顧客はどう考え・感じ・行動するであろうか。
- 長期的に見て、あなたの会社はどんなベネフィットを得るであろうか。

　これらの質問に答えることによって、ブランド・アーキテクチャーの構築に必要なすべての活動に焦点を当てられるような、明確で簡潔なブランドの目的地ステートメントが作成されなければならない。

## ステップ2：ブランド評価を行う

　マーケティングは、飾りや気の利いたアイデアで成り立っているのではない。ブランドになすべきことは、耳に心地よい雰囲気から出てくるものではなく、今の現実から生まれるものでなければならない。このステップでは、あらゆる調査やデータに加え、自社ブランド・顧客・マーケット勢力図・この先に起こりうる重要な現象などといったものを理解する鍵となるインサイトを評価すべきである。このステップには、手にしたデータとインサイトのすべてを完全に分析・評価することが含まれる。次のような点に焦点を当てるべきである。

- 製品の特徴と、その主要なベネフィットと属性
- ビジネス・パフォーマンスの評価指標
- 製品カテゴリーにおけるトレンドとインサイト
- 競合のデータとその時系列データ
- 顧客／消費者に対する調査と彼らのもつインサイト
- 価格設定の課題と分析

これに加え、次にあげるような二次的調査も集める必要がある。

- 業界分析と傾向
- 顧客の利用実態と消費習慣に関する二次的調査
- 専門家のインタビューと調査研究

　これにより、詳細なブランド現状分析の資料が作成でき、次の領域における重要な発見がまとめられる。

- マーケティング環境と機会
- 顧客／消費者のターゲット
- 対象顧客に調査したブランドが提供すべき価値
- 競合の分析
- 手に入れたデータ（現状）とそこから得たインサイトの間に横たわるギャップ
- 結論（最終的にめざす方向）とそこから示唆される行動

**ステップ3：戦略的仮説の設定**

　ここまでに述べたことは、すべて最終的に、最良のブランド・ポジショニングとブランド・アーキテクチャーへと向かう道筋を明らかにし、具体化するための基礎となる。ブランド・ポジショニングやブランド・アーキテクチャーの構築のステップを飛ばして、この戦略仮説設定のステップから始めると、プロセスとしてコントロールできないものになってしまうだろう。——それはギャンブルをするのと同じになるであろう。そうではなく、きちんと前段階のステップを踏んでいれば、この戦略設定の段階で成功の見込める基礎に立って進むことができるのである。

　ブランド状況の評価から出された結論とそれにより示唆される行動にもとづき、自社ブランドの消費・使用の最も大きな原動力となる製品特性・機能的ベネフィット・感情的ベネフィットといった多岐にわたるブランド・アーキテクチャーの仮説を構築しなければならない。さらに、主要ターゲットの変化、使用状況、競合他社のブランドに対する認知と連想、そしてこれら以外にも取り組む必要のある主要な知識の現状とのあらゆるギャップに関する研究仮説も設定しなければならない。

　このステップで作成することには、次のものが含まれる。

- 全仮説の要点をまとめた、戦略仮説の試験的ドキュメント
- 既顧客と見込み客に向けた定量調査の準備

**ステップ4：テスト、最適化、仮説の証明**

　自社の戦略やポジショニングの選択がいくら素晴らしいと知らされても、それが仮説にすぎないということを考えなければならない——仮説は、あくまでも理論的または経験的な結論を引き出してテストするために作られた試論なのである。このステップでは、各仮説の妥当性を精密に分析し、戦略やポジショニングをさらに強化する方法を特定する。これは、対象顧客に定量的実験を行うことで完成する。定量的実験を行わなければならないのは、こうした戦略的決定は経営者の判断だけに任されるには重要すぎるし、定量的調査結果はブランド・ポジショニングとアーキテクチャーを仕上げる基礎になるからである。調査業務自体はア

ウトソースして差し支えない。顧客調査の実施やデータ集計は委託し、以下のような分析を実行させてもいい。

- もともと仕込まれていたベネフィットと派生するベネフィットの重要性の比較
- 購買有望客のプロファイリング
- 需要にもとづく顧客セグメンテーション
- 購買意思の増長要因

ここで得ておくべきアウトプットには以下のものが含まれる。

- 全データの概要がまとめられた課題分析シート
- 重要な発見と推測のすべてを記載したドキュメントとプレゼンテーション

**ステップ5：ブランド・ポジショニングとブランド・アーキテクチャー**

　定量的調査から得られたデータによって、戦略的ポジショニング・ステートメントと自社のブランド・アーキテクチャーを構築する用意は整った。ブランド・アーキテクチャーは、ブランドの重要なベネフィットや属性が、ブランドの全体的なポジショニングにどう作用するのかを示す。自社ブランドのために開発された詳細なブランド・アーキテクチャーは、市場でそれを成功裏に顧客へ届ける上で必要な戦略的ロードマップを提供するだけでなく、マーケティングと販売活動のすべてを測定・調整するための尺度としての働きをする。

　このステップで得られるものには、次の事柄が含まれる。

- 対象顧客を誰にするかの最終的なお勧め
- ブランド・ポジショニング・ステートメント
- ブランド・アーキテクチャー（本章の例を参照）

## Chapter 03

# マーケティングを
# 企業活動全体につなげる

Plug Marketing Into the Enterprise

前章で示した通り、ブランドはマーケティングの中心に位置し、あらゆるマーケティング上の試みの原動力となっている。次に考えるべきは、この質問だ。

「どうすればブランドの力を最も効果的に発揮できるのであろうか?」

ブランド・アーキテクチャーの構築は、実のところ出発点にすぎない。自社の顧客や、ときにはその顧客にとっての顧客までをも理解することが、ここで述べる他の科学的原則の基礎となる。ブランド・アーキテクチャーがなければ成功する見込みはない。あらゆる努力をどう傾注すればいいのかを知ることができないからである。

エンタープライズ・マーケティング・マネジメント(EMM)を実行する上で重要なのは、ブランド・アーキテクチャーを構築することだけではない。マーケティングを会社の他部門——営業・財務・経営・サービス・人事など——と連携させて、そのブランド・アーキテクチャーを適用する方法について考え直す必要もある。さらに、マーケティング情報がマーケティング部門から他部門へどのように流れ、戻ってくるのかについてもよく考えるべきである。これらの組織や情報源の再構築は、以下の二つの重要な原則に基いている。

1. ブランド・アーキテクチャーに記載されているベネフィットは、マーケティング部門だけに留めておくには重要すぎる。社内の他部門と分かち合わなければならない。
2. マーケティング部門は、ブランドのベネフィットを社内に伝えその効果をモニタリングするに当たり、社内の他部門に手伝ってもらわなければならない。従って、マーケティング部門が社内のあらゆる情報の流れにつながっている必要がある。

現在の問題は、マーケティング部門がしばしば企業の他部門から切り離された孤島になっていることである。他部門が情報革命によって重要な情報へのアクセスを可能にしてきた間、マーケティング部門はそれを傍観しているだけだった(図3-1)。

図3-1●マーケティングは企業内で孤立している

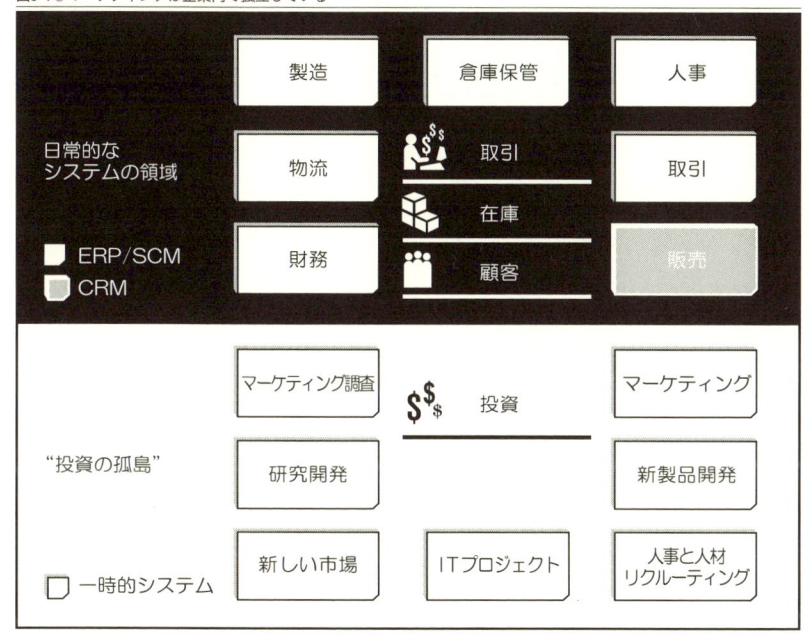

| 日常的な<br>システムの領域 | 製造 | 倉庫保管 | 人事 |
|---|---|---|---|
| ■ ERP/SCM<br>■ CRM | 物流<br>財務 | 取引<br>在庫<br>顧客 | 取引<br>販売 |
| "投資の孤島" | マーケティング調査<br>研究開発 | 投資 | マーケティング<br>新製品開発 |
| □ 一時的システム | 新しい市場 | ITプロジェクト | 人事と人材<br>リクルーティング |

　1990年代初頭以降こうした情報革命は、Microsoft Windowsの新バージョンだの、Lotus 1-2-3★からMicrosoft Excelへの転換だのといったことに留まらなかった。企業は、孤島のように散らばり活用されずにいた取引および在庫情報の問題解決のために、エンタープライズ・リソース・プランニング（ERP）システムを導入してきた。これこそ「私の注文した商品はどこですか」という顧客からの恐ろしい問い合わせに対して、企業が慌ててとった対応策である。

　この問いへの答えをカスタマーサービス担当者は幾つか持っているに違いないが、問題はそれが正しい答えなのかどうかである。ERPの時代が来る前、多くの大企業は幾つかのシステム——倉庫保管システム・財務システム・注文システムなど——を通じて在庫を調べていた。IT部門は情報の小さなパケットやプールの調整を際限なく試みていた。まさに果てしなく不毛な仕事だった。言うまでもないが、そんなIT部門が解決できた問題はほとんどなかった。

★　表計算ソフトの一つ。1982年に発売され、Microsoft Windowsのシェア拡大以前は代表的なアプリケーションだった。

「情報の孤島化」問題が解決したことで、もはや各部署がそれぞれに独自のデータを持つ複数のシステムを通じてやり繰りする必要はなくなった。ERPシステムは、財務・倉庫・発注の各部門間で共有できる共通の一次データソースを作成してくれる。「やった！　問題は解決した」──少なくとも、取引と在庫にしか関わりのない人たちにとってはそうだった。

ERPシステムは有用であるが、ますます複雑化する買い手と供給者のネットワークを管理するのに必要なサプライチェーンの情報は与えてくれない。サプライチェーンを見渡すことのできるプログラム、すなわち原材料から製品在庫の一覧までの長いプロセスにおいて、製品の位置が一目でわかる集大成的なプログラムが求められていた。そこで多くの企業が注目したのが、サプライチェーン・マネジメント（SCM：供給連鎖管理）ソフトウェアを開発していたi2テクノロジーズのような会社である。

こうした先進的な会社は、企業の在庫管理の場合に在庫の推移を追跡するだけでは不十分であると理解していた。本物のSCMでは、原材料の仕入れから完成品の販売に至るまでのサプライチェーン全体を通じて、在庫管理の徹底が要求される。

SCMソフトウェアやERPを使うことで、注文品の一部が倉庫の中にあるのか、輸送中か製造中か、それともまだ原料のままなのかを、顧客に正確に知らせることができる。また、「私の注文した商品はどこですか」に対する答えだけでなく、川上の供給業者自身の在庫を見て、追加生産を計画すべきかどうか、可能かどうかを意思決定する精度も徐々に向上した。

これほどの進歩があっても、企業内のあちこちに閉じ込められたままの重要な情報がまだ残っている。それが顧客情報である。

カスタマーサービスの立場からは、「私の注文した商品はどこですか」にいつでも正しく答えられれば十分かもしれない。だが目標はもっと高くあるべきである。どのブランド・タッチポイント（カスタマーサービス担当者・ウェブサイト・直接販売・小売店など）でもERPやSCM

によって各顧客の情報を十分に把握でき、それがより多くの販売につながるとしたら、どれほどの利益が得られるかを想像してみよう。顧客との接触は既にできている。今度は取引をもちかけるべきなのである。

たとえばある顧客から、電話で「私の注文した商品はどこですか」と尋ねられた場合、企業の情報システムはただちに作動しなければならない。電話のオペレーターが顧客の注文について答えられるのは当然であるが、その客の購入履歴や配送方法、商品に対する要望などについても知っているべきである。またどの担当者も、自社と各顧客とのやり取りをすべて把握していなければならない。顧客が社内の別部門から注文していたり、顧客エクストラネット★経由での製品購入を好んだりした場合、企業は可能な限り最高のサービスを提供するために、こうした全オプションに対応できるようにしなければならない。

だが良質のサービス提供だけでは十分ではない。最高情報責任者（CIO）なら誰でも言及するであろうが、あらゆるIT投資にとっての鉄則がある。つまりソフトウェアへの大規模投資を合理的に納得させられるのは、次の中の最低一つの達成が見込まれるときに限られるというものである。

- 大幅な収益増
- 大幅な経費削減
- 使用資本（手持ちの在庫など）の大幅削減

今日まで、ERPやSCMシステムへの投資は、経費や使用資本の削減によって十分に元が取れていた。そうしたシステムはIT部門と財務部門の業務を一変させ、貸借対照表上の金額を大きく減らしたのである。

---

★　パートナー企業との間など複数の企業間で、それぞれのイントラネットを相互接続したネットワークのこと。

取引情報と在庫情報を、詳細で正確な顧客プロファイルと共に一つにまとめれば、販売部門とカスタマーサービス部門の双方にとって有益であることは証明されている。両者が顧客に関する一貫した総合情報を自在に活用することができるからである。こうした総合的なソリューションを目的としたCRMシステムの主な開発業者には、シーベル・システムズやオラクルなどがある。これらのシステムの価値を認め導入する動きは今も増え続けており、今後も数年にわたって企業のIT投資の核になると予想されている。

　最近ではマーケターの大半が、CRMシステムについて少なくとも表面的な知識は持っている。この顧客データの統一化は、主にセールス・フォース・オートメーション——顧客情報を統合して共通化したデータベースに、共通の販売プロセスを適用するもの——を通じて成果をあげてきたが、マーケターはやっと今、その可能性に目を向け始めたばかりである。

　現時点で経営陣はCRMに狼狽している。期待したほどの効果が出ているようには見えないからである。次々とシステムに投資するのはいいが、それは売上増加を保証するものではないということである。

　その理由は単純だ。マーケティングがCRMに加えられていないからである。CRMという三つの頭文字は「マーケティングの代役は務まらない（cannot replace marketing）」ことも意味している。企業が関連販売（クロスセル）やより高額な商品の販売（アップセル）、または他社とは違った革新的な方法で販売することにCRMをうまく役立てるつもりなら、そこにマーケティングが加わることが絶対に必要である。

　それこそが今やるべきことである。マーケティングが救助船に乗って助けに向かうチャンスなのである。今こそマーケティングを企業内の情報源につなげて、売上を伸ばし収益率を高めるのに役立てるべき時である。これまで情報革命は、台風の目の中にいるのも同然のマーケターたちのまわりで起きていた。しかし今こそ、マーケティングは自身の手で情報革命を起こし、CRMを自身の仕事と融合させなければならない。

情報の断片を寄せ集めていても最高の業績が得られないことは、誰よりもマーケターが知っている。それに、事業を縮小して巨大になる企業など存在しない。すべての成功の中心は販売にある。会社の生存能力は、新たな情報システムとそこに流れる情報の利用法を学ぶ能力に大きく左右されるであろう。

　まだ不安に思われるだろうか。心配は要らない。こういうことは見かけほど複雑ではなく、少し努力する気持ちがある限りは大丈夫なのである。マーケティングが連携するべき部門は数多くあるが、最速でリターンが得られるのは次の二つに焦点を当てた場合であろう。

- マーケティング部門と販売部門の連携
- マーケティング部門と財務部門の連携

　どちらに焦点を置くかはビジネスの性質による。販売員による直接販売に依存している企業は、販売部門とマーケティング部門の連携に焦点を当てるべきである。第三者を介して消費者へ販売しているような企業は、まずは川上部門に焦点を当てようと考えて、マーケティング投資のROIをより精度よく捉えられるように、マーケティング部門と財務部門とを融合させるであろう。以下、順に見ていこう。

## マーケティング部門と販売部門の連携

　マーケティング部門がブランド・アーキテクチャーを開発し、そのブランドの説得力ある提供価値を確立したとする。当然ながら次のステップは、これらのベネフィットを販売員がセールスにおいて正確に伝えられるようにする方法を考えることである。ブランド・アーキテクチャー——そしてそれを簡素化した形であるブランド・ポジショニング——は、顧客の購買意欲を促すために特に開発されたものなので、マーケティング部門にとってこれらを販売部門に徹底させることは当然の命題である。

既にお気づきかもしれないが、残念ながらマーケティング部門と販売部門は昔から水と油の関係にある。販売部門はマーケティングに失望することが多い。彼らは、マーケティング部門が顧客のニーズと無関係に、キャンペーンや新製品を企画すると信じているからである。

　一方マーケティング部門は、市場や具体的な顧客に関連しない製品周りを担当させられる場合が多い。マーケティング部門は、販売員にその製品情報を中心とした情報提供をすることで、顧客の問題解決ニーズに折り合いをつけさせようとする。

　要するに、膨大な時間と努力の無駄である。マーケターが販売情報の流れに連結されさえすれば売上を増やす大きなチャンスがあるにもかかわらず、マーケティング部門は販売部門と結びつかずにいるのである。エンタープライズ・マーケティング・マネジメント（EMM）では、すべてのブランド・タッチポイントにわたる全顧客についての販売情報の流れをマーケターが提供しなければならないとしている。この情報の流れは、顧客を念頭に置きながら全体的な展望を持って作り出されなければならない。

　マーケターは販売部門について不平を言うことが多い。販売員は製品やサービス提供についてよく学ばず、ノルマに焦点を当てているため、仕事がうまくできないと言うのである。もし販売部門からフィードバックがなければ、販売部門が毎日目にしているのと同じ情報を、マーケティング部門は第三者や調査会社を頼りにして得なければならない。

　体質の問題もある。多くのマーケターは販売の仕事は現場仕事であると避け、概念や宣伝の領域に留まることを好む。製品開発プロセスの理論面を好むマーケターもいれば、販売に伴う厳しい責務を避けたいだけのマーケターもいるだろう。

　マーケティング部門と販売部門との断絶により、マーケティング部門が作成した販売資料の多くが販売分野で利用されていない、あるいは収入を生み出す活動にそれほどの影響を与えていない傾向が見られる。実際、優良企業とされる企業の販売担当者を対象とした最近の調査では、販売員は上述のような資料の90％以上に触れたことがないという結果

が出た。その主な理由は、「自分の販売方法に合わないから」と、「顧客との対話に関係がないから」であった。

　これは、顧客とのやり取りを目的としたセールストークの内容を生み出すために投入した時間と費用の大半が無に帰し、毎年何千ドル、いや何百万ドルもかけた努力が無駄であったことを意味する。1ドル浪費されるたびに、マーケティング部門と販売部門とのギャップは広がり、マーケティングが販売活動から完全に遮断されるリスクはますます膨らんでいくのである。

　このことがあなたの会社にも当てはまっていないだろうか。次の二つの質問を自問してみよう。

- 自分の開発したメッセージは販売部門にマッチしていたものであろうか。それは販売担当者の販売方法に合っているだろうか。顧客と販売員のニーズにもとづき、必要なときに適切なメッセージを容易に見つけられるように整理されているだろうか。どのチャネルのどの販売員にも、メッセージを簡単かつ継続的に、彼らの受けた訓練に沿った形で伝えられるだろうか。
- 自分のメッセージは顧客にマッチしているだろうか。顧客との過去の接触内容に合ったものになっているだろうか。製品特徴の機能性ではなく、顧客の目的・要望・ニーズに応えてメッセージを調整し、そのメッセージの妥当性を示す事実も付けた上で提供しているだろうか。それは顧客が使いやすい形にフォーマット化されているだろうか。

　もしこれらの質問への答えに一つでもノーがあり、マーケティングを販売に結びつけるためのより良い方法例を見たければ、本章の最後にあるアメリカン・エキスプレスの事例を読むことである。

## マーケティング部門と財務部門の連携

　さてこれで、マーケティングを川下部門の社員に役立てる方法はわかった。本質的にまるで違う二人を結婚させるのが難しいのと同じで、マーケティングにも川上部門を振り返って見る情報はない。つまり、財務上の指針をマーケティングに適用するような情報はないのだ。しかし投資を一々さかのぼって、結果としての売上への貢献を分析できなければ、マーケターは何が売上を伸ばし、何が伸ばさないかをどうやって知ることができるであろうか。このような投資効果の収益構造をたどるためには、マーケティング部門は財務部門と協力しなければならない。

　この場合、財務機能とつながることで、マーケティングは出費全般に厳格な体系的アプローチを適用するようになる。投資マネジメントと同じで、EMMにも分析的アプローチが必要である。

　マーケティングの取り組みに対する具体的な成果がわかると、マーケターは軌道を修正できる。年度始めにサイコロを振って、年度末に結果を測る昔のやり方は終わった。マーケティングと財務を結びつけることにより、財務部門の厳格な分析的視点をマーケティング投資にも取り入れる必要があるのである。

　この結びつきには、どんな形があるであろうか。現在はほとんどの財務システムがERPシステムの一部を成していることを考えると、通常行っているマーケティング経費のリターン分析と同じくらい単純かもしれない。あるいは、マーケティングの計画、予算編成および投資を財務システムへ統一すること（これによってリアルタイムのデータがいつでも読み取れるようになる）と同じくらい複雑かもしれない。

　いずれにせよ、自分の資産ポートフォリオを自分で管理するのと同様、マーケティング投資のポートフォリオも自社で管理すべきなのである。こうした能力を十分に備えている企業はほとんどないが、それも時間の問題であろう。マーケティング部門と財務部門の連携を進めれば、良いマーケティング投資と悪いマーケティング投資が区別できるようになる。そして有益な投資が可能になるのである。

## マーケティング部門と人材管理(HR)部門の連携

　マーケティング部門と販売や財務などの部門をつなげる必要性はすぐに理解できる。だが、マーケティング部門と人材管理部門（HR）にいったいどんな共通点があるのだろうか。答えは単純である。現代の企業では、最も価値ある資産、すなわち人材が、毎日のようにドアから外へ出ていってしまっている。もっと重要なのは、彼らはもともとその社に惹かれていたから入ってきたということである。

　マーケティング部門は、顧客の購買意欲を促す目的でブランド・アーキテクチャーを構築する。しかし、従業員の勤労意欲を促すことについてはどうであろうか。ばかげた問題の繰り返しに聞こえるかもしれないが、最も経験豊富な雇用主なら、ゲームに勝つのは最強メンバーをそろえたチームであると知っている。マーケターが人材管理部門と結びつけば、人材管理部門が自社のメッセージを伝える最適な人員を決める助けになってくれるのである。販売のスーパースターをどうやって惹きつけるのか。物流経費を何百万ドルも節約できる物流の天才をどうやって惹きつけるのか。画期的な製品で会社を有名にしてくれる研究開発部門の専門家はどうやって惹きつけるのか。

　マーケティングによって、会社のブランド力を社員候補に伝えなければならない。さもなければ、闇雲に人を採用することになる。運任せの採用活動をしていては、次のチャンスはないかもしれない。

　この場合のEMMの役割は、購買意欲を促すブランド・アーキテクチャーの構築とまったく同様に、従業員を惹きつけるようなブランド・アーキテクチャーを構築することである。従業員の観点に立った科学的アプローチについては第2章を参照してほしい。顧客を惹きつけ、物を買わせるように仕向け、その顧客を維持するのに効果的なツールは、従業員を惹きつけることにも適用できるのである。

　実に残念だが、マーケティング部門と人材管理部門が手を組んで、企業の利益の最大化を考えることはまれである。マーケティングの手腕が従業員を惹きつけることに用いられるのは、ほとんどの場合幸運の結果

にすぎない。賢明な CEO なら、昔ながらの仕事のやり方にとらわれたりせず、マーケティングのスキルを他の領域にも新しく応用することを考えるべきである。自社が売るものを従業員が伝えようとしない企業など、どんなマーケティング施策を考えたところで、差別化などできない。

## マーケティング部門とオペレーション部門の連携

　ブランドはその組織全体に影響を及ぼすが、オペレーション部門も例外ではない。ちょっとしたオペレーションの細部でも、企業全体に影響が及ぶような場合は、とてつもなく大きな重要性を持ちうる。組織のあらゆる部分は顧客とやり取りを交わしコミュニケーションをとっている。そこで、マーケターなら誰でも、すべての潜在的なブランド・タッチポイントについて考えなければならない。

　オペレーションという用語は、必要な能力の広がりから考えると適切な表現ではない。もっと単純に基本を考えると、販売やマーケティングが需要を発生させるとすれば、オペレーションは需要を満たす役を担うということになる。顧客がブランドを選択・購入した後でブランドの約束を届けるすべての行動が、オペレーションという括りに含まれる。

　マーケターは顧客の生涯価値を巧みに論じるかもしれないが、それを実現できるかどうかはオペレーション部門にかかっている。従って、マーケティング部門がオペレーション部門と結びついていなければ、それは実現できない。この場合のオペレーションとは、製造・サービス・サポート・倉庫保管・配送・メンテナンスその他の業務を意味する。オペレーション部門は、第 4 章のテーマであるブランド・エクスペリエンスを作り上げ維持する上で非常に重要である。

## CASE STUDY

## アメリカン・エキスプレス
―― マーケティング部門と販売部門の連携で会員増加を実現

アメリカン・エキスプレスはマーケティングを販売部門につなげることの重要性を、顧客メッセージ・マネジメント（CMM）の概念を通じてはっきりと認識していた。

同社は継続的なブランド・メッセージの重要性について、一般的な概念としては理解していたが、実行には問題があった。あらゆるチャネルを通じて伝えられるメッセージをすべて調整するといえば聞こえはよいが、それを実現すること――コールセンターやウェブサイト、または販売員が顧客と対面する形のいずれにおいても一貫した内容のメッセージを確実に発信すること――は簡単にできることではない。アメリカン・エキスプレスは次のような困難に直面した。

- 販売員からマーケティング部門へ、過剰な情報量が負担であるという報告があった。
- 製品に関する情報量と、顧客や顧客セグメントのニーズのバランスをとる必要があった。
- 販売員のスキルに差がありすぎた――すべてのマーケティング情報を総合的に活用できる販売員もいたが、多くの者はできなかった。
- 全国規模や大規模な得意先を担当する部署には経験豊かな販売員がいるので、扱うべき情報量が多くとも得意先の事情に合わせた適切なセールス情報をメッセージ化することができた。
- 中小規模の得意先を担当している販売員は、多くの得意先を抱えこそすれ（複雑な案件であることが少ないがゆえに）さほど経験豊かではなく、アメリカン・エキスプレスとの関係を深めていただくために得意先に最も提供すべきベネフィットを伝えるのに苦慮した。

アメリカン・エキスプレスは中小の規模の得意先に焦点を当て、1年半のうちに100〜150人の販売員を新規に採用した。明らかな不安材料の一つは、この社員たちが前の職場の仕事のやり方を持ち込んだことであった。販売員としての新しい考えを教え込むには、長い時間を要した。

もう一つの不安材料は、一貫性のないメッセージの発信であった。その数年前にアメリカン・エキスプレスが、販売員たちが顧客営業に活用しているセールス資料の監査を行った際、それらはどれもこれも似たりよったりで、顧客の違いに合わせた差別化がほとんどなされていなかった。アメリカン・エキスプレスは顧客個別のニーズを理解し、それを自社が発しているメッセージに組み込む必要があると判断した。顧客のニーズにもとづいた営業活動を展開できるように販売員を訓練するために、莫大な資金と時間、人員を費やした。非常に多くの労働時間がこうした活動に投入された。問題は、マーケティング部門が作成した戦略の必ずしもすべてが、アメリカン・エキスプレスが発するメッセージを強化するとは限らなかったことであった。

中小の規模の得意先の市場では、販売サイクルはますます複雑化しつつあり、ほとんどナショナルチーム並みの販売サイクルになりつつある。通常ならば1、2度の訪問で1件の得意先を獲得する販売員たちが、今ではもっと長い販売サイクルを考えている。教育レベルが高く、この業界についての知識も販売員たちよりもまさっているかもしれない顧客を相手にしているからである。そのため同社は、これらの販売員たちがもっと販売に必要な知識を身につけられる研修方法を考え出す必要があった。同時にそれは、ノルマを果たそうと全販売員にやる気を出させることにもなる。販売ノルマが毎年増加する傾向にあることも考慮すべき要素であった。

こうしたあらゆる外的圧力や情報過多のせいで、最終的には支離滅裂なメッセージが生まれることになる。そこで同社は、販売部門とマーケティング部門との協力関係を築くことで、このメッセージのギャップを埋める方法を考えた。

アメリカン・エキスプレスは他社の成功例から学ぶことにした。セールス・エグゼクティヴ・カウンシルという名のグループと協力し、似た問題を抱えた他社が用いた最良の方法を採用した。同社はこれらの戦略を次の主な3グループに分けた。

- 販売員が時間を自由に使えるようにすること
- 販売員の効率を高めること
- 顧客に対するサービスのあり方を見直すこと

また、アメリカン・エキスプレスは販売インテリジェンス・センターを設置し、販売プロセス上で必要となるあらゆるデータを一箇所に蓄えて、個々の部門の枠を越えたチームがビジネス上のどんな問題にも取り組めるようにした。

　一企業がオペレーションの方法を変えようとするとき、その変化に応じるように社員を教育するのはなかなか難しいものである。確かにアメリカン・エキスプレスも導入時には幾つかの困難にぶつかった。だが協調的な環境を作り出し、販売チームに積極的にアプローチしてこの問題に取り組んだ。

　さらにエンドユーザー運営委員会を組織し、顧客へメッセージしていく上での課題と顧客への最良の伝達方法について話し合った。委員会のメンバーは社内で認められた販売リーダーたちであり、彼らは社内の他の組織に確信を与え、集結させ、説得することができた。その結果、彼らの方針を会社が採用すれば、それは円滑に販売チームに取り入れられた。

## ソリューション

　最終的にアメリカン・エキスプレスは、セールス・フォース・オンラインと呼ばれる活動を開始した。これが大成功を収めた。同社は今、顧客との関係のさらに全体的な展望を作り上げるために、このアプリケーションを拡張している最中である。

　結果としてアメリカン・エキスプレスは、この活動を顧客とのコミュニケーションのポータル（入り口）として活用した。販売と関連させてブランドの提供価値を調整でき、コンテンツを一元管理しているデータの記憶装置に微妙なニュアンスを素早く伝え蓄積していくことができる。

　また同社は、300から500の異なるマーケティング・プログラムを常に用意している。販売員たちはこれを使って見込み客をカードに加入させる達人にならねばならない。つまり同社は一種のフィルターを作り上げたのである。それを通じて販売員は、顧客のニーズと目的に即したマーケティング上の適切な解決方法を作成し、契約書などを初め必要なマーケティングの資料をすべて手に入れることができるのである。

ポータル内には「ロードマップ」と呼ばれるものがある。アメリカン・エキスプレスが、顧客メッセージ管理における一流のプロバイダーであるヴェンタソと協力して開発したものである。「ロードマップ」は販売員が販売サイクルを通じて使用する全要素——価格情報・顧客体験談・調査結果など——を取り込み、それらを中央のナレッジデータベースに蓄積していく。アメリカン・エキスプレスは既に実践されている有益な手法を活用すると共に、販売とマーケティングの効果を融合させて、異なる製品投入を一つのデータベース内に積み上げることを目指したのである。

　では、アメリカン・エキスプレスはどのようにして成果を手に入れ、適切な顧客メッセージを作成しえたのであろうか？

　アメリカン・エキスプレスはヴェンタソの協力を得て、自社のカードに入会するベネフィットを顧客の見地から知るため、既存の顧客への調査を行った。顧客の見解を知るだけでは不十分であった。なぜならマーケティング部門と販売部門とでは顧客の解釈の仕方が異なっていたからである。販売部門とマーケティング部門は共に働くことによって、顧客メッセージを自動化した方法で届けることに意見が一致した。それによって、伝統的な敵対関係は取り除かれ、マーケティング部門と販売部門は協調関係を築くことができた。

　今やアメリカン・エキスプレスの販売員や販売マネジャーたちは、あらゆるドキュメントやコミュニケーションポイントを顧客に合わせてカスタマイズできる。同社は決まり文句のメッセージを届けるのではなく、個別の顧客ニーズにもとづいた独自のメッセージを伝える方向に近づいている。

　こうした解決策により、最終的にアメリカン・エキスプレスは信じられないほど市場理解が進んだ。特定の市場セグメントについて、販売員がプレゼンテーションした内容やその反響を知ることができる。そして、同様のプレゼンテーションを 100% 行った場合の反応、50% の場合の反応などを割り出すことができ、市場の共感を得る方法がわかるのである。

　アメリカン・エキスプレスは、こうしたテクノロジーを利用する初期段階にある。現在のところ直接販売の課題に焦点を当てているが、インターネットを使った情報伝達やコールセンター環境に対しての拡大にも目を向けている。また、世界規模での拡大と社内の他組織への展開にも関心を持っている。

テクノロジーのおかげで、アメリカン・エキスプレスは次の主たる三つの領域で救われた。顧客獲得コストの削減、販売員の生産性向上、そして最も重要な、顧客メッセージの質の向上である。具体的な数字にすれば、試験的なプログラムによって最初の半年間で24万ドルの経費削減に成功した。世界中で取り組みを始めたならば、どれだけの金額になるだろうか。結論づけるにはまだ早いが、初期の成果は販売契約成約率と販売量における飛躍的な改善を示している。

　最も正確でタイムリーなデータを販売員に提供するため、アメリカン・エキスプレスは今後、紙媒体の資料をその都度更新するのではなく、マーケティングに対応したオンラインのシステムを導入する。市場の速さに合わせた迅速なプログラムによって、中央にいる者だけでなく販売員たちにも、適切な情報が適切な時間に適切な形で提供されるのである。

　しかし何よりも重要なのは、販売員が見込み客と話す上で効果的なメッセージを作るために、彼らがマーケティング部門と一致協力したのだということを、今のアメリカン・エキスプレスが知っているということである。今やマーケティング部門は、コンテンツを調整して新しいメッセージを素早く展開することができる。また継続的なフィードバック・ループによって、販売員はマーケティング部門や他の担当者たちに、効果を上げているものとそうでないものとを知らせることができる。効果のなかったメッセージをもう一度練り直し、焦点を合わせ直して、素早く市場に再投入することも可能だ。

　販売オンラインシステムにより、アメリカン・エキスプレスは非常に豊富な情報を得た。販売マネジャーも同じ情報の利用を求めている。アメリカン・エキスプレスは現在、顧客関係をさらに全体的に展望するために、このシステムを拡大する過程にある。

**アメリカン・エキスプレスの顧客メッセージの管理の原則**

- **顧客との関連性**……メッセージの内容は、製品を中心にするのではなく、顧客中心の項目（ビジネス目標・ニーズ・要望など）にもとづくべきである。
- **販売準備**……メッセージの開発は、販売員が教えられてきた販売方法（ニーズを明確にし価値に照準を合わせる）に沿うべきである。
- **効果的な構造**……メッセージは、一貫性があって何度も活用できるように、一定のフォーマットに沿った形で構築されるよう全社的に徹底し、メッセージの開発や管理を効率よくできるようにする。
- **リアルタイム・アクセス**……メッセージ開発のプラットフォーム（基盤）は、必要なときに必要な人物が活用できなければならない。そのため販売と顧客の対話プロセスを複製するように設計された、扱いやすいオンラインのインターフェースを利用して伝達されるべきである。
- **カスタマイズ**……顧客とのコミュニケーションが個々の場合に応じた目標とニーズを反映するために、メッセージ発信は、顧客の個別ニーズにもとづいてカスタマイズされた形で提示されるべきものである。
- **絶え間ない改善**……最大のインパクトを与え実地で有効に活用されるように、メッセージ開発は先を見越した相互作用的な分析とフィードバックにもとづいて運営・更新されるべきである。

## マーケティングと他部門の融合

　具体的には、マーケティングを企業の他部門とどう融合させるのであろうか？　手順は次の2段階に分けられる。ブランドのベネフィットをどんどん社内に宣伝していくことと、その上でマーケティングを企業全体に組み入れることである。

> マーケティング部門は、ブランドの種々のベネフィットについてその効能を説かなければならない。

### ステップ1：ブランド・ポジショニングの現状を評価する

- 販売員は顧客の購買意欲を促すベネフィットをはっきり理解しているであろうか。顧客といつも価格の話になるのは販売員のせいではないだろうか。つまり販売員は何を言うべきかを本当は知らないのではないだろうか。
- 販売部門が顧客の課題解決に合わせたセールスをしなければならないときに、マーケティング部門は商品に焦点を当てているだろうか。コミュニケーション努力は顧客のためにされているだろうか。また、販売員が顧客と対応する際のあらゆる状況を考慮して設計されているだろうか。
- 顧客の購買を促すのに必要なものを販売部門が伝えたとき、マーケティング部門は本当に耳を傾けているだろうか。
- 実際にはどれくらいのマーケティング資料が、捨てられることなく販売部門によって利用されたか知っているだろうか。
- マーケティング投資のROIを測定しているだろうか。
- 優れた人材を惹きつけるために、人事部門が自社のどんなベネフィットを打ち出すべきかわかっているだろうか。
- 会社の事業内容やポジション、評判に縛られていないだろうか。優秀な人材は、ただここで働きたくないだけではないのか。
- 自社の採用活動は、時間的、金銭的にばかばかしいほどの浪費になったり、ときには間違いだらけになったりはしていないだろうか。適切な人材を惹きつけていないのではないだろうか。

- 人事部門のマーケティング、つまり人材のマーケティングにおいて、きちんとしたマーケティングを考えずにありきたりの言葉で人を集めるというようなことをしてはいないだろうか。
- なぜ競合他社のほうが優秀な人材を惹きつけるのか、不思議だと思っていないだろうか。
- ただ高い給与を払うだけでは最高の人材を得られないことに気づいているだろうか。

> マーケティングは企業情報の流れに組み込まれなければならない。

### ステップ2：情報システムとマーケティングの関係を評価する

- CRMの導入や活用にマーケティング部門は関わっているだろうか。
- ERPやCRMにもとづいた情報を顧客にどう提供するかを判断する際、マーケティング部門は参加しているだろうか。
- 投資駆動型アプローチ——マーケティング投資を具体的な販売収益と結びつけて考える——を開発するために、マーケティング部門は財務部門と連携しているだろうか。

　従来のマーケティングは、ITのどこに投資するかを決めるときに何の役割も果たしてこなかった。目を覚まそう。今は21世紀なのである。ITによって作られる情報の流れは、ブランドを差別化する上で戦略的に極めて重要である。自社ブランドのベネフィットがサービスを含んでいる場合、IT投資はそのベネフィットの実現のためにどのように活用されているであろうか。マーケターは望ましいブランド・ベネフィットを会社が届けることをただ期待して待っているわけにはいかない。マーケター自身がその競争に飛び込まなければならないのだ。

　そのためマーケターは、すべてのIT投資に大きな責任を負っていると考えなければならない。率直に言えば、IT投資のほとんどがマーケティングと密接に関わっている。企業はIT投資によって、ブランドの必要性を説き（販売部門やサービス部門の顧客とのやり取りをサポートする）、ブランド・ポジショニングを達成し（発送センターに来る前に

製品がどこにあるかという情報を提供したり、取引しやすいブランド・ベネフィットを実現したりする)、そしてマーケティング投資の結果を追跡するのである。

　自社が生み出した情報のすべてが、マーケターにとって重要である。マーケティングが企業内の他部門と結びつく唯一の道は、IT 投資のすべてに目を光らせ関わっていくことである。これ以上傍観者の立場にいたところで、何も始まらない。マーケターは、会社にもう一つ製造工場が必要かどうかという議論に助言していかなければならないのと同様、次の IT 投資がブランド・ポジショニングの達成に役立つのか、それによってマーケティングの効果が上がるのかどうかについて助言する立場でいなければならない。会社にとってこれ以上重要なことはないのである。

# Part 2

## 顧客ではなく
## ブランドを管理しよう

### MANAGE YOUR BRAND,
### NOT YOUR CUSTOMER

# Chapter 04

# ブランド・エクスペリエンスの主導権を握れ

Take Ownership of the Brand Experience

マーケティングを企業活動に組み入れることができたら、その次はどうするのか？　チャンスは無限にある。マーケティングを企業全体に結びつけるよう意識的に努力することにより、二つの重要な目標を達成できるであろう。第1に、ブランドへの購買意欲を左右できる力と知識を全社に浸透させることができる。顧客は配達用トラックのドライバーが玄関に現れただけで、あなたの会社と競合他社とのブランドの違い（もちろん優位に立っているのはあなたの会社である）を認識するようになるのである。

　第2に、より広範な規模でマーケティングを企業の情報の流れに組み込むことにより、顧客に価値をもたらす上でもっと重要な位置にマーケティングを置くことができる。マーケティング投資が効果をあげているかどうかを常に判断し評価できるようになるわけである。

　マーケティング部門がIT投資に絡む意思決定へ関与することも重要である。しかしテクノロジーへの投資に比べると、IT投資にマーケティングが付加価値をつけるのは難しいと思われる。鍵となるのは、ITそのものが重要なのではなく、顧客が重要であるということである。

　あいにくマーケティングとITは、ハットフィールド家とマッコイ家の争いの企業版ともいうべき様相を呈しつつあり、にらみ合いを続けながら互いに相手が負けるのをひたすら待っている。マーケターはITを取り入れることに二の足を踏みがちで、その結果ブランド・エクスペリエンスを管理する役目を放棄してしまうことがたびたびある。こんな話は信じられないかもしれない。では、次の質問では、(A) (B) どちらがあなたの会社にとってより重要であると考えられるだろうか。

(A) 顧客企業のエンジニアに対する自社製品の最新仕様情報へのアクセスを許可する
(B) 納品書の記録を確認できるように、顧客企業の販売部に対して自社のデータベースへのアクセスを提供する

(A) 新しいCRMシステムに投資してカスタマーサービスの質を向上させ、顧客発見や関連販売（クロスセル）の可能性を探る能力をアップする
(B) 商品の新たな市場を開拓する

★　南北戦争時代、ハットフィールド家とマッコイ家が対立していた。

(A) セルフサービスの顧客に役立つような製品比較ツールを開発する
　(B) アウトバウンドのテレマーケティングを可能にするために投資する

　答えは……実は存在しない。全部ひっかけ問題である。本当のところ、マーケティングが自らの役目を「ブランド・エクスペリエンスの主導権を持つ者」であることを明らかにし、それによってより多くの商品・サービスを売ることができるかどうかという最も重要な判断基準にもとづいて、情報本位もしくはサービス本位の投資の是非を評定するようになるまで、答えを出すのは不可能なのである。

　上記の投資には、それぞれのメリットがある。しかしこれらには共通点がある。ブランド・エクスペリエンスに、明確で無視できない影響を与えるということである。

　だがそもそも、ブランド・エクスペリエンスとはどんなものであろうか。ブランド・アーキテクチャーや、その簡易形であるブランド・ポジショニングとどう違うのであろうか。

　簡単に言えば、ブランド・エクスペリエンスとはブランドと顧客とのやり取りの総体を表現した言葉である。ブランドが機能面および感情面のベネフィット・製品特性・象徴・シンボルのまとまりであるとすれば、それは全体として商品やサービスの価値を形成している。そしてブランド・エクスペリエンスとは、顧客にとってブランドと関わる経験のすべてを意味する言葉になる。この場合のブランドという言葉には、企業側から外をみる視点が意味されている。またブランド・エクスペリエンスという言葉には、顧客側から当該企業とのあらゆるやり取りを見る、外から内への視点が意味されている。

　顧客にとってのブランドとのやり取りとは、単に一つの商品と他の商品とを比較して意思決定するということではない。ブランド・エクスペリエンスには顧客と企業とのやり取りのあらゆる面が含まれているだけではなく、顧客が当該商品に関して実際に遭遇する様々な体験が含まれている。日用品の場合ブランド・エクスペリエンスには、店頭で商品が売られている様子、商品そのものの性能、ユーザーマニュアルを見ながら商品を組み立てること、商品の使い勝手（ボールにシリアルを注ぐ

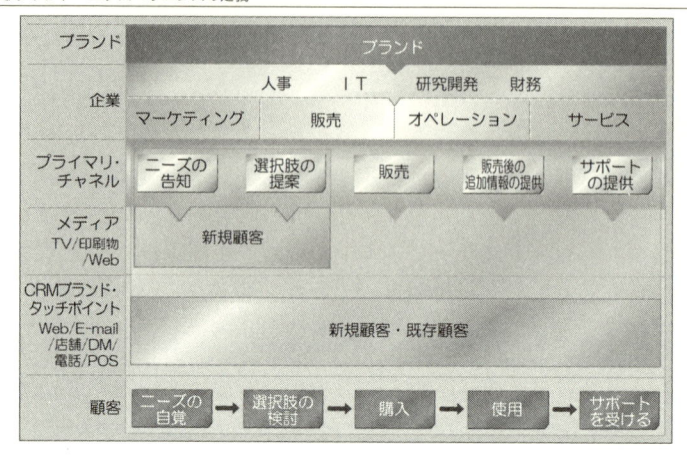

図4-1●ブランド・エクスペリエンスの定義

| ブランド | ブランド | | | |
|---|---|---|---|---|
| 企業 | 人事　IT　研究開発　財務 | | | |
| | マーケティング | 販売 | オペレーション | サービス |
| プライマリ・チャネル | ニーズの告知 | 選択肢の提案 | 販売　販売後の追加情報の提供 | サポートの提供 |
| メディア TV/印刷物/Web | 新規顧客 | | | |
| CRMブランド・タッチポイント Web/E-mail/店舗/DM/電話/POS | 新規顧客・既存顧客 | | | |
| 顧客 | ニーズの自覚 → 選択肢の検討 → 購入 → 使用 → サポートを受ける | | | |

にしろ、新しいトースターを使うにしろ)、更には修理を頼んだ経験さえも含まれる。

　顧客との関わりの一つひとつのステップがブランド・エクスペリエンス全体を形作っていく（図4-1）。個々の要素は異なるかもしれないが、工業製品の場合ブランド・エクスペリエンスは更に重要なものとなる。商品もしくはサービスの複雑さやリスクが大きくなるにつれ、顧客がブランド・エクスペリエンスに認める価値はますます重要になる。

　そもそもブランド・エクスペリエンスとは多岐にわたるものであり、どの企業もブランド・エクスペリエンスを自社に最適化する方法に取り組んでいる。もっとも最適化を求めても、行き止まりの袋小路が幾つもある。そして実は、最良の答えは既にあなたの目の前にあるのである。

　図4-1をよく見てほしい。ブランド・エクスペリエンスとは、顧客がどんな買い物をしたか、自社の商品やサービスをどう使ったかによって定義されるのであり、自社の組織がどうなっているかということには関係がない。顧客とやり取りする方法を再構築するという企業努力にもかかわらず、顧客満足へと通じる（そしてさらに販売利益をあげる）能力を妨げるような部署ごとの閉鎖的なやり方に、企業はいまだに縛られているのである。

マーケティングはこのブランド・エクスペリエンスのフレームワークの主導権を握らなければならない。それは顧客情報の活用を最優先することから始まる。つまりマーケティングは意思決定に関与し、それを左右しなければならず、どの段階でも適切な情報を届けるためには相応の時間と資産が必要になるのである。

　たとえば、提供するサービスに信用がない会社からジェット・エンジンを買う客などいるはずがない。工業製品メーカーにとって、ブランド・エクスペリエンスの価値は商品そのものの価値よりもはるかに高い。もしアルコアが、フォードに新型のSUVを作るためのアルミニウムを売るとすれば、アルミニウムが重要なのは言うまでもない。しかしその背景にあるものも重要なのである。フォードのエンジニアがアルミの機械加工を正確にできないとしたら、あるいはそのアルミが生産工場に時間通りに届かなかったとしたら、もしくはアルミの納品書が正しく記入されていなかったとすれば、ブランド・エクスペリエンスに傷がつくことになる。製品に関わる質的な情報——たとえば配送スケジュールなど——は製品そのものよりも重要である。数百万ドル相当の製品の生産工程に影響を与えるとなれば尚更である。

　ブランド・エクスペリエンスが企業と顧客を結ぶ全要素にまで及ぶなら、事実は明白である。従来、マーケターはマーケティング・ゲームの一部分で動いているだけであった。しかしエンタープライズ・マーケティング・マネジメント（EMM）では、マーケターは従来のテリトリーを離れ、危険を冒してでも一層の責任を負わねばならない。

　ブランド・アーキテクチャーは企業が提供するブランド・ベネフィットのフレームワークを与えてくれる。さらに、企業内にこうしたベネフィットを伝えることで、全社が一つにまとまって力を結集し、ベネフィットを世に喧伝し提供する準備ができるようになる。

　最終的にマーケティングの出番となり、IT投資においてさらに重要な役割を担うことになったとき、マーケティングはITを駆使してブランド・エクスペリエンスを追跡したり構築したりできる、本来の相応しい位置に置かれるであろう。

ブランド・エクスペリエンスには幾つかの要素がある。最初の二つは最も重要だ。**ブランド**と**顧客**である。どちらが欠けても、困難に陥るのは間違いない。ブランドはヒエラルキーの頂点にある。それこそが、マーケターが主として守るべき最も重要なものであるからだ。だが、そればかりがマーケティングではないことに注意しよう。既に述べたようにブランドはビジネスである。しかし、ブランド・エクスペリエンスを作るのは顧客以外の何者でもない。一方で会社の組織の状態――誰が販売担当で、誰がマーケターで、誰がオペレーション部門にいるか――は顧客には無関係であるということを、もう一度述べる価値があるだろう。そんなことを顧客は気にもかけないし、かける必要もないのである。

ほとんど誰もが企業にフラストレーションを感じた経験を持っている。たとえば取引先の社員がこんなふうに言う場合である。「それは私の部署の問題ではありません」、「それは経理の担当ですね。私は営業部ですから」。……こうしたことは日常茶飯事である。そして認めたくないかもしれないが、あなたの会社でも起きているに違いないのである。

顧客の上に築かれるブランド・エクスペリエンスの次の要素は、**ブランド・タッチポイント**である。その言葉通り、企業が顧客と何らかのやり取りを持ちうる潜在的なすべての接点を意味する。たとえば、小売店・コールセンター・ウェブサイト・倉庫・直接販売の（対面販売の）販売員、そしてＥメールである。ブランド・タッチポイントは、企業と顧客との第三者の仲介なしの直接的なつながりを意味する。この言葉には更に、従来のメディアにはなかった「相互」のやり取りという意味が含まれている。

ブランド・エクスペリエンスのその次の要素は、大半のマーケターが十分慣れ親しんでいる**伝統的なメディア**（紙面広告・テレビ広告・プロモーション）である。ブランド・タッチポイントがブランド・エクスペリエンスの各要素すべてにわたり顧客との強い相互作用性と潜在的な重要性を持つ一方、こうした伝統的なメディアは新しい顧客の開拓に力を注いでいる――または、少なくとも既存の顧客に対して再購入の必要性を思い出させようとする効果に傾注する。視点は需要を喚起することに置かれている。多くの場合これらの広告媒体だけに頼っていては、顧客

が実際に製品を購入したりアフターサービスを利用するのに役立てるには費用がかかりすぎる。新しいメディアはそこに一つのチャンスをもたらしているが、それについては後で述べよう。

　次の要素は特に重要である。それは**プライマリチャネル**（主要チャネル）のことであり、企業を特に大切な顧客の期待に応えるものにするステップである。プライマリチャネルとは、ブランド・エクスペリエンスがそのあらゆる要素を通して顧客に訴求していく中で、最も中心となるチャネルのことである。プライマリチャネルは、顧客へのサービスのあり方を決める上で企業側に選ぶ権利があること、そして企業のチャネル選定は明確な戦略によって裏付けられていなければならないことを思い出させてくれる。チャネルを拘束服も同然に身にまとっている企業があまりにも多く、どんなサービスを受けたいかとか、あるいは自分で好きにやるほうがいいですかとすら顧客に尋ねようともしない。食料品店にあるセルフ・スキャンのレジを考えてみればいい。これは登場以来ものすごい人気である。しかし、食料品店がこのレジ一つを考え出すのに10年を要している。

　ブランド・エクスペリエンスの最後の要素は、**企業内部の組織**——部門、職務、昔ながらの閉鎖的な縦割り体制——である。これらを全体の状況にうまく合わせるのはマーケティングだけの仕事ではないが、必要とあらばマーケティングはそれを変えるように提案する発言権を持つべきである。

　さてこれで、ブランド・エクスペリエンスを形作るものが明らかになったであろう。次に、これらの核となる要素について更に詳しく見ることにより、各接点ごとでの顧客とのやり取りを詳しく調べていき、今後の課題についての明確な展望を手に入れよう。

## ニーズの自覚(ニーズの告知)

　ブランド・エクスペリエンスの要素を決める際の最初の仕事はニーズを自覚させることだ。これは顧客が企業と何らかのやり取りを持つ前に始まるステップで、顧客にとってある商品やサービスに特別のニーズがあると認めた瞬間に始まる。厳密に言えば、顧客はそのニーズを自覚し、もしかしたらその商品やサービスが自分のニーズを満たしてくれるかもしれないと考えるのである。

　これは今までマーケターが「認知を作り出す」と言っていたことの領域である。しかし認知だけでは、実際に顧客をそこから前へ踏み出そうとさせるだけの動機を与えられない。顧客にブランドの存在を知らせるだけでは、それが彼らのニーズを満たす具体的なベネフィットを与えてくれるのだと信じさせるには不十分である。

　科学的なマーケターは広告や通信メディアを認知の覚醒だけに使うのではなく、そのブランドが顧客のニーズを満たすベネフィットをいかに供給できるかを強調することにも活用する。ホットドッグ屋がただ「ここで売っています」と呼びかけるのと、お客を誘うように「今日のランチにおいしくてお手軽なものはいかがですか」と呼びかけるのとでは違うのである。

　非常に巧妙にやれば、ベネフィットを伝えるブランド・コミュニケーションは、今の説明と逆向きにも作用しうるのである。即ちブランド・コミュニケーションは、顧客に実際にニーズがあることを教えることもできるのである。その上で自社のブランドこそが、そのニーズを満足させる様々なベネフィットをもたらすものであるということを強調する。20年前にはおよそなかった、家やオフィスにあるOA機器のことを考えてみてほしい。PDA(携帯情報端末)や携帯電話、パソコンなどである。パソコンの購入者は、まずその必要性を教えてもらわなければならなかった。その上で、特定のブランドがその人の必要性を満たすベネフィットを供給しうると指南されたのである。

マーケターはニーズの自覚（ニーズの告知）の段階で、以下の方法を用いて、いかにブランド・エクスペリエンスの価値を上げていくかを考えなければならない。

- 強固なブランド・アーキテクチャーを作り出し、感情的かつ機能的なベネフィットを伝える。
- サプライチェーンを統合し、再注文や顧客のニーズ認識を自動的に生み出すようにする。
- パートナー志向の販売情報を提供し、より広範な（配送や、サプライチェーンの川上・川下企業との）パートナー・ネットワークを機能させる。

歴史的に、顧客にニーズを自覚させるための働きかけは、販売やマーケティングの領域であった。大半の企業にとって、マーケティングの仕事はこの段階で終わり、次に起こることへの対応は別の部署にバトンタッチされていた。

だがそこにこそ問題がある。担当から担当、部署から部署へと次々に権限が移っていくと、全体的なブランド・エクスペリエンスの重要性は考慮されないままとなってしまう。企業が提案するものの差別化をするためには、一貫性を持った情報提供を行う必要があるのである。

## 選択肢の検討（選択肢提案）

顧客が自分のニーズを自覚したら、今度は彼らとどう取引するかが問題である。見込み客が選択肢の検討を始めようとしている今、ブランド・エクスペリエンスの2番目の要素に移る必要がある。

ブランド認知が深まると顧客はこう言うであろう。「ええ、私には必要です」。それは、「ええ、私の会社には必要です」、「ええ、私の家族には必要です」となる場合もある。自発的に、あるいはマーケティング・コミュニケーションのたゆまぬ努力のおかげで、顧客はついに選択肢の検討の段階に移ってきたのである。

理想的には、マーケティングの努力が十分な効果をあげ、この段階は通り一遍で済むのがいい。つまりあなたの会社（の商品）よりも良い選択肢はないと思わせることである。しかし、多くの企業にとってこれは難しい段階である。ここで顧客はひととおりの可能な解決策を比較し、さらにそのどれが自分のニーズに合うかを見極める。またこの段階は、企業のブランド・ポジショニングの努力が実を結ぶときでもある。

最高のシナリオは、あなたの会社の商品がニーズにぴったり合うベネフィットを提供すると顧客に納得させるブランド・ポジショニングが展開されていることである。さらに、競合他社の商品ではだめな理由を顧客に理解させられるブランド・ポジショニングでなければならない。こうした評価判断は、言わば成分表がついている箱に入った2種類のクッキーのうち、脂肪分が少ないのはどちらかを判断するのと同じくらい簡単なことである。もっと感情的なレベルの場合は、たとえばあるブランド名がついたクッキーを見て楽しい子供時代を思い出し、自分の子供にも同じ体験をしてほしいと願って選ばれるなどという場合があげられるであろう。

話がさらに複雑な場合、商用トラックの調達やジャンボジェット機の購入などになると、この選択肢の検討の段階は数カ月にも及ぶであろう。その際、機能性の詳しい分析や、価格、調整の難しさ、既に購入しているクライアントの話を聞かせてほしいなどと求められ、さらにうんざりするほど複雑な交渉をこなさなければならなかったりする。

選択肢検討の段階こそ、顧客が気持ちを固め、何を買うかを決定するときである。高価な商品やサービスの販売業務に携わる誰もが、この段階は企業にとって最も大変な段階であると断言する。成功への近道を得たいという誘惑が常に浮かんでくるであろう。値下げして手っ取り早く現金を手にしたいというのがその一例である。

そうした誘惑に負けてはだめだ。ブランド・エクスペリエンスとしての選択肢検討の段階で、自社に対して強い印象を与えることに力を注いでいるときに、競合他社との差別化を図ることを犠牲にして値段を下げてはいけない。この段階では、価格決定の問題も駆け引きに加わってくるであろうが、一般的に言えば、価格競争が重要性を増せば増すほど、

マーケティングの存在価値はどんどん小さくなっていくのであるから。

　他に可能なベネフィットがない場合、どの買い手も頼みにするのは価格である。もし企業が購買意欲を湧かせるベネフィットを主張せずに商品やサービスを売り込もうとすれば、買い手にとっての決め手は価格しかないであろう。企業がそれ以外に購入決定の論拠を顧客に与えられなければ、価格が選択肢検討プロセスの重要な部分と捉えられるのは間違いない。

　売りものがプラスチックであろうとピローギ★1であろうと、具体的なブランド・ベネフィットを提供すれば顧客は価格以上の何かを認めるであろう。こうしたベネフィットを表明し提供していくことが、実はマーケティングなのである。

　選択肢検討（選択肢提案）の段階でブランド・エクスペリエンスに付加価値を与えるため、どのように考えるべきかをまとめよう。

- ブランド・アーキテクチャーにもとづいて、差別化できるブランド・ベネフィットの情報を絶えず発信する。
- 自社の製品・サービス情報だけでなく、購入のための商品比較の情報を整理して提供する。顧客の立場に立って分析や比較をすること。その際できるだけ、自社ブランドが有利になるように競合他社を位置づけることを忘れないようにする。
- 製品やサービスの組み合わせをシミュレーションできるツールを提供し、顧客が多様な業者の中から製品・サービスを選択し組み合わせることができるようにする。
- 過去の購買履歴から割り出した広範な推奨オプションを提供する（たとえばアマゾンが行っているように、ある製品やサービスと似ていたり関連するものを紹介する）。言葉を代えれば、顧客の過去の動向から自社だけが知りうる製品やコンフィギュレーション★2を勧める。
- （ウェブ上などで）顧客の属性や好みなどを双方向的に訊ねていく「プロファイリングツール」を提供して、的確な商品やサービスを見極め選択できるようにする。
- 詳細な顧客情報と過去の購買履歴を合わせて、アウトバウンドコール用のセールストークの文言を開発する。

★1　ジャガイモやチーズの入った焼きだんご。
★2　製品の組み合わせ。

- 通常は同時に購入されている商品や、一緒に使用することによって他にない機能が使えたり特殊なニーズに応えられることを顧客に理解してもらって、よりハイエンドの商品を追加購入（アップセル）させたり、同時に関連販売（クロスセル）するスキルを販売員に付けさせる。

## 購入（販売）

　顧客の購買プロセスのハイライトは当然購入である。もちろん、その行為にはレジを素早く通ることから、世界各地に配達を行う綿密なスケジュールを組むまで、様々な形がある。ブランド・エクスペリエンスにおける購入という要素は、配送、価格決定や販売時期、商品の受取人を含め、供給に関するすべてを含んでいる。購入は一瞬で終わる場合も、何年もかかる場合もある。

　情報テクノロジーや製造テクノロジーによって顧客の購入スタイルが様変わりしたことから、購買活動という新たな場が生まれた。大量生産を行う多くのメーカーに採用されている在庫管理のジャスト・イン・タイム・システムでは、製品納入やその使い方に関する情報のほうが製品そのものより重要かもしれない。トヨタのような巨大メーカーにとって、配送しないことで出る利益はたかだか数百ドル程度だが、操業が停止したときの損害は一瞬で数百万ドルにも達するであろう。

　ここ数年、多くの企業がネット上での決済方式を取り入れ、顧客の情報へのアクセス能力が向上するのに従って、ブランド・エクスペリエンスのこの要素は熱狂的な活況を呈している。大半の例では、ERPシステム（既存の財務・購買・流通・保管業務など）の中に既にある情報を顧客に提供することに取り組んでいる。これは顧客が納品状況をオンラインシステムで知るのと同じくらいシンプルな形にまとめられそうであるが、より複雑になることも考えられる。

　マーケティング部門は、購買活動そのものやそれを取り巻くあらゆる情報を、企業やそのブランドの差別化のためにどう活用できるか考えなければならない。情報を得るために顧客にウェブサイトを開かせ、ネット

売買を実行させるのには費用などほとんどかからないことは誰にも明らかであろう。とはいえ、問題は顧客の求めるものが何なのかということである。マーケティングは顧客のために価値をつくりだし、ブランド・エクスペリエンス全体の文脈の中に組み込んでいるであろうか。

　多くの企業が、顧客をどうにかオンラインでのやり取りに引きこもうと熱心になりすぎてつまずいている。企業は何年にもおよぶ労力と数百万ドルの費用をかけて、社のあらゆるデータを顧客に提供しようと努力してきた。しかしながら多くの場合、そうした企業はほとんど、もしくはまったくその成果をあげていない。彼らは、立ち止まって次の簡単な質問に答えようとしていないのである。

- 顧客の目から見た場合、この情報はどんな価値を生み出し、どのように自社を差別化するか。
- すべての顧客が我が社の提供する全情報を等しく受け取るのであろうか。または送る情報を、上得意客・得意客・その他の顧客というように区分して差別化して送る方法はあるか。
- これはビジネス遂行上で要求されることなのか。それとも他社をリードするための手段なのか。
- これはX（コミュニケーションや、昔ながらのマーケティング、商品開発といったことに金をかけること）をすることよりも重要なことなのか。
- この情報提供にかかるコストはどれくらいか。どこでその埋め合わせをするのか。費用として請求するのか。

　こうした情報やカスタマーサービスの努力のすべてが、必ずしもすべての顧客に無料で提供される必要はないことに注意を払うべきである。たとえば企業は、当該顧客の叩き出す収益性にもとづいて様々なサービスレベルを生み出すことができる。プラチナ・カスタマーはシルバー・カスタマーよりも多くの情報やチャンスを入手できる。マーケティングは、情報力をサービスの差別化や顧客への利益提供に組み入れなければならない。さもなければ、企業は他社に遅れをとるまいとしているだけにすぎず、前進しているというよりはむしろ無益に過ごしているだけということになる。

この購買（販売）段階でブランド・エクスペリエンスに付加価値を与えるために、マーケターはどう考えたらいいのであろうか。

- 購買プロセスを差別化するためにブランド・アーキテクチャーを活用し、購買意欲を左右するベネフィットを提供し続ける。
- 自社のブランド・ベネフィットやブランドの特徴を、競合他社の商品から自社商品を差別化するようにどう活用できるかを考える。
- 購買段階だけでなくブランド・エクスペリエンスの全段階で、重要な顧客（企業側の定義による）を認識し、当該顧客にも自身の重要性を認識させる。
- 自社の販売活動を顧客の購買プロセスに密接に結びつけることで、呼吸をするのと同じくらい必然的なものとする。
- 累積購買効果を考え商品を差別化する。本質的には、より良い製品・サービスを得意客に提供することであるが、それと共に総体的なマージンを上げる（例：デル社では、上得意の顧客であるプラチナ・カスタマーだけが見られるプレミアページを提供している）。

## 使用（より良く／より多く使ってもらうためのサポート）

　おめでとう！　取引が成立し、顧客が商品を購入してくれた。しかし多くのマーケティング部門にとって、この情報は何ドルとか何ポンド、何箱という形で表され、顧客は忘れられている。次を考えよう。商品やサービスが届けば、顧客はそれを使うに違いない。たとえばあなたの会社の商品がチョコレートチップで、ナビスコに納入して「チップスアホイ！」というクッキーになるのだとしよう。すると自社製品の用途は、クッキーに焼き込まれて最終的なパッケージに入れられ食料品店に出荷されることである。

　商品やサービスを提供する上で避けられないことは、追加情報の提供や販売後のコンタクトである。多くの企業がここで失敗する。販売の成功に興奮し、顧客が署名欄に記入しただけのことで、まだ仕事は終わっていないという事実を見失ってしまっているのである。あまりに近視眼的な見方で顧客の維持すらおぼつかないのは論外であるとしても、販売を次につなげていくことや、高額商品の販売（アップセル）や関連販売

(クロスセル)、そしてサービスの販売というあらゆるチャンスを逃すことになる。

　また、企業の評判を維持し高めていくという課題もある。あなたの会社が別の商品の一部になる中間生産物を売っているにすぎなくても、取引先担当者が生産ラインでそれをどう扱うかわかっているという自信が持てるであろうか。自社商品を使って処理能力を上げようとしている顧客の手助けができるであろうか。さらに言えば、収益の増加につながる他社とは異なるサービスを売り、顧客にブランド・エクスペリエンス全体にわたる、より一層大きな満足を感じてもらっているであろうか。

　顧客に対応する上では、現在取られている方法ではない、新しくかつユニークな方法で顧客に商品やサービスを勧める方法が数多くあるのである。もしそのチャンスをつかまなければ、みすみす儲けを逃しているのも同然である。世界の優良企業の大半が、大勢のエンジニアを商品開発に縛りつけたままにしている。企業の多くは顧客へのサービスという形にもこの技術力を利用することを考えるべきである。

　米国企業家のシンボルで、GE★の元CEOであるジャック・ウェルチは、GEがサービス業者であるということに気づいていた。ジェットエンジンを生産する場合でさえ、収益の大半はエンジンという製品そのものからではなく、そこから派生するサービス契約からのものであった。

　マーケターは新たなビジネスモデルを生み出すために必要なスキルを持ち、利益をあげるにはブランド・エクスペリエンスを企業がどう管理すべきかを考える。ほかに誰がこんな仕事をするだろうか。的確にビジネスチャンスを予測して捉えていく企業の知見を、顧客のニーズを覚醒させることに結びつけようとする者はほかにいない。

　マーケティング。その未来はあなたにかかっている。

---

★　ゼネラル・エレクトリック。ジェットエンジンやエネルギー・プラント、医療機器などの優れた技術製品を開発してきた企業。また、NBC、世界最大のノンバンクGEキャピタルのオーナーである他、様々な子会社を傘下に連ねている。

顧客による製品・サービスの活用内容や使用実態、情報テクノロジーの活用法について考える必要がある。一例として、コンピュータのオペレーティングシステムの変遷を考えよう。新しい Windows XP と Mac OS X は、どちらもインターネット経由でそれぞれマイクロソフトやアップルに接続され、常にその最新バージョンが使えることが保証されている。さらに両社とも、問題が発生した場合にはその原因を突き止め修理を行うため、リモートアシスタンス機能を利用することができる。

　あなたの会社の製品もこのような機能を使って、頻繁に能力を強化したり自動的に問題を解決する仕組を提供したりして、ブランド・エクスペリエンスを高めていったらどうだろうか。必要もないのに、顧客に不完全なブランド・エクスペリエンスの場しか与えないのはなぜなのであろうか。

　何が可能かを知るため、マーケティング部門は情報テクノロジーについて十分な知識を持つ必要がある。そうしないなら、この類のチャンスが湧き出てくるのをせいぜい祈るしかない。こうしたチャンスを確実に生み出して存在させる方法はただ一つ、マーケティングがブランド・エクスペリエンスの主導権を握る者であるという認識を高めることだけである。

　販売後のコンタクト（追加情報の提供）の段階で、マーケターはブランド・エクスペリエンスに付加価値を与えることをどう考えたらいいのだろうか。

- ブランド・アーキテクチャーのフレームワークを利用して、ブランド・ベネフィットとブランド・ポジショニングの情報伝達を絶えず行う。
- 商品の利用法について時宜を得た情報を提供する。
- その商品を使用するための習得コースを編成する。
- 差別化したサービスを開発して提供し、製品利用全般についてサポートする（例：コールセンターやオンラインを通じて熟練した技術者にアクセスできるようにする）。
- 顧客が同じ製品を使う別の顧客を探す手助けをし、経験を共有して製品活用のメリットを享受できるようにする。

- モニタリングの提供とサポートにより、製品が常に最高のコンディションにあることを保証する。
- 製品の価値を高めるような追加情報を常にアップデートして提供する（例：ティーボ社*）。

## サポートを受ける（サポートの提供）

　サポートの役割は誰もがよく知っている。そして不幸なことに、サポートがその期待に応えられないこともよく知っている。サービスがサポートと言われる場合もある。商品を買った顧客がそれを使うようになると、サービスの必要性がたびたび発生する。サービスには壊れた製品を修理することから、最適な状態に設定されていない製品の機能をアップグレードすることまであらゆることが含まれる。

　ここでは顧客の観点からのサービスについて触れよう。企業の観点から考えたサービスとははっきり異なる場合が多い。たとえばコールセンターで働くカスタマーサービス担当者は、実際にはあらゆる状況下の顧客とつながっている。カスタマーサービス担当者はどこかよそで買う商品であろうと、（選択肢の検討を含め）購入するスペックを決めるのを手助けできる。デルのように、設定を担当者がじかに助けたPCをそのあと顧客がネット上で購入するというところもある。デルのカスタマーサービスでは、注文（購入）の支払いにクレジットカードが使える。また、新しいハードウェアの設置やソフトウェアのインストールを手伝う（設定を教えたり使用法を教える）こともある。そしてこうした手続きをすべて終えたあとでコンピュータが動かなければ、もう一度電話をかけて、どこに問題があるのかを調べてもらうことができる。このようなサービス方法がここからの話題の中心である。

　大半の企業は、上で述べたようなサポートをある種やっかいなものであると考えていた。前述した例で、企業がジャスト・イン・タイム方式のサービスやメンテナンスを電話回線で提供することは、顧客の役に立つ新しい方法となった。営業時間外という問題を完全に避けられるし、顧客とのより強い絆が築かれ、それによりブランド・エクスペリエンス

---

★　コマーシャルを飛ばす機能をもつビデオ・レコーダー「ティーボ」を作ったメーカー。テレビ番組表の購読サービスを提供してその価値を高めている。

を高めることにもなる。もしあなたの会社が絶えず製品の最新情報を提供していれば、自社製品を買った人間が新しいものに買い換えようと考えるのは、十分ありえることである。今後サービスが必要になりそうな問題を、顧客よりも先に企業側が見つけるとしたらどうであろうか。

　現在では多くの企業が、サポートを依頼する電話にできるだけ時間をかけずに済ませたい、様々な問題がとにかく消えてくれればいいと思っている。だが賢い企業は、顧客とのこうした接触が更なる利益を上げる大きなチャンスであると考えてきた。あなたの会社のカスタマーサポートやカスタマーサービス担当者は、問い合わせに応えるとき、売上を上げるためにブランドについて知るべきすべてを身につけているであろうか。

　とにかく儲けを得るためにサービスを売る必要がある、という考え方に立っている企業が多い。カー・ディーラーを例に取ると、事業の一部を占めていた新車の販売利益がなくなったとしても、それほど嘆きはしないであろう。しかしサービスの営業権を手放したら、生き残るカー・ディーラーは一軒もあるまい。もう一度言う。商品とは顧客との関係を生み出す手段であり、儲けを生み出すのはサービスである。サービスにつながるブランド・エクスペリエンスをマーケティングが握らないかぎり、企業は市場で自社製品を差別化し、より多くの利益を生み出す大きなチャンスを逃し続けることになる。好むと好まざるとにかかわらず、サービス業ではない企業など一つもない。サポートとは企業が競争を有利に運ぶ永続的な力を蓄える場である。つまるところ、売上を伸ばし大きな利益を呼び込むブランド・エクスペリエンスなのである。

　ブランド・エクスペリエンスを支援するために情報テクノロジーを利用するという話になると、チャンスは計り知れない。ここで簡単な質問をしてみよう。あなたの会社の製品マニュアルはオンラインで見ることができるであろうか。ほとんどの企業ではできないであろう。最近フリーダイヤルで提供されているサービスなんて、長時間待たされたあげく、迷路のようなオプション番号の案内にいらいらする（サービスに関するお問い合わせは「2」を、メール・アドレスについては「3」を押してください……）といった類のものが大半である。これでは十分といえない。

というのも、ほとんどの企業がブランド・エクスペリエンス全体の構造の中でのサポートの価値を見落としているからである。サポートを、製品について最も知識のない人間に押しやってしまっているのである。どうして多くの企業は、何も知らないカスタマーサービス担当者に顧客（特にいちばん大切な顧客かもしれない人）をつないでしまうのであろうか。顧客自身や彼らが購入した商品のことを知っている社員に、Eメールやインスタント・メッセージ★を送るくらい簡単なことであるのに。繰り返そう。情報テクノロジーのおかげで、企業にとって最も大切な（そして最も利益を与えてくれる）顧客は、交換手に回される代わりに会社の内部に深く入って、詳しい筋から必要なサービスを受けられるようになるのである。

　差別化したサービスを提供することは、ITの力を借りて会社を勝利に導くことである。もし、企業がすべての顧客を同じように扱っているなら、ブランド・エクスペリエンスを最大限に利用していないことになる。そして、自社の顧客の欲求をしっかり理解している企業に取って代わられやすい状況にある。

　サポートを受ける（サポートの提供）この段階で、マーケターはブランド・エクスペリエンスに付加価値を加えることをどう考えたらよいであろうか。

- 購買意欲を左右するとわかっているサポート関連のベネフィットを提供する案内役として、ブランド・アーキテクチャーを利用する。
- 製品自体に、サービスや修理が必要なときを顧客に知らせるようなインテリジェンス製品を作る。
- 顧客が製品情報にアクセスできるようにする。
- 製品やサービスの最新情報を自動的に顧客に届くようにする。

★　ネットワークでつながった相手に即時にメッセージやファイルを送るサービスやシステムのこと。

# 情報過剰？

　数多くの選択肢からブランド・エクスペリエンスを強化する方法を選ぶ上で不可欠な条件を、企業はどのようにして検討すべきであろうか。

　その答えはもちろんマーケティングである。

　マーケティングがブランド・エクスペリエンス全域の主導権を握ったとしよう。すると、ブランド・エクスペリエンスを強化し、販売促進に役立つ選択肢の提供を決めるためのいかなる検討にも、ポートフォリオ理論を適用しなければならない。確かに、思いつくものすべてを顧客に提供できればいいが、実際には売上や利益が上がるのに役立って初めてそれは意味をなすのである。マーケティングの科学には、企業が顧客に何を提供するか、それらの中で有料で提供するのはどれかという点について、相当に厳密な分析が要求される。

　マーケターは企業が顧客と関わる上ですべきことをすべて掌握するため、既存の枠から出て考えなければならない。取引の価値判断の中に科学的な原理を持ち込み、ブランド・エクスペリエンスへのどんな投資が高い投資回収利益率を得るか、どんな投資は回避すべきかを決定していかなくてはならない。大半のマーケターは社内の他部門との話し合いなどそっちのけで、市場調査データに依存している。情報とサービスの時代に、マーケティングがプロモーションや広告のような従来の方法のみに固執するのは、恐竜の化石並みに古い行為である。あなたもしくはあなたの会社がそうした過ちを犯せば、生き残ることはできないであろう。

　ほとんどのマーケティング部門はブランド・エクスペリエンスの最初の要素だけに集中し、あとはすべて単なる偶然かCIO（最高情報責任者）の思いつきに任せている。マーケティング部門がステップアップして本来取るべき責任を自覚できなければ、会社経営が本質的で意味のある、そして永続的な変化を遂げることはありえないし、基盤が改善されていくこともない。現実にCIOやこの問題を扱う社員が、情報によって今ある商品やサービスを差別化していくことは可能なのだろうか。そしてそれにより多くの収益を上げ、顧客との関係を緊密にしていく方法を導

き出すことができるのであろうか。

　率直に言えば、ブランド・エクスペリエンスの主導権はマーケティングに与えられるのがふさわしい。なぜだろうか。マーケティングによって、顧客と企業双方に、より良いブランド・エクスペリエンスが提供されるからである。マーケティング部門は顧客のニーズや欲求を理解し、どうすればそれらのニーズを最も満たすことができるか、あるいはニーズを生むことができるかを理解できるようにならなければならない。企業は違いの生じない情報を全部捨てて、顧客が求める情報を見極めるべきということではない。マーケティングはむしろ、最大数の顧客に最高の価値を届けることを目的とし、そこに的を絞った戦略を追求する必要がある。

　もちろん、すべての人に何もかも提供できればそれでいいだろう。だが、それは破滅への道である。カギとなるのは、それぞれの顧客に合ったブランド・エクスペリエンスを提供することである。すべての人が王様でもないし小作農でもない。マーケターの仕事とは、誰が誰なのかを見分け、それぞれに適切な情報を提供することである。

## ブランド・エクスペリエンス・ブループリントを設計し、売上につなげる

　ブランド・エクスペリエンスの設計が、ブランド・アーキテクチャーを実体あるものに置き換える最高の方法であるとすれば、どんなステップが必要なのだろうか。マーケティング部門に、このブランド・アーキテクチャーの具現化という挑戦をさせたとしても、簡単に行き詰ってしまうであろう。いったいどうすれば、マーケティング部門にそんな偉業が成し遂げられるであろうか。

　企業はこう自問しなければならない。ブランド・エクスペリエンスに貢献するために必要なものもわからずに、顧客のことを考えた投資や活動について結論を下せるか、と。言い換えれば、ブランド・アーキテクチャーの中で明確に述べられたベネフィットを提供するブランド・エク

スペリエンスを適切に設計してこなかったなら、顧客本位のマーケティング投資など不要なギャンブルも同然ではないのであろうか、ということである。

これは前に出てきた、投資における判断基準のウェイト付けの仕方について考えるという問題に答えを与えてくれるものである。より重要なのはどちらであろうか。顧客が自分の購買記録にアクセスできるようにすることか、あるいは主力商品に今後どんな付属品をつけるか調べられる製品設定ツールを提供することであろうか。

当然ながら、ブランド・エクスペリエンスが適切に設計されていなければ、答えはわかりようがない。詳細に設計されたブランド・エクスペリエンスは、**ブランド・エクスペリエンス・ブループリント**と呼ばれている。ブランド・アーキテクチャーが顧客の購買を左右するベネフィットや属性の階層構造を示す一方、ブランド・エクスペリエンス・ブループリントは企業のブランド・タッチポイントやマーケティング・ミックスのすべてを通じて、顧客がブランド・アーキテクチャーのあらゆる要素にどう関わっていくことになるかの広範な詳細を正確に表したものである（図4-2）。

図4-2●ブランド・エクスペリエンス・ブループリント

| | ブランド・タッチポイント | ニーズの自覚 | 選択肢の検討 | 購入 | 使用 | サポートを受ける |
|---|---|---|---|---|---|---|
| コミュニケーション | テレビ | 感情的ベネフィット① | 属性② | 該当なし | 機能的ベネフィット④ | 該当なし |
| | ラジオ | 感情的ベネフィット② | 機能的ベネフィット② | 該当なし | 機能的ベネフィット④ | 該当なし |
| | 印刷媒体 | 機能的ベネフィット① | 感情的ベネフィット① | 機能的ベネフィット④ | 感情的ベネフィット① | 機能的ベネフィット④ |
| | アウトドア広告 | 機能的ベネフィット② | 機能的ベネフィット③ | 機能的ベネフィット④ | 機能的ベネフィット③ | 該当なし |
| | ウェブ/Eメール | 属性① | 属性③ | 機能的ベネフィット④ | 属性① | 属性④ |
| オペレーション | テレマーケティング | 属性② | 感情的ベネフィット① | 該当なし | 属性② | 属性④ |
| | 店頭販売 | 機能的ベネフィット③ | 機能的ベネフィット② | 機能的ベネフィット④ | 機能的ベネフィット④ | 機能的ベネフィット④ |
| | 直接販売 | 機能的ベネフィット③ | 機能的ベネフィット① | 機能的ベネフィット④ | 感情的ベネフィット① | 該当なし |
| | コールセンター | 機能的ベネフィット③ | 機能的ベネフィット② | 機能的ベネフィット④ | 機能的ベネフィット④ | 機能的ベネフィット④ |
| | ダイレクト・マーケティング | 属性③ | 属性① | 該当なし | 該当なし | 該当なし |

企業のブランド・エクスペリエンス・ブループリントを作るには、第2章で述べたようにブランド・アーキテクチャーを作ることがまず必要である。感情的ベネフィットや機能的ベネフィット、そしてブランド属性がブランド価値の中核を形成し、それらがブランドの関連する文脈に合わせて適宜表現されていく。

　ブランド・エクスペリエンス・ブループリントを作るのに必要なステップは、ブランド・アーキテクチャーを構築するときに必要なものとよく似ている。しかしもちろん考え方には多少の違いがある。ブランド・エクスペリエンス・ブループリントは、ブランドとの関わりの段階ごとに、どのような体験を顧客側に持たせていくかを設計するため、大半のマーケターが顧客との通常のやり取りで経験則を得ようとするときよりも深く踏み込まなければならない。言い換えれば、従来のマーケティング・ミックスの要素（広告・プロモーション・パッケージ）にとどまっているだけではだめなのである。やるべきことはもっとある。

　ブランド・エクスペリエンス・ブループリントを設計するには、次のようなステップを踏むことが求められる。

1. 企業ブランドの目標に一致した高い目標を立てる。
2. 細かいレベルで、各要素全体にわたって現在のブランド・エクスペリエンスを評価する。
3. ブランド・エクスペリエンスを向上させるための、大きな成果を導く（もちろん売上を含む）仮説を立てる。
4. 仮説を検証する——主要な評価指標の達成に焦点を当てる。
5. その検証結果を、ブランド・エクスペリエンス・ブループリントを作るために活用する。
6. 変化の相対的難易度・価値にもとづいて、ブループリントの公開・実施プランを作る。

　ブランド・エクスペリエンス構築における最初のステップは、関連する各要素に目標を与えることである。目標を立てるのは、ブランド・アーキテクチャーのベネフィットとうまく確実に調和させると共に、それに合った主要な評価指標を設定しながらレベルの高い方向性をブランド・エクスペリエンスに示すためである。物事がどう働いているかに

ついては、アセスメントの段階で詳細な認識を多く得られるであろう。しかし、現在の顧客とのやり取りを深く掘り下げていく前に、ブランド・エクスペリエンスに高い方向性を与えておくことは有用である。ブランド・アーキテクチャーのプランニングと同じく、ブランド・エクスペリエンス・ブループリントの目標設定は方向性や照準目標を提供すると共に、ブランド・エクスペリエンスの各段階で顧客がどう考え、感じ、そして行動するべきかという疑問にも答えを与えてくれるであろう。

　目標を定める上でもう一つの重要な要素は（簡単に聞こえるかもしれないが）顧客を定義することである。消費財を提供する業種には簡単なことかもしれないが、ほとんどの企業にはあまりはっきりとわからないステップである。企業向けのラップトップパソコンを売る企業があったとしよう。顧客は仕入れ部長であろうか、業者を決定するCIO（最高情報責任者）であろうか、それともそれを実際に使っている人であろうか？　多くの場合、顧客の定義はブランドが将来にわたり接触する可能性のある潜在顧客にまで押し広げて考えるべきであろう。

## ナビスコ――ブランド・エクスペリエンス・ブループリントで
## コモディティ化の罠を回避

**CASE STUDY**

ブランド・エクスペリエンスの原理や働きの証明に役立てるため、次に紹介する二つの企業、ナビスコとACME社の仮定のケースを考えてみよう。これはジーマン・マーケティング・グループにおける企業間取引（B to B）の事例を基に仮想的に構築している。ACMEはナビスコ・ブランドの数々のクッキーやクラッカー（「オレオ」、「リッツ」、「ウィート・シン」など）のパッケージを作っている業者である。この二つの大企業は協力し合ってアメリカ国民のスナックへの要望に応えている。

ACME社のマーケターの身になって考えてみよう。あなたはナビスコのような消費財メーカーからもっと利益をあげようとしている。またACMEのマーケティング部長として、B to B企業のマーケターの大半にお馴染みの、ある問題に直面している。つまりナビスコも、他の消費財（CPG）メーカーも、ひたすら価格だけにこだわっているということである。そして価格が重要な要素でなくなれば、ナビスコ社は在庫面での負担を我が社に強要してくるであろうし、生産ラインが忙しくなれば状況はまた一転する。さらに悪いことに、より幅広い製品ラインアップを備えている競合他社が競合商品（たとえば、「ウィート・シン」用の箱に加工されるダンボールなど）の値引きをし、大量のパッケージ素材、あるいはマージンが高いパッケージ素材（たとえば「オレオ」のパッケージ材料など）の大きな契約を取ろうとしているらしい。

ここでの問題は、ナビスコに対しより多く販売し、しかもより多くの価値を提供するために、ナビスコとの間にどんなブランド・エクスペリエンスを構築できるかである。

大半の企業にとって、コモディティ化*を避けることはほとんど不可能に思われる。だが、それは真実ではない。あなたの会社がその回避プランを立てるのに有用なプロセスをこれから示そう。

★　製品が日用品化・低価格化し、品質その他が均一化される動き。

まず、ブランド・エクスペリエンス・ブループリントを作るときに必要であったステップを思い出してほしい。より具体的に、目的地プランニングという点から考えよう。あなたはブランド・エクスペリエンスの各段階で、顧客にどう感じ、どう考え、そしてどう行動してもらいたいのであろうか？　ブランド・エクスペリエンスの目標を明確にすることは、図 4-3 で示した ACME とナビスコのブランド・エクスペリエンス・ブループリントと多少似たところがある。（ACME の側から見たもの）

　高いレベルを維持しながら、ブランド・エクスペリエンスの各段階を通してあなたが望むように、顧客（またはターゲット顧客）が考え、感じ、行動してくれる方法を作り出そう。そして目標達成の重要な尺度となる評価指標も設定しよう。

　この課題の目的としてもう一つ重要なのは、各要素について重要な顧客を特定することである。大抵の場合、大きな複数の取引には多くの人が関わっている。セールスには販売部門が責任を負うのかもしれないが、意思決定は製品マーケティング部（「リッツ」のブランド・マネジャー）や製造部（ベーカリー部）、商品化部門（新製品の製造ラインを設計する技術者）、あるいはまた製品開発部（食物に関する化学的な知識をもつ技術者や調理のプロ）などの決定が積み上げられて上にあげられていくものである。

　ブランド・エクスペリエンスが目指す目的地を定めたら、いよいよ本当の力仕事に取りかかるときである。現状評価によって、取り組むべきブランド・エクスペリエンスの重要なステップがまず設定される。この例の場合は、B to B 事業の商品のマーケターや部品のマーケターが忘れがちな領域、つまり消費者による実際の最終製品の使われ方という領域である。ACME にとって、ナビスコから出された製品スペックだけに従うのは簡単なことであろう。しかしいつもそれだけでは不十分だし、それは本当のマーケティングでもない。大事なのは、そこでブランド・エクスペリエンスを一つひとつの構成要素に分解することである。

図4-3●ACMEのブランド・タッチポイント

| | ACMEのブランド・タッチポイント | ニーズの自覚 | 選択肢の検討 | 購入 | 使用 | サポートを受ける |
|---|---|---|---|---|---|---|
| コミュニケーション | 印刷媒体 | 破損品の低減 | 確かな技術 | 該当なし | 製品の鮮度を維持 | 該当なし |
| | ウェブ/Eメール | 先端技術 | 他社製品からの切り替えに対応 | 支払条件が柔軟 | 該当なし | すぐに対応 |
| オペレーション | 直接販売 | 陳列棚のPOP広告としても活用できる | 過去の実績があるので、任せて安心 | 仕事が中断しない | すぐに対応 | すぐに対応 |
| | コールセンター | 該当なし | 該当なし | 該当なし | 対応が早い | 故障がほとんどない |

## 顧客は誰か、どのようにコンタクトするか?

　クッキーやクラッカーのパッケージのような消費財向け中間製品には、様々な顧客が大勢いる。まず、実際の購入はナビスコの購買部を通して行われる。おそらく現時点での製造量を調べ、プロダクト・ポートフォリオや製造工場の立地を勘案してパッケージの在庫を管理している人がいるだろう。

　こうした業務に携わる顧客のほうが、現金を動かしたり決済を行ったりしている人よりもはるかに大きな存在である。

　ACME商品の顧客の場合、箱詰めをする機械が正しく動く（クッキーのかけらでいっぱいの箱が食料品店の棚に並ぶことがないように）ことを確認する担当者にたまたまなったベーカリー部のエンジニアという場合もある。パッケージは既存の設備を使えるものでなければならない。予定通りに出来上がり、ラインの流れが変わるときにもスムーズに移動できるものでなければならない。

　ナビスコ商品のいくつかの大きなブランドには、当然ながら各ブランドの損益を担当するマーケターやブランド・マネジャーがいる。このブランド・マネジャーはパッケージに対する顧客の反応に強い関心を寄せている（色はいいか。ブランド・アーキテクチャーで展開している主要なベネフィットを伝えているか。クッキーやクラッカーがおいしそうに見え、食欲をそそるものか。開け閉めがしやすいか。いい保存状態が保てるか。破損から守ってくれるか）。

次に、ナビスコの店舗直送（DSD：direct store delivery）の営業チームがある。この人々の関心事は、箱が難なく山積みでき販売しやすいことである。彼らはアメリカの大半の食料品店に足を運んで、「フィグ・ニュートン」がどこでも同じように陳列されているか確かめるような人たちである。また、彼らは食料品店の通路の突き当たりに大きな陳列スペースを確保し、「オレオ」の箱を天井まで積み上げなければならないのである。

顧客（最終消費者のことではない）の存在を忘れないようにしよう。たとえばここでは、ナビスコ商品を仕入れている小売業者である。アメリカの小売業者の統合整理を考慮して、どの顧客も希望納期や商品が時間通りに届くことを保証する基本的な物流管理への要求は厳しい。ウォルマートやセーフウェイ、クローガーなど、すべての顧客を満足させるのは大変なことである。彼らは次のような質問に答えを求める。そのパッケージは商品の内容を明確に伝えているか。そのパッケージで割り当てられた棚に納まるのか。商品の鮮度を保てるパッケージであるのか。そのパッケージであれば（商品説明がきちんと記載されているので）、顧客があれこれ店員に聞いて煩わせてしまうということはないだろうか。そのパッケージならよりいっそう売れるのか。あるいは、自分たちのチェーン店にしか置かれていない独自性を秘めたパッケージであるのか。

最後に、実際にナビスコのクッキーやクラッカーを買う消費者がいる。パッケージのインパクトが強く、クラッカーやクッキーといったその商品を買いたい、再度購入したいという気持ちにさせてくれるとしよう。ではそのパッケージを閉めたとき、中身の鮮度は保たれるであろうか。そのパッケージの見た目は、おしゃれでそのままトレイに載せて客に出せるであろうか。

ブランド・エクスペリエンス・ブループリントを描くとき、顧客が誰かを判別するのにはかなり時間がかかる。ブランド・エクスペリエンスの文脈では、誰もが顧客である。ここで話が複雑になる理由の一部は、ACME のブランド・ベネフィットがナビスコの全顧客にとって何らかの重要性をもつものに翻訳されなければならないことである。

これで、ブランド・エクスペリエンスの主導権を持てば、マーケティングに実質的な行動が要求されるわけがわかったであろう。

ブランド・エクスペリンスの話をするときに考慮すべき顧客が非常に多いことから、ブランド・エクスペリエンス・ブループリントの作り方の例として、販売後のコンタクトというブランド・エクスペリエンスの要素に絞って取り上げることにしよう。ここでは ACME が、ナビスコに自社製品を売るのに有用な方法（ナビスコが消費者に製品を売る場合についてではない）に注目していることを思い出してほしい。しかしコモディティ化の罠を避けるためには、顧客（ナビスコ）の顧客（消費者）にとって重要なものを知ることが必要なときもあると常に心に留めておくことも大切である。

　それを心に留め、自社のブランド・ベネフィットを ACME がナビスコに伝えられるようなマーケティング・ミックスの要素と、関連したブランド・タッチポイントの組み合わせを考えてみよう。このようにお互いが企業という B to B ビジネスの環境では比較的珍しい既存のメディアのほか、考えられるのはやはり人的販売（これが大多数）やテレマーケティング、多くの潜在顧客のブランド・タッチポイント（ウェブサイト・コールセンター・E メール・エンジニアサポートなど）である。

　顧客一人ひとりとつながるために、マーケティング・ミックスの要素とブランド・タッチポイントを利用すべきであると認識したとしよう。ACME の担当者は独自性のあるメッセージを配信する必要性を指摘するだけではなく、さらに行動を起こすことが重要である。たとえば、「ウィート・シン」を製造してビニール袋に詰めて箱に入れるという製造ラインを担当する技術者が顧客なら、ACME の組織内で働くエンジニアをブランド・タッチポイントとする必要があるかもしれない。まだ構築されていないチャネルを使うということになる。

　このプロセスで明らかになる重要な事実は、企業にとって自社社員と顧客である取引先の社員とを協力させることは非常に大事であるという点だ。小売業界では、ウォルマートとプロクター＆ギャンブル（P&G）が行ったパイロット・プロジェクトが成功してから、このビジネスモデルが広く採用されるようになった。このパイロット・プロジェクトは、それまでウォルマートの社員と働いたことのなかった P&G の社員を団結させると共に、流通・商品開発・倉庫保管・販売・マーケティングなど様々な部門を巻き込んだ。こうしたスケールで社員が手を組むことによってブランド・ベネフィットの伝達が改善され、最終的には両社により大きな売上（利益も）をもたらした。

今日 ACME のような企業のほとんどは、販売員と顧客とのやり取りにだけ頼ろうとしている。それでは間違いなくコモディティ化を招くだろう。マーケティング努力の及ぶ範囲が購入者とのつながりにだけ限られるなら、結局すべては購入を左右するものの問題——すなわち価格——だけになってしまうからである。

**セールストークのトピックスは何か**

さて、これであなたは重要顧客（あるいは望ましい顧客）一人ひとりを認識し、これらの顧客とつながるために必要なマーケティング・ミックスの要素や具体的なブランド・タッチポイントを活用すべきことを理解した。ではそろそろ具体的な話に移ろう。今後生じてくる顧客と交わすセールストークの話題とは何であろうか。

ここで行うべき本当の仕事は、ターゲットである一人ひとりの顧客に対する会話についてである。企業は顧客とのやり取りが今後どういうシナリオになるかを見極めなければならない。たとえば、ターゲット顧客がナビスコのベーカリー部のエンジニアであると想定しよう。その場合のシナリオは次のようなものになるであろう。

- ACME 製品が期待どおりに機能しない（仕様書どおりに作られているにもかかわらず）。
- ACME 製品は他のサプライヤー製品とは一緒に混ぜて使えない（両社のものは共に仕様書どおりであるにもかかわらず）。
- ACME 製品は予定通り届かない。
- ACME 製品をさらに入手できるのはいつになるのか。
- 増えすぎた ACME 製品を管理するための個別のオプションはないのか。
- ACME 製品は期待以上である。

これらは今後生じる可能性のあるやり取りの例である。ナビスコのベーカリー部のエンジニアと ACME の社員がこんなコンタクトをとらざるをえなくなるかもしれない。こうしたやり取りによって、ACME ブランドが具体的な顧客にとって意味するものの全体像が形作られていくのである。大事なのは、現在のブランド・エクスペリエンスの基盤を作っているやり取りが何かを見極めることである。

## ブランド・エクスペリエンス・アセスメント（査定）

　これらのやり取りを特定できたなら、今度はブランド・タッチポイントやマーケティング・ミックスの要素がその役を演じる場をとらえよう。また現在のやり取りを形成している要素を評価して、今顧客が何に満足し、何に満足していないかを把握しなければならない。

　たとえば上に示したやり取りの一つを例にとってみよう。「ACME 製品は期待どおりに機能しない（仕様書どおりに作られているにもかかわらず）」という場合、こうした問題の発生頻度やよくある原因、このようなときに交わされる具体的なやり取りの詳細について、理解を深めることが重要である。この問題は、シーメンスやボッシュのような産業財メーカーが販売した一部の梱包用機材に原因があるのかもしれない。このような特定のシナリオについて ACME がより深く考案し、現在の操業状態を正しく把握できれば、それだけ多く改善のチャンスが見出せるであろう。

　こうした点以上に重要なのは、シナリオ毎に見通しをもたらす要素を分析し、何が販売や利益を次の段階に導く障害になっているのかを ACME が判断できるようにすることである。

　自社の立てたシナリオの理解に加え、外部――おそらく消費財業界の外側――に目を向け、可能なものには外部の観点を取り入れることが重要である。トップクラスの企業は、製品のスペックが仕様書どおりであるにもかかわらず販売した製品がきちんと作動しなかったとき、どのように対応しているのであろうか。インスタント・メッセンジャーやホットラインのようなものに、エンジニアを待機させているであろうか。

　ある生産ラインが一定の短い期間を越えて操業を中断した場合、サプライチェーン全体に大きな影響を与える可能性があり、最終的には会社に大きなコストがかかることになる。代替手段は、エンジニアがなんとか対処しながらも、その製品は将来なくなる方向にあるからと買い替えを勧めることである。

　現状を評価すれば、それぞれのやり取りを進展させる最善の方法に対する仮説を引き出すチャンスが得られる。より良い結果を導き出す決定的なアイデアを生み出すには、ブランドを生きたものにする潜在する新しいチャンスを見出すかなりの創造性が要求される。その上、今日の世の中の動向や顧客が実際に経験する

日常生活の側面をより深く理解できれば、現在の状態が進展するときにはそれだけ十分な情報が得られるであろう。

　主要な顧客、マーケティング・ミックス、ブランド・タッチポイント、そしてやり取りのシナリオがわかったことで、仕事は完了したと思うかもしれない。実際に現状を評価すれば、考慮すべき流動的な部分がすべてとらえられるばかりか、通常は事例から得た個々の要素をベストプラクティスと比較して、顧客とブランドとのつながりの弱点を克服するための方向性を提案することもできる。

　ブランド・エクスペリエンスをその構成要素に分解するこうしたプロセスから、多くの新しい可能性が生まれるものである。これまで顧みなかった新しい重要顧客に気づくチャンスであり、新しいブランド・タッチポイントや既存のものを別の形で利用するチャンスである。さらに、具体的なシナリオの中でブランド・ベネフィットを提供するより良い機会を作るため、顧客とのやり取りを新たに構築・修正し、または縮小するチャンスでもある。

　現状の評価による構造分解ができたら、いよいよ次の仕事である。購買意欲を左右する感情的ベネフィット、機能的ベネフィット、あるいはブランド属性についてもう一度掘り下げてみよう。そしてそれぞれの重要顧客に関わりの強いものを見つけ、マーケティング・ミックスの最も優れた要素やブランド・タッチポイントを活用し、重要顧客とのやり取りに対する理想的な対応やその改善方法について仮説を立てていく。

　引き続き先の仮想上のナビスコの例を使用し、「ウィート・シン」の運送用のダンボール箱として、ナビスコのベーカリー部のエンジニアがACMEの梱包材を使っていることについて考えよう。この具体的シナリオにおけるACMEの現状評価の結果は次のようなものである。

## ブランド・エクスペリエンスの現状アセスメント
### ——キーとなる顧客：ナビスコのベーカリー部のエンジニア

ACME 製品は期待どおりに機能していない（仕様書のどおりに作られているにもかかわらず）。

**1. ブランド・タッチポイント**：
- ウェブサイト（製品仕様閲覧ページ）
- コールセンター（販売担当者経由でベーカリー部エンジニアからの問い合わせがある）
- 製品仕様書の写しを郵送する

**2. マーケティング・ミックス**：
- ベーキング・トレード・マガジンへの広告掲載

**3. 重要なベネフィット**：
- 感情的
  - 何も伝えられていない
- 機能的
  - ACME の包括的企業メッセージ——「ACME は最先端の梱包技術を提供いたします」
- ブランド属性
  - 製品は仕様書どおりに引き渡される
- 望まれる結果／評価指標
  - ナビスコの生産休止を減らす
  - ベーカリー部エンジニアの高い評価
  - ベーカリー部エンジニアから（ナビスコのウィート・シンの）ブランド・マネジャーへ、満足しているとの連絡が入る
  - ベーカリー部エンジニアから（ACME の）販売部に、満足しているとの連絡が入る

## ブランド・エクスペリエンスの仮説

　ブランド・エクスペリエンスの現状評価が完了したなら、実質的にはそれぞれのブランド・タッチポイントやマーケティング・ミックスの全要素にわたって、すべての重要顧客とのあらゆるやり取りが一覧にまとまったようなものである。これで、あらゆるブランド・エクスペリエンスを向上させる方法について仮説を立てる上で、ここまでのところ学んできたすべてのことを適用できる。このように向上させていくことで、ブランド・エクスペリエンスの各要素には大きな成果がもたらされるであろう。最終的には売上も伸びるはずである。

　重要なのは、売上や収益の最初の目標地点を、到達できないような無理な数字にしないことである。ACME／ナビスコの例では、（ナビスコの）エンジニアの満足度という評価指標で成功の度合いを測りたくなるが、その満足度は売上増加の要因になった場合にしか意味がない。言い換えれば、ブランド・エクスペリエンスのどの要素も、売上と結びついていることが認められた場合に限って重要なのである。もし売上（または収益性）の要因でなければ、マーケターのレーダーの対象外である。

　あなたが立てた仮説は、ブランド・エクスペリエンスの査定からわかった知識にもとづいている。ACME／ナビスコの例を完結させるため、次のような仮説を立ててもらいたい（思い出してほしいが、あなたはACME側の人間で、クッキーとクラッカーの最大手ナビスコに商品を売る立場にある）。

- ナビスコのベーカリー部のエンジニアに対して技術サポートサービスを提供し、サービスや全体の満足度を向上させる。
  - ——パイロットテスト用に、そのコンセプトの詳細・チャネル・実施のための社員の配属・価格などを設定する。
- 仕様が固まる前に製品設計担当者ともっと緊密に連携しながら仕事をすることにより、他の梱包材メーカーの製品と一緒に使われることも含めて、ACME製品の機械的なトラブルを排除する。
  - ——仕様が固まる前に、マーケティング・ミックスの要素やブランド・タッチポイントを決め、あらかじめそれらの情報を現場へ提供しておく。
- ウェブサイトを活用しやすくし、インスタント・メッセージ・サポートを提供して（そしてACME社の技術担当者につながるようにする）、潜在的な問題にいち早く対応しておく。

- 「ACME製品の使い方」研修を行って、問い合わせ件数を減らし、機械的なトラブルによる稼動休止を防ぐ。

　これらはもちろん仮説である。しかし今後どんな仮説を立てればいいかについて、一つの参考にはなったであろう。そして、これらの仮説が妥当なものかどうか検証する必要がある。特定の評価指標に影響を与えるものなのか——たとえば生産部のエンジニアの満足度など——、あるいはもっと重要な、ブランド・エクスペリエンスの要素に表れた成果と売上との間に関係を持たせることが可能なものなのかを確認しよう。


**仮説の立証**

　ブランド・エクスペリエンスを向上させ、ブランド・エクスペリエンス・ブループリント——言わば、顧客のブランド・エクスペリエンスがこうであったらいいと期待される設計書——の成果を生み出す仮説を立証するのは、あなたの仕事の特性と立てた仮説次第である。

　いくつかの場合、ブランド・アーキテクチャーの構築に必要であった調査と似たタイプの、第2章で取り上げたような定量的調査に頼る必要性が出てくるであろう。しかし多くの場合は、現在のあなたの業務である、地域を限定したパイロットテストという実証実験を代替手段として活用できるであろう。

　ブランド・エクスペリエンスに重点を置く利点の一つは、それが難解なものでもなければ、自社と疎遠なものでもないからである。テーマは文字どおり、あらゆる見込み客とのやり取りすべてであり、おそらく社員の誰かしらが既によく知っていることであろう。もしナビスコのエンジニアが不満を持っているとすれば、同社担当のACMEの販売チームはそのことを全部知っているだろうし、少なくともそれが問題だということくらいはわかるはずである。

　仮説立証というこの仕事は、マーケティングの新科学にとって非常に大きな役割を果たしている。それは立証の過程で必要となる何らかの実験的取り組みを実施することになるが、その成果をブランド・エクスペリエンス・ブループリントに取り入れる機会にもなるからである。

## ブランド・エクスペリエンス・ブループリントの展開

　仮説の立証も終え、ブランド・エクスペリエンス・ブループリントの策定に必要なものがようやくすべてそろった。

　すべての重要顧客や彼らと交わすであろうすべてのシナリオ、それぞれのブランド・タッチポイントとマーケティング・ミックスの要素。こうしたものすべてに関するブランド・エクスペリエンスの一つひとつの要素について、あなたの会社は顧客にどのように体験してほしいと思っているのだろうか。このようなブランド・エクスペリエンス全体の俯瞰図を作ることは、ちょうど住宅や超高層ビルを建てることに似ている。ブランド・アーキテクチャーやブループリントとは、最終的には、内から外への視点（自社の特質を実際に伝えるベネフィットは何か）と、外から内への視点（自社のブランドに接触したとき、顧客は実際どのような体験をするのか）という双方の視点から見た全体像のことなのである。

　ブランド・エクスペリエンス・ブループリントは、マーケターにとっての実験室のようなものである。そこでは、見込み客や顧客セグメントとの考えうるあらゆるやり取りが散りばめられている。マーケティングの新科学は、マーケターにブランド・エクスペリエンスの主導権を握るよう求めている。それを実現するには、ブランド・エクスペリエンスとは何かを理解し、設計図（ブランド・エクスペリエンス・ブループリント）を作ることによりブランド・エクスペリエンスを理想的なものへと創造していく方向をはっきりと提示するしかない。この設計図があれば、マーケティング部門は会社の様々な部門を動かし、刺激し、同意を引き出すためのツールを手にしたことになる。そして社員の誰かが顧客と接触したときには、いつでもそのやり取りに合った形の明確で望ましい成果が出せるわけである。マーケティング部門は、このような顧客とのやり取りをもはや他の部署の思いつきに任せていてはいけない。

　現在では顧客とのあらゆるやり取りが販売のチャンスになる。マーケティング部門がブランド・エクスペリエンスの主導権を握るときである。これほど重要なことを偶然に任せておく手はない。

## マーケティング・イメージによる企業の再形成

　企業のブランド・エクスペリエンスを向上させる方法は、それをあるべき姿にするために必要なものをつくりだすことである――購買ステップの正に最初の思いつきから始まり、購買後のアフターサービスに至るまでのあらゆる要素にわたって。企業ブランドを顧客に体験させるということは、あまりにも重大すぎて偶然に任せられるものではない。

　ブランド・エクスペリエンス・ブループリントを作るためには、以下に示すステップを踏んでいく必要がある。

### ステップ1：ブランドの目的地と結びついた高いレベルの目標を設定する

　莫大な額の投資に踏み切ろうとしているからといって、チーム全員がその戦略に同調していると考えてはいけない。そのような思い込みは必ず誤った結果につながる。時間をかけて確実に協力を得よう。黙っていたところで協力は得られない。

### ステップ2：個々の要素にさかのぼる細かなレベルまで
### 　　　　　現在のブランド・エクスペリエンスを評価する

　ブランド・エクスペリエンスの評価には、大変な時間と労力がかかる。自社ブランドと顧客との現在の関係を知れば知るほど、より巧みにブランド・エクスペリエンスに手を加えながら前進できるであろう。質的な尺度だけの評価ではなく、具体的な数字による評価に目を向けること。たとえば、ある目標Xが達成されるのにどれだけ時間がかかったか。どれくらいの顧客がYを体験したか。顧客とのやり取りZに対応するために会社は何名の社員を必要としたか。現在のブランド・エクスペリエンスをコスト、時間、そして質という尺度に照らし合わせて考えなければならない。様々な要素を理想どおりに整えるため、将来考えている投資を考慮しながらこうした評価をしなければならない。

## ステップ3：ブランド・エクスペリエンス向上のための仮説を立てる
　　　　――売上を含む確かな成果をあげることを目指す

　じっくりと考えて、あなたの知っている独創性豊かな人材をすべて確保しよう。顧客にあなたの会社のブランドを体験してもらうやり方を再考するチャンスである。こうなるものだからという考え方に囚われずに、あらゆる業界のビジネスモデルでも取り込もうとするぐらいにフラットに考えよう。

## ステップ4：仮説の立証と重要な評価指標の目標達成に重点を置く

　忘れないでほしい。あなたのビジネスはあなたの実験室である。まさにそこにおいてこそ、正しいことを学ぶチャンスが得られるのである。立地やエリアを開拓したりあるいは売上を増やすためにブランド・エクスペリエンスを変える仮説を、自社が展開するホットドック店の内の1軒を使って検証したりすることによって。

## ステップ5：検証結果をもとにブランド・エクスペリエンス・ブループリントを作る

　ブランド・エクスペリエンス・ブループリントの構築は建築の仕事に似ている。一つひとつの細部にまで注意を払わなくてはならない。設計図そのものは変更されていくかもしれないが、そうなってもそれは、どうなるはずであるかを示すバイブルである。ブランド・エクスペリエンス・ブループリントは、顧客があなたの会社のブランドを体験する中核となるものである。

## ステップ6：難易度や変えることの意味を考慮した上で、
　　　　設計図を社内に公表し実地に移す計画を立てる

　一旦計画を作ったならば、それを引き出しにしまい込んだまま何か起きるのを待っていてはいけない。このステップでは、計画を実現させるために必要なビジネスモデルのいくばくかの変更について考えなくてはならない。ブランド・エクスペリエンス・ブループリントを実地に移すための適切な人材・プロセス・技術があなたの会社にはあるだろうか。新しいビジネスルールに沿った動き方を会社のルールにまで昇格させなければ、ただ時間を無駄にしているだけであるということを忘れてはいけない。

## Chapter 05

# マーケティングを CRMにつなげよう

Plug Marketing Into CRM

さてこれで、ブランド・エクスペリエンスを顧客があなたの会社のブランドと交わすあらゆるやり取りのるつぼとして定義できた。既存のマーケティング・ミックス（例：広告・プロモーション・商品パッケージ）はもちろん、物理的なブランド・タッチポイント（例：店舗やコールセンター、セールスパーソン）のすべてにおけるやり取りが含まれている。ターゲット顧客への製品やサービスの提供という形で発信している特定の感情的・機能的ベネフィットがあなたの会社のブランドを表すとすると、ブランド・エクスペリエンスは製品を使用する中で出てくる具体的なニーズや将来的なサポートの必要性を顧客が感じた瞬間から、顧客があなたの会社やその社員と交わす可能性のあるあらゆる種類のやり取りにおいて実際の体験を評価するための尺度になる。

　この時点では、顧客との関係をあらゆるブランド・タッチポイントで管理するのに役立つ強固な企業情報システムが、生産的かつ収益アップに結びつくブランド・エクスペリエンスを生み出す最善の方法であるという結論に飛びついてしまう可能性がある。そうなると、最高級の一番高価なシステムを買いに出かけたい衝動に駆られるかもしれない。だがどうかそんな罠にかからないでもらいたい。システム業者には来週電話で返事をすると伝え、本書を読み続けてもらいたい。

## 顧客関係のコントロールだけでは十分ではない

　企業ブランドと関係のないところでの顧客関係などというものは、まったく意味をなさないものである。CRM（顧客関係管理）のような企業規模の情報システムが戦略的優位の機動力になりうるのは、それがブランド・プロミス*を履行するうえでのより良い手段を提供してくれるときだけである。その際に必要なことは、ソフトウェアやプロセス変更にわずかでも資金を投じる前に、ブランド・アーキテクチャーを構築して、あなたの会社が顧客に望むブランド・エクスペリエンスの設計図に反映させることである。ブランド・エクスペリエンス・ブループリントは、ブランド・ベネフィットをどう提供すべきかを説明し、どんなCRM関連プロジェクトについても当該企業に真に求められるものを

★　ブランドの顧客への約束。

明らかにしてくれる。

> ブランディングを考えていないCRMに、ブランド・プロミスを履行することなどできるであろうか。

　いよいよCRMが抱える難問、そして多くの企業が現在推し進めているやり方に直面することになった。実に単純明快である。CRMはうまく機能していないのである。これはウェブ上でも会議でも、いらだった雰囲気の役員室など、どこででも取り上げられている議題である。つまりCRMは最大限の成果をもたらしていないということである。あらゆる関係者がこの問題を懸念している。ソフトウェアの購入に数百万ドルをつぎ込んだ会社はもちろん、その供給側であるソフトウェア会社自身、またCRMをドットコム企業の次の生き残り競争におけるビジネスチャンスであると見なしているITサービス企業に至るまで。

　問題は、CRMが短期的には成果をあげるように見えることである。セールス・フォース・オートメーション（SFA; Sales Force Automation：情報システムにより営業活動を支援するシステム）を導入すると、大抵はプロセス効率向上のツボが新たに見つかって、あなたの目の前で売上が跳ね上がるだろう。しかし、インディ500のレースカーのタイヤを替えるのと同じことで、それはレースに勝つための万能策ではない。せいぜいライバルに周回遅れを取らないようにさせてくれる程度のものである。多少は満足してくれる顧客もいるであろうが、購買意欲をもっと高めることはできないのだろうか。SFAによって、販売担当は販売活動をいっそう活発に行い、経過報告をすることで仕事内容を改善していくかもしれない。しかし実際に、売上は上がっていくのであろうか。SFAを持たない企業の多くは、あらゆるブランド・タッチポイントにおいて顧客とのやり取りをどのように捉えて追跡し、顧客にどうメッセージを発信していくかについて苦慮しながら実行しているが、実はそうすることが収益を生み出している。どういうことなのかもっと詳しく見てみよう。

## CRMの将来性と危険性

　CRMは必ずしも低収益の投資というわけではない。まったく逆で、正しい使い方をすれば有益な成果をもたらしてくれる。また、企業がCRMの導入に踏み切る理由も容易に察せられる。新規顧客獲得コストが上昇している一方その成約率が下がっているとき、あるいは有望なマーケティング・チャネルが激増し生産性をさらに上げなければならないとき、企業にとってCRMは大きなリターンが将来見込まれる有益な投資である。技術面ではCRMは、顧客データの集約、安全で自由な企業データ全般へのアクセス、マルチプル・チャネル★を使ったサポート体制を初めとする重要な機能的ベネフィットを提供してくれる。

　ところが驚いたことに、バークリー・エンタープライズ・パートナーズの調査によると、およそ70%のCRMプロジェクトがこれといった利益を生み出していない。それどころかある例では、64%ものユーザーがCRMシステムのビジネスバリューを測る技術さえなく、実際にCRMシステムに対するROI（投資収益率）をはじき出せたのは全体の10%にも満たなかった。また、戦略変更や予算変更などでCRMの活動が痛手をこうむることもあり、約3分の1の企業が予算追加を余儀なくされている。

表5-1●CRMに対する期待と現実

| 期待 | 結果（現状） |
| --- | --- |
| 顧客一人ひとりの視点 | 顧客全体の多重的、機能的観点 |
| 顧客満足全体の向上 | 一部の体験のみの改善 |
| 顧客満足の増大 | 効率の改善 |
| 顧客損失の軽減およびロイヤルティの向上 | 下方移行傾向に伴う保持率の増加 |
| 利益の増大 | 顧客転換率の低下と市場縮小 |

★　空いている回線を使って通信できる。

シーベル・システムのような、業界をリードするCRMソリューションのプロバイダーと契約している顧客の言葉を聞くと、現状はさらに不安定だと言える。ニュークレアス・リサーチ社が公表した調査結果（「シーベル社のCRMソリューションがもたらす投資利益率の現状報告」、2002年9月）によれば、アンケートに回答したシーベル社の顧客の61%は、同社の展開するアプリケーションから望ましいROIを達成することはできていないと考えていた。ここで注意すべき点は、この調査がシーベル社の顧客サンプルとして統計的に意味のあるものではないということである。また、そんな意図もまったくなかったのである。理由は簡単だ。この調査はシーベル社に紹介してもらった顧客のみを対象とすることになっていたのである。この事実を考えると、調査対象となった顧客はシーベル社のウェブサイト上で目立つような会社であり、シーベル社のCRM展開を活用して成功を遂げた会社の集団であった。言い換えれば、シーベル社の優良顧客でさえ、CRMが約束してくれているはずのベネフィットを達成していないということになる。

悲しいことであるが、大きな目的と画期的なテクノロジーにもかかわらず、CRM戦略のほとんどは企業（もしくは顧客）の期待に沿うものではない（表5-1）。

## マーケティングのギャップとCRM

問題は的の絞り方である。この点、CRMアプリケーションはこれまで、顧客とのやり取りのプロセス（セールスやサービスの自動操作など）やダイレクト・マーケティング（別名キャンペーン・マネジメント）における組織化と分析に主として重点を置いていた。CRMはこの壮大な計画の表面にちょっと触れただけであって、企業に顧客のための価値を生み出させる手段となるにはまだ長い道のりが残されている。たとえば、戦略プランニング、マーケット探知、顧客メッセージ管理、ブランド・アーキテクチャーの構築、ブランド管理、商品開発、マーケティング投資管理などのように重要なマーケティング活動のサポートには、CRMはまだ十分には利用されていない。その上CRMは、オンラインにばかり

企業の目を向けさせようとしている。今でも企業収益の 95% 以上は、直接営業やビジネス・パートナーを通じての営業、電話営業などの既存の販売チャネルに負っているというのに(メタ・グループの調査による)。しかし CRM とマーケティングのギャップを埋める可能性にいきなり飛び込む前に、いくつか歴史的な視点について考えてみよう。

　CRM の時代が来る前、マーケティング部門は時間とお金のすべてをつぎ込んで、まだ自社と何のやり取りもしていない段階で、顧客や見込み客を釣り上げようとしていた。つまり顧客あるいは見込み客がテレビを見たり、雑誌を読んだり、空港でぶらついたりしている時に訴求しようとしていたのである。そしてそうしたターゲット顧客に対しては、いよいよ買い物をしようというときに正しい選択に役立つと顧客に感じ取ってもらえそうな情報を送ることにマーケターは的を絞っていた。

　しかし今や CRM の登場により、考えられなかったような強力な武器がマーケティングの世界にもたらされた。CRM システムのおかげで、マーケターは顧客が自社と接触しさえすれば、いつ何時でも彼らを捉え、交信できるツールを手に入れた。あなたの会社がレモネード売りのスタンドであろうと、ウェブサイトを使った多国籍企業であろうと、小売店、配達業、あるいはコールセンターであろうと関係ない。マーケターの一番の夢は魚のいる場所で釣りをすることである。しかし今のところ、誰もどこに池があるのかさえもマーケターに教えてくれないようである。

　さらにまずいことに、ブランド・プロミスと CRM の利用とに何の関係も見出せないのに、CRM 戦略に投資を続ける企業もある。これではまるで道に迷ったときに猛スピードで車を走らせ、どこへたどり着くかわからないという状態と同じである。

　信じられないかもしれないが、企業の中には顧客と最高の関係を築くことだけに熱中するあまり、CRM の目的があくまでも売上増であることを忘れてしまう場合がある。顧客と良い関係が築きさえすれば、魔法のようにお金が入ってくると思っているのである。

　まったくナンセンスである。好きなだけ顧客との関係を築けばいい——しかしそれが売上に結びつかなければ、努力に値しないことに注意

すべきである。顧客との関係に価値を置くこうした無意味な愚行こそ、CRM投資が成果を上げられない理由である。ただでさえ毎月・毎四半期・毎年と売上を伸ばしていくのは難しい。ブランド名をばらまくだけで顧客とつながることができるなどと期待していたら、余計に状況は厳しくなるであろう。

しかしもし顧客にとって生産的で収益に貢献するブランド・エクスペリエンスを構築していれば（第4章を参照）、何度でも繰り返し活用できるマーケティングの財産を手に入れたことになる。言葉を換えると、感情的・機能的に魅力あるベネフィットを自社に対して思い描くようにマーケティングが顧客を教育できれば、そこから何かを作り出せるであろうということになる。そしてブランド・アーキテクチャーやブランド・エクスペリエンス・ブループリントを利用してCRM戦略を設計し実施していくなら、計画は軌道に乗るだろう。

こうした話は論理的に聞こえるし、かなりまっすぐで単純な道に見えるが、多くの企業は途中のどこかで軌道から外れてしまう。なぜだろうか。一番の理由は、CRMが、顧客に独自の価値を提供するやり方で競合との差別化を図ることよりも、むしろ企業のオペレーション効率の改善に主に活用されてきた（財務的にもそれが評価されてきた）からである。

## CRMは必ずオペレーションの効率化を実現する

まずはオペレーション効率に大きな改善を約束する、CRMに関連したビジネスケースの話をしよう（図5-1）。企業は販売やサービス、マーケティング活動において競争力をつけるために、ベストプラクティスを達成・維持し拡大しなければならない。さらに、最新のハードウェアやCRMソフト、ネットワーク技術への投資にかかる数百万ドル規模の予算を正当化するため、コスト削減を行ったり生産性をあげたりしなくてはならない。さらに重要なのは、顧客へのサービスにおける無駄や弱点、遅延などをどう排除するか示すことである。顧客満足や生産性

を増加させることが、ほぼすべての CRM ビジネスケースの基礎となっている。CRM を使ってオペレーション効率を向上させることが、大きな利益をあげるための必須条件になっているのが現状である。といっても、それが競争上の優位性を維持することには必ずしも結びつかない。CRM があなたの会社にもたらす進歩は、絶対的ではあっても相対的でないことに気づくのに時間はかからないであろう。しかも競争力の均一化は想像以上に早く起きるのである。つまりあなたの会社がビジネス・パフォーマンスを改善すれば、たちまち競合他社が同じやり方で真似をする。結局、CRM テクノロジーは誰にでも使えるものなのである。

ではなぜ CRM 戦略のほとんどが、投資にめざましい成果をもたらせないのであろうか。実に興味深いことに、CRM という頭字語を作っている文字を見れば、顧客関係管理について考えてきたことの欠陥のいくつかが明らかになってくる。企業の多くは、「C」(顧客)のことを忘れ、マーケティングが「R」(関係)を左右していることを見落として、その「M」(管理)ばかりを重視している。そしてこの頭字語にはもう一つ失われているものがある。ブランドの「B」だ。購買意欲を左右する感情的、機能的ベネフィット、そして製品特性というまとまりが CRM 戦略のそもそもの駆動力となっていないとすれば、企業の資産の核であるブランドから事実上切り離されているということになる。簡単に言うと、これまでの CRM 戦略は顧客関係の管理に重点を置くものであり、具体的なブランド・ベネフィットを提供することで顧客との関係を発展させるためのものではなかったということになる。最高の成果を生み出していく CRM 構想とは、企業がテクノロジーを利用して、生産的で収益力のある、かつブランドを拠り所とした顧客との関係を発展させていくことを可能にするものである。単に企業にとってより効率的に顧客とのやり取りを管理するためのものではないのである。CRM を使って顧客のニーズと欲求について深い認識と確かな予測を得ようとする企業ならば、CRM 投資から十分なリターンが得られるであろう。

しかしあなたの会社がこうした点に注意を払わず、ブランド・プロミスを履行することより顧客管理のために CRM を活用しているなら、得るのは利よりも害であろう。

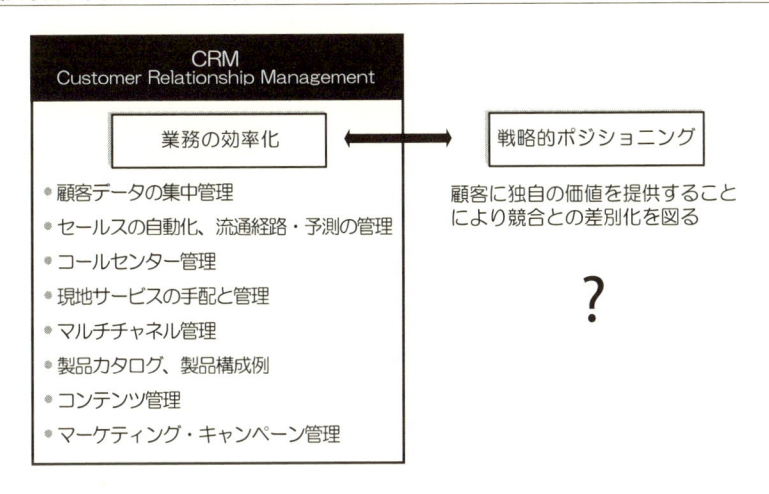

図5-1●CRMによるオペレーション効率化と戦略的ポジショニング

```
┌─────────────────────────────────────┐
│          CRM                        │
│   Customer Relationship Management  │
│                                     │
│      ┌──────────────┐               │
│      │  業務の効率化  │ ◄──────►     戦略的ポジショニング
│      └──────────────┘               
│                                     顧客に独自の価値を提供すること
│  ●顧客データの集中管理                により競合との差別化を図る
│  ●セールスの自動化、流通経路・予測の管理
│  ●コールセンター管理                        ?
│  ●現地サービスの手配と管理
│  ●マルチチャネル管理
│  ●製品カタログ、製品構成例
│  ●コンテンツ管理
│  ●マーケティング・キャンペーン管理
└─────────────────────────────────────┘
```

　ここに単純な例がある。今はクリスマスシーズンで、大手の玩具小売業者がウェブサイトで買い物をした顧客への魅力的なプロモーションを展開している。その会社は新しいEチャネルを作り、大切な顧客がクリスマスシーズンの混雑した店に出向かなくてもリビングでくつろいだままですべての買い物ができるようにしている。まさしく顧客関係に素晴らしいエクスペリエンスを与えるもののようである。しかしいざそのサイトに行こうとすると、あまりの人気でつながらず、少し経ってからもう一度試してほしいと言われてしまった。このやり取りはその店のブランドの何を伝えているのであろうか。この新しいEチャネルは、あらゆる顧客とのやり取りでブランド・プロミスを履行するために設計され開発されたのではなかったのだろうか。顧客の実際のやり取り──このケースではウェブサイトの停止──が、ブランドの主要な感情的ベネフィット（お子様の欲しがる物が必ず手に入り、お客様がもっといい親になれることを保証しますといった類のもの）と相反するものであったら、顧客は怒り心頭に発することであろう。新しいチャネルを通してブランド・ベネフィットを拡大しようとした方法が、たちまちブランドの価値全体を悪化させる方法になってしまうのである。

別の例をあげよう。あなたは車のセールスパーソンとの長時間にわたる厄介な話し合いを済ませ、念願だった車に今日から乗るため販売代理店のローン担当室へ行ってローンの支払いを確認しているところである。ローン申し込みを処理するため、あなたに関する情報をいくつも尋ねられる面倒なプロセスの途中で、その担当者が目の前にクレジットカードの申込書を突き出し、書き込むように言ったとする。その場合、この自動車ローン会社はどういうブランド・プロミスを履行したのであろうか。理想的なクロスセリング（関連商品販売）環境を整えようと急ぐあまり、大抵の消費者はクロスバイング（関連商品購入）などに何の関心も持っていないことをそのローン会社は忘れてしまっているのである。

　どちらも、暴走したCRMがマーケティング戦略にその機能性を利用しようとした例である。多くの企業が自分たちの利益のために顧客から取れるだけ絞り取ろうとして、CRMを使ってあまり関係のない商品まで併せて一切合切売りつけようとしている。何が必要か、何が欲しいのかと顧客に率直に尋ねれば、それはわかることなのにである。たとえば新車購入の商談はかなり疲れるものであるが、そんなときにその顧客に別のものを購入させようとして話を複雑にするなどもってのほかである。だが商談がまとまった後であれば、同じ顧客がそのクレジットカードの特典を聞きたがる場合もあるかもしれない。たとえばそれが実際の消費者のニーズや関心、ベネフィットの文脈にうまく当てはまったとしたらどうだろうか（「車のローンの支払いができないという場合もありますよね……そんなとき、カードで支払えることをご存知なのも悪くないですよ。夢の車を手放さずに済みますしね」などという場合である）。しかしあいにく多くの企業にとって、CRMはより多くのものを抱き合わせで売るクロスセリングの代名詞になってしまっている（第6章でさらに詳しく考察する）。

## CRMは競争力の持続的な優位性を生み出す

　教訓がますます明らかになってきた。CRMが誰にでも利用できるものだからといって、誰もが同じ使い方をすべきであるということにはならないのである。企業はCRMの採用によって持続的な優位性を獲得しうるが、資産投資、戦略的取引、手放した場合という点から見て、どういうコストがかかってくるかを認識する必要がある。従来のビジネスの考え方では、競合他社を真似る能力を重視している。模倣の標準的なハードルは低いからである。しかし真の持続性は、競合他社が真似たがらないところに生まれ業界のリーダーと歩調を合わせることとは二律背反の関係にある。ハーバード・ビジネス・スクールのマイケル・ポーター教授が言うように、「真の競争優位は、低コストで業務が遂行されているか、特別高い値段で売れるか、あるいはその両方であるときにだけ持続する」。うまく扱えば、CRM戦略はまさにそれを実現させてくれるものである。

　ここでサウスウエスト航空、エンタープライズ・レンタカー、イケアの例を考えてみよう。この3社はそれぞれの業界でいずれも比較的高いパフォーマンス（収益性という意味で）を生み出している。その理由は各社が他の企業には真似できない（あるいは真似したがらない）優位性を確保してきたことである。サウスウエスト航空は独自の切り札でサービスを提供している。そう、低運賃である。また、ハブ空港方式を採用せず、旅客機は一種類だけ（ボーイング737型機）、さらに食事や諸々のサービスもせず、紙でチケットも発券しない。そのおかげで、空港到着から折り返すまでの時間に15分しかかけないことを保証している。同じような戦略に的を絞っているのがエンタープライズ・レンタカー（空港から離れた場所にあるが、長期間のレンタルを提供している）とイケア（倉庫に展示された中から家具を見つけて、レジまで運んで、支払いを済ませ、家具を組み立てるというすべてを顧客が自分でやる）である。これくらいのことならユナイテッド航空やハーツやボンベイ・カンパニーにも容易に真似できるし、顧客とこうした関係を生み出せるのではないかもしれない。だが、彼らはそれを望むだろうか。

ここにあげた3社はそれぞれの顧客への価値を生み出すために、多様な形でCRM技術を活用している。しかし明らかに、他にない新しい価値を顧客に提供しブランド・プロミスとオペレーションが完全に一致して初めて、CRMは素晴らしい成果をあげるのである。サウスウエスト航空にとって、顧客の食事の好みを調べるデータシステムに多くの資金を投じることに意味があるだろうか。もちろんノーである。だがそれは、ユナイテッド航空にとっては意味があることである。サウスウエスト航空にとって、定時の離陸を保障する目的で飛行準備時間を短くしたり737型機の清掃と燃料補給をするためのオートメーションシステムに金をかけることには意味があるだろうか。言うまでもない。ではそれはユナイテッド航空にとってはどうか。ユナイテッド航空の飛行機は大抵が時間通りに出発しないから、遅れるのが当然だと乗客も思うようになると言う人がいるかもしれない。実際それは、CRM技術にさらに資金を投じる意味を与える。運行の遅れを乗客が空港に着く前に知らせたり、遅れが避けられないときに乗客をゲートにとどめておいたりすることができるからである。顧客のニーズや欲求をしっかり把握するためにリサーチをするか、もっと大事なことだが、実際に購買意欲を高める感情的・機能的ベネフィットの組み合わせを探るかしなければ、結局は目的と違うCRM機能に投資することになるであろう。

## 顧客データから実用的なカスタマー・インサイトへ

　企業全体に実施したCRMから得られる素晴らしい成果の一つに、顧客に関する膨大なデータをまとめられるというものがある。顧客自身や彼らの購買傾向について、これまで想像しえた以上に興味深い実態を把握できるであろう。さらにERPアプリケーションから得られるデータとCRMを結びつければ、現段階で企業が手に入れられる顧客データは、深み・広がり・組み合わせ方において制限がないくらいに、集められないものは何もないという状況になるであろう。もちろんこの段階ではまだ、そのすべてを意味あるものにするという難題が控えてはいるが。そしてさらに大事なことであるが、あなたの会社のテクノロジー投資が正しかったと証明するためには、それらの情報にもとづいて売上や収益性を上げるように行動できるようにならなければならない。言うのはいつも簡単であるが、実際にやるのは難しい。

　どうしてだろう。大半のCRMとERPシステムから得られる顧客の利用実態を示す生のデータと、自社の事業を回していくのに必要な、それによってどう動くべきかが示唆されるカスタマー・インサイトとでは大きく違うからである（図5-2）。

図5-2●顧客データからカスタマー・インサイトへ

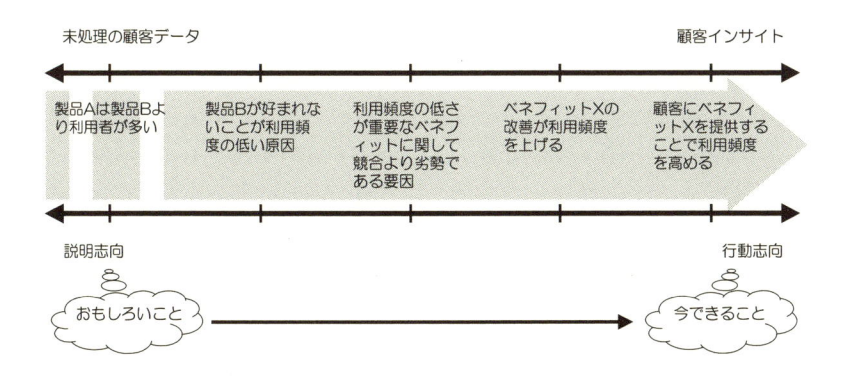

| 未処理の顧客データ | → | 顧客インサイト |
|---|---|---|
| 製品Aは製品Bより利用者が多い | 製品Bが好まれないことが利用頻度の低い原因 | 利用頻度の低さが重要なベネフィットに関して競合より劣勢である要因 | ベネフィットXの改善が利用頻度を上げる | 顧客にベネフィットXを提供することで利用頻度を高める |

説明志向　　　　　　　　　　　　　　　　行動志向
（おもしろいこと）　→　　　　　　　　　（今できること）

たとえば商業目的で最もよく利用されているCRMソリューションは、いつ何が売られ、いつ何を顧客が購入し、いつ何のサービスを受けたかというような、販促キャンペーンに顧客が接した割合やそれに対する反応率などの記述的・量的なデータをとるには優れている。しかし大半の企業には、まだ次のような重大な問いが残されている。

- 販売担当者はなぜそれを売るのか（または売らないのか）。
- 顧客はなぜそれを買うのか（または買わないのか）。
- より多くの顧客を惹きつけるためには、何をし何を話したらよいのか。
- 顧客によりいっそう多くの自社製品を買ってもらうためには、何をし何を話したらよいのか。
- 競合他社の製品よりも高い値段で自社製品を顧客に買ってもらうためには、何をし何を話したらよいのか。
- 顧客および顧客になっていない人たちは、自社やそのブランドとの体験についてどのようなことを言っているのか。

別の言い方をすると、顧客やまだ顧客でない人々に関するこうした興味深い事実を、業績を上げるために今日できることへとどう転換していけばいいのかということが問いの主旨である。

次の例を考えてみよう。とあるブランドのレーザー・プリンターメーカーのマーケティング責任者のもとには、毎月社内のCRMシステムから、製品を出荷している様々な小売チャネル全体で売れたトナーのカートリッジ数について月別のデータがダウンロードされてくる。その責任者は、ここ数カ月、ある支社から卸売業者に納入されるカートリッジの販売個数が急激に落ち込んでいることに気づいていた。販売数の減少は地域によって差があるが、一般的に言うと、この小売チャネル全体に広がっていた。マーケティング責任者はさらに詳しい調査をして、その卸売業者が全国規模の小売業クライアントの委託を受けてカートリッジをリサイクルし、中味の詰め替えをするという新しいサービスを試験的に行っていたことを突き止めた。この行為は明らかに、このメーカーのシェアを侵すものである。それ以上に愕然とさせられたのは、このメーカー自身も、巨大な全国規模の流通のお客様向けに独自のリサイクル・サービスをやっているという事実であった。つまり現在、その卸売業者はこのメーカーの直接の競合になっているということになる。想像がつ

くと思うが、両社の話し合いはここから一段と熱くなっていく。メーカー側は、この卸売業者が卸売業者としての契約に違反していると主張する。これに対して卸売業者側は、カートリッジ自体は日用品であり、そのリサイクルこそが採算性の高い商売であると訴える。しかし、ここにはもっと重要な問題がある。つまり、この例で誰か見落とされている者がいるのではないだろうか。言うまでもなくそれはエンドユーザーである。リサイクルという考え方がより環境に優しいものであるのは間違いないし、安いカートリッジはおそらく消費者にとって魅力であろう。この卸売業者と仲間の業者らは、試験販売によってこのカスタマー・インサイトを明らかにしたのである。いくらメーカーがこの業界の主力選手でも、エンドユーザーとの距離がありすぎるために、こうしたカスタマー・インサイトを知ることもそれを基に行動することもできなかったのである。そして、もっと大口の直接の得意客に対しては既にリサイクル・サービスを行っていたにもかかわらず、新しいカートリッジの販売数をむやみに増やそうとし続けたのである。

　これは複層的な流通システムにCRMを使ってみようと考えるメーカーが陥る典型的な罠だ。こうしたメーカーは大抵エンドユーザーからの距離があるので、CRMから得られる顧客の生の利用実態データははるかに前時代的なものであり、顧客の態度や行動様式を基に有益なカスタマー・インサイトを取り出すような総体的な見方をすることができないのである。運良くカスタマー・インサイトをつかめたとしても、そのデータが現在のものでなければ、機会を利用するには遅すぎるということになる。

　こうした環境の中でCRMを有効に利用するには、レーザー・プリンターのエンドユーザーのブランド・エクスペリエンスを全体に広げ、彼らが求めるであろう様々な補充可能な製品やサービスを考慮に入れることになるであろう。CRMをこのように利用することにより、メーカーは高品質の製品やサービスを供給するだけでなく、非常に大きな価値をチャネルパートナーにもたらすことができる。たとえば、メーカーはCRM分析を活用し、レーザー・プリンターの様々なタイプのベネフィットや性能を伝達することで利用を増やすことができることを知る。そうなれば今度は、カートリッジを補充するニーズも増加するわけである。

# CRMを利用して影響力を持つ人たちと対話する

インターネットやモバイルソリューション[★1]、その他関連する新しいメディアにより、企業が顧客のニーズや欲求を瞬時に読み取る必要性は加速度的に増え、問題は複雑化している。コンピュータ上の口コミとでも言うべきインターネットが絶え間なく情報を増やすせいで、現在、顧客や消費者のトレンドは急激に変化する可能性がある。さらにワイヤレスのコミュニケーション・デバイスやその中にある携帯用ビジネスソフトによって、消費者はいつでもどこにいても言葉を伝えられるようになった。www.bizrate.com や www.epinions.com のようなサイトでは、考えられる限りのカテゴリーに様々なブランドや企業との体験を分類し、その一つひとつについて顧客が評価や文句をつけ、良くなったり悪くなったりした関係について説明し、体験の概略を述べている。こうした人々は遠慮なく意見を言い、耐え難い体験を詳細に記し、他の消費者がその会社を利用することに警告を発し、またその会社がどうすればニーズにもっとうまく応えられたのかを指摘する。その結果、ブランド好意度やブランドのリーチ、またロイヤルティのような概念は現在ますます複雑化しているのである。顧客がオフラインやケーブルあるいはワイヤレスの形でいつでもどこでも企業ブランドとやり取りすることが可能になってきたために、これらの概念はさらにあいまいなものとなってきている。一番の問題は、企業が自らのブランドに関する会話をコントロールする立場にないことである。CRM戦略を採用しているから、自分の会社は安心であるという錯覚を覚えているかもしれない。だから、昔ながらのセールスやサービスといったブランド・タッチポイントですべてを把握していると信じ込んでいるのであろう。

こうした問題を継続的に研究しているバーソン・マーステラ[★2]は、Eフルエンシャル（有力者）と呼ぶ特に影響力の高い消費者のグループを追跡し続けてきた。この消費者たちはアメリカの人口の10%にあたるが、商業と情報伝達のチャネルとしてインターネットが本来的に持っている力を誰よりも早く試し理解していた。この調査によれば、Eフルエンシャルは「ブランドや製品・サービスにまつわる噂に対して、その

---

★1 携帯電話から企業内システムにアクセスできるなどのビジネス情報システム。
★2 世界有数のコミュニケーション・コンサルティング会社。

集団の大きさとは不釣合いなほどの影響力を持っている」と言われている。さらに調査報告ではEフルエンシャルはこう評されている。「オンライン・オフラインを含め、約1億5,500万人の購買決定に発言権を持つ」と。

　このような消費者グループが持つ影響力や、数百万人の顧客から生まれてくるニーズや欲求に彼らがカスタマー・インサイトを提供することを考えると、企業はその顧客基盤の中からこうしたセグメントを割り出して彼らの対話に割り込むための特定のマーケティング戦略やCRM戦略を使って、これらの顧客をターゲットにすることが不可欠であろう。

## 賢者への言葉

　この章の最初のほうに出てきたクロスセルの例で明示されたように、あなたの会社が新たにつかんだ顧客に関するいくつかの発見を利用して、Eフルエンシャルの会話にうまく入り込み、自社と顧客との関係を都合のよいようにもっていこうとする誘惑に駆られるかもしれない。注意しよう。あなたの会社は今、微妙な境界線の上を歩いている。顧客のニーズや欲求を予測することに心から関心を持つのはかまわない。だがその知識を用い、あなたの会社自身の目標の達成に役立つことに主眼を置いたものを提供し続けて顧客をうんざりさせることになれば、話はまったく違ってしまう。

　正しく実行して取り組むなら、CRMは競争力の持続的優位性を企業にもたらす。しかしそのためにマーケターは、マーケティングの機能と現在のCRM利用のやり方との間にあるギャップを埋めなければならない。

- CRMアプリケーションは、ブランド・アーキテクチャーの中ではっきりと打出しているベネフィットを提供し、差別化と好意度を強化する中で、すべてのチャネルにわたりブランド・エクスペリエンス・ブループリントを実行するという目的に合わせて、カスタムメイドされた形で環境設定されなければならない。
- CRM分析は、単に顧客データを収集して報告する以上のものでなければならない。顧客データに正しい文脈と理解を付け加え、それを顧客のブランド・エクスペリエンスの改善につなげるべきである。
- CRMの能力とマーケティング力を結びつけ、消費者動向の本質的な力学を理解しよう。この二つの力を合わせることにより、影響力を持つ人（Eフルエンシャル）や流行を作り出す人々とあなたの企業ブランドとの会話をコントロールし、最終的な購買決定につながる消費者の行動を理解したり予測したりすることができるのである。

## CRM投資の見返りを手に入れる

　ここで一番伝えたい点は、CRMがこれまでの長所や優位性、またコア・コンピタンスにもとづいて設定され強化されたものであれば、あなたの会社には見返りがあるということである。そうすればさらに、取引環境の強化やブランド・ポジショニングの強化、顧客分析におけるスキルの開発、そして顧客データやマーケット・データを独自に収集・分析できる環境を手に入れ、サービスに手厚いというイメージを強化し、M&A戦略を加速化するなど、CRMを活用した新たな構想には高い成果が期待できるであろう。

　しかし、そのCRM構想の一つひとつの展開を微に入り細をうがって評価することにとらわれてはいけない。信じようが信じまいが、厳密なROI分析に裏打ちされたCRMプロジェクトの方が、数字に柔軟性のあるものより失敗しやすいのである。その理由は、CRM活用の正しさを立証するために、厳格に数字で説得できる事例ばかりを集めてこようと躍起になる余り、簡単に効果測定できるもの（典型的なのがコスト削減である）に最大の関心が払われ、方程式の中の収益創出や顧客主義という

重要な項目にはあまり目が向かないからである。極端な例では、この方程式の中のマーケティングや顧客需要の創出という項目がまったく無視されることもある。このことを言い表す名言がある。「測った範囲内での答えしか得られない」。コスト削減を目的としたビジネスケースでは、コスト削減という結果しか得られない、ということである。さらに、もしマーケティングや顧客の声がそのプロセスから排除されていれば、CRMの種々の取り組みはどうしても企業内部の活動に主軸がずれていってしまうであろう。

確かに、収益の増加の仕掛けや顧客へのサービスにかかる最終的なコストなどについての見積が甘いプロジェクト申請書は、CFO（最高財務責任者）の絶賛を受けないかもしれない。だが、CRMビジョンの主眼が収益創出や顧客主義という企業の外の目標に移ってきたことは、はっきり示されるであろう。簡単に言うと、成功への先行指標は、数値見積の厳格性が評価の困難さ故に多少甘くとも、マーケティングの中長期的な見通しがCRMの設計・実行の問題すべてにわたってしっかりと織り込まれているようなプロジェクト申請書なのである。

## もう一つの選択肢

もちろん何もしないという選択も常に存在する。じっと座って、CRMを今のまま使い続けることもできる。このシナリオでは、ある業界でどこの企業も顧客へ提供するものの差別化をしないとしたら、顧客価値を定義するものは価格だけということになる。それが特殊化や利便性、サービス、そして他の様々な差別化要因に対抗するものとなるのである。その結果、どの企業も独自性を構築したり、うまみの高い市場を作って囲い込もうとする代わりに、市場全体を牛耳ろうとする。あなたの会社が業界最大手なら、弱い競合を蹴散らしてしまおうというのも悪くはない。しかしそうでないなら、それは逆にタフな競争を生み出す方法であり、業界全体がその結果に苦しむことになるであろう。もちろんどんなシナリオにおいても、顧客から何の反応も見返りもない、新しいしゃれた機能性を提供することになるだけのCRMへの過剰投資は避けなければならない。

## 賢い企業は別の方向に向かって泳ぐ

　世界は CRM の特ダネ探しを楽しんでいる。問題は、ほとんどの企業が群れの中の魚のように CRM に群がっていることである。とりあえずは同じようにいかがわしい競合他社の動きを傍観し、それからまったく同じやり方で CRM にとりかかる。またはもっとひどくなると、業界のベスト・プラクティス版をどの社も同じように用いて、短期的なトラブルや履行リスク、出費などを最小限に抑えようとする。

　厳しい現実においては、その他大勢の同業者と同じように行動している限り、勝利をもたらすブランド戦略を立て、売上を増やし、株主への継続した高い配当を生むことなどできるわけもない。CRM を効果的に活用する唯一の正解というものは存在しないが、唯一の不正解なら存在する。それは、競合他社とまったく同じ使い方をすることである。それぞれの企業は、それぞれのブランド・アーキテクチャーやターゲット顧客に合わせて、差別化されたブランド・プロミスにもとづいて CRM を利用しなければならない。CRM の活用がテクノロジーやプロセスを変えるだけのものなら、あなたの会社は競合を抑えているかもしれないが、顧客へのベネフィットを提供する防御力のある財産を生むためには何もやっていないということになる。

　近いうちに群れの中のどの魚もあたりを見渡し、誰もがもう CRM を持っているので、技術的な優位性などどこにもないことに気づくであろう。そして、ブランドをあらゆるブランド・タッチポイントで自らの差別化や売り込みのために使わなければ、あなたの会社は群れから抜け出すことも、サメになることも決してできないであろう。

## CASE STUDY

## 東芝——マーケティング・サイエンスをCRMに結びつける

　顧客に強烈なアピールをするには、マーケティング・テクニックをCRMとどう結びつければいいか。東芝はその完璧な例を示している。東芝は大手メーカー6社が市場の60%を握る、超激戦区のアメリカPC業界における主力企業である。東芝の経営幹部はこの業界の成長が差別化戦略や直販チャネルの開発にかかっていることを認識し、変動するPC市場で東芝を主力企業にするために真っ向から競争する決意をした。

　かつてはコンピュータ業界で特徴的だった顧客ロイヤルティが、現在は史上最低になっている。もはや箱についているブランド名だけで、顧客がコンピュータを選ぶ時代ではない。パソコンの性能自体にほとんど違いがなくなっている代わりに、それに関連した配送やカスタマーサポートなどのサービスの提供の違いが非常に大きくなってきている。確かにパソコンの大手競合各社は、ハードウェア以外の分野を競争優位の、そして劣位の源泉として捉えている。

　東芝は市場と顧客の調査から変革が必要であると理解し、超一流の総合的なコンピュータ・ソリューションのプロバイダーとして新たな方向を目指す決心をした。インターネットによって今の顧客が掌握している購買力を認識できたため、東芝は全組織レベルで顧客への対応を重点課題にした。こうして東芝はCRMを利用して、全社的な「引き(プル)」の戦略を打ち立てた。製品を売り込むという「押し(プッシュ)」の戦略ではなく、むしろ顧客が欲しい物を東芝から調達できるよう働きかけ、買いやすいようにしたのである。

　CRMのテクノロジーを通じて利用可能になった膨大な社の経営資源を活用して、東芝は顧客の具体的なニーズに合わせた、多様な顧客トータル・ソリューション・パッケージを考案した。そしてCRMソリューションも併せ、全社的な戦略的ポジショニング構想を構築したのである。おかげで顧客には、必要な製品を必要なときに思い通りの状態に環境設定された形で調達させることができ、またその働きかけも実現した。

CRMシステムの導入に先立ち、東芝は企業内部のオペレーション環境を徹底的に分析した。これによりたとえば、販売担当者が管理業務を行うのに就労時間全体の40%もの時間を費やしているといった恐るべき能率の悪さが明らかになった。さらに顧客情報は、社内外の18ものデータ管理システムに保存されていた。

　効率を最大限に高めるため、東芝は劇的な変化をもたらすべく設計された一連の大戦略構想を展開した。この構想はSCMやインターネット戦略、CRMなど、顧客のニーズと欲求に関するあらゆる業務を統合するものであった。

　東芝は社内外におけるあらゆるブランド・タッチポイントの一貫性と一元化を確立するためCRMシステムを活用した。適切な場所にCRMの基盤ができることによって、東芝は顧客の行動と需要の予測モデルを構築し、これがその後、東芝の組織・管理・オペレーションに大きな変革をもたらした。

　このCRM構想のおかげで、東芝は本格的に収益があがるようになった。新たに顧客の需要を中心に据えることにより、東芝は顧客接触情報の一本化された情報システムを通じてその需要を左右したり応えたりすることができるようになったのである。現顧客や見込み顧客に商品を販売しサービスを提供するために、能力も向上させてきた。また、販売プロセスの効率化とコスト削減を進め収益の目標をより良く管理することによって、財務面をさらに引き締めた。

　技術関連企業には、業界全体の景気の上昇や下降をコントロールする力はほとんどない。しかし、企業や顧客の需要に備え対応するという形で支配力を持つことができる。東芝はCRMシステムと包括的なマーケティング計画を存分に活用することにより、その市場と将来を確かに統制したのである。

## マーケティングをCRMにつなげる

現在あなたの会社が、CRMソリューションを使っている、またはその実施を検討しているならば、まずは次にあげる二つの難しい問題を自問してみよう。

1. 売上を上げるためには、あらゆるブランド・タッチポイントをどう利用するのか。
2. 1の質問にきちんと答えるためにも、それぞれのブランド・タッチポイントの有効性や、そこで発信されている顧客へのメッセージそれぞれがどの程度効果を発揮しているかを、CRMシステムがどう追跡していくのか。

あなたは問1にある「売る」という言葉に気づいただろう。そこでこれは販売部門の問題であると思ったかもしれない。それは間違いである。我々はまさしくマーケティングの話をしているのである。

マーケティングとはつまり、実際の取引が始まる前に販売を達成することである。より多くのものを、より多くの人に、より頻繁に、より高額に、より効率よく売ることである。しかし、これはITが資金繰りに最善の答えを与えてくれることとは領域が違う。

マーケティングでCRMの成果を最大限にする方法を考え見つけ出す作業は、あなたに委ねられているのである。

**ステップ1：ブランド・ポジショニングに対する鋭い理解力を養う**

第2章で、ブランド設計者はどうあるべきかを説明した。ブランド・アーキテクチャーは顧客の購買意思を左右するすべてのベネフィットを包含している。もっと簡単に言おう。あなたの会社のブランドが何を意味し、顧客にどんな意味内容を伝えているのかを知らなければならない。それをしなければ、お金をただ捨てているのも同然である。

**ステップ2：その理解にもとづき理想的なブランド・エクスペリエンスを構築する**

　ブランド・エクスペリエンスの具体的な内容や機能・メッセージなどを作り、それらを個々のブランド・タッチポイントやマーケティング・ミックスを通じて提供することで顧客のもつブランド・エクスペリエンスを豊かにしていく。このブランド・エクスペリエンス・ブループリントは、第4章で述べたように、あなたの会社が顧客と交わすあらゆるやり取りの処方箋となる。それは川下部門における、自社商品の使い方やサービスに関する購入後のやり取りについても含む。

**ステップ3：CRMの設計と実行の意思決定を伝える**

　さて、多様な CRM テクノロジーと実施の選択肢を踏まえ、それらを評価しそれにもとづき決定を下す準備ができた。CRM を使って何をしたいのかを正しく選択すれば、生産的かつ収益性の高い顧客関係を構築することができる。

　マーケターはブランド好意度を作り出すために、これまでのマーケティングの領域外にあるチャンスをうまく利用するべきである。ブランド・エクスペリエンスという考え方は、マーケティング・ミックスという伝統的なマーケティング領域と近年注目されてきている CRM との橋渡しをするものである。

　これはあなたの会社のマーケティング努力を抜本的にリポジショニングせよというのではない。これまで築いてきたものに新たな視点を与えよということなのである。

# Chapter 06

# クロセルのための
# クロスマーケティング

Cross-Market to Cross-Sell

初めての顧客より既存顧客に商品を売るほうが簡単だというのは、マーケティングの鉄則の一つである。もう既に店内にいる客に対してレジへ行くついでに一つか二つ別の商品を手に取るように仕向けるほうが、通りにいる人を店内に引っ張り込むよりよほど簡単である。また既存顧客に商品を売るほうが、長期的に見て利益もずっと多いのである。新規顧客の獲得には、既存顧客を維持することと比べて5倍から12倍のコストがかかるからだ。いったん獲得した顧客には追加の商品やサービスを売りやすい。顧客を得た時点で、困難なハードルの一つ——顧客があなたの会社を知り、あなたの会社のブランドがどんなものかを知ること——を越えたことになるからだ。

　とはいえ顧客に多種多様な商品やサービスの購入を促すのは、やはり難しい。たとえば多くの金融機関が、顧客にすべての資産（預金・投資・保険・住宅ローン・自動車ローンなど）を自社の一手に任せるよう懸命に勧める。ところが多くの場合、顧客は一つの企業だけに自分の全財産を預けることに不安を感じ、その提案を受け入れようとはしない。更にほとんどの金融機関は自社の売りたい商品をまとめ売りすることに集中はするけれども、顧客のためになるベネフィットを集約して提示したりはしないものである。

　長い目で見れば、既存の顧客を維持することで利益を得られるのは明らかである。ロイヤルティの高い顧客はより多くの商品を買い、新規顧客より価格プレミアムを受け入れやすい。また企業側がサービスを提供するにも、コストや時間をさほどかけなくともよい。企業が顧客に質の良いサービスや商品を提供したら、今度は顧客がロイヤルティと柔軟性を持って、新しいアイデアも進んで受け入れてくれるようになる——当該企業が思い切って顧客にもちかければの話であるが。

　「既存顧客に、より多くの商品を売る」、これほど単純なことであるにもかかわらず、多くの企業がこの広大な未開発の資産を完全に見落としてしまっているのである。あるいは顧客が必要としているものを真に理解せず、顧客からすればうんざりするような抱き合わせ販売（クロスセル）の提案を企業側の都合で行い、この既存顧客という資産を損ねてしまったりしている。つまり大半の企業が、間違った視点から問題を捉え

ているのである。重要なのは抱き合わせで物を売りつけること（クロスセル）ではなく、顧客が関連商品までをも購入（クロスバイ）したくなるよう働きかけることだ。そのためにはまずクロスマーケティングの手法を理解することである。クロスマーケティングの手法によって、既存の顧客を、より利益をもたらす顧客に育成することができるからである。既に顧客を店内に招き入れているのだから、今度は店を出るまでにもっと商品を購入してもらうようにするのである。

## クロスセルの歴史的経緯

　できる企業は、商業の発祥以来クロスセルを行なってきた。駄菓子から散弾銃の弾丸まで扱っていた昔の雑貨店は、一箇所で買い物が済む大型小売店のウォルマートやターゲットに発展していった。スターバックスのような企業はある側面ではコーヒー小売業者だが、真の目的はコーヒーを飲む理想的な環境を作り出し、顧客に様々なスターバックス・ブランドの商品を購入してもらうことである——Tシャツ・マグカップ・CDなどあらゆるものを販売し、コーヒー店の外にスターバックスのブランド・エクスペリエンスを広めるのが狙いだ。いったんあなたの会社のブランドと顧客との間に関係が発生すれば、その顧客の中の当該ブランドに対する価値を上げていくための様々な機会に恵まれるだろう。そうした機会をうまくあなたの会社のブランド・ポジショニングと一致させ、ターゲットとする顧客のニーズや欲求をよく理解できれば、事業を大きく成長させることができるであろう。

　しかしほとんどの企業は、既に手にしているものの価値になかなか気づかなかった。多くの企業は1980年代から1990年代初頭にかけて、マージンを増大させるために次々と流行の戦略を試した。総合的品質管理（TQM）・リエンジニアリング・ERPといった経営効率化のテクニックは投資家や上層の経営陣には聞こえが良かったが、多くの場合沈みゆくタイタニック号のデッキ・チェアーを並び替えるのと同じ結果に終わった。

1990年代の半ばになると企業は売上に目を向け始め、主要顧客や取引データの追跡や分析に力を入れるようになった。CRMを大いに活用し、カスタマーサービスの業務を合理化して、顧客からかかる電話を新しい方法で処理するためにコールセンターのスタッフを訓練した。CRMが、ERPでは果たせなかった収益を生む聖杯になると信じ、CRM導入に多くの費用をつぎ込んだ。

　しかしこうした企業は新たな技術に夢中になるあまり、その技術の限界について基本的な真理を見落としていた。世界最速の車に乗っても、運転の仕方を知らなければどこにも行くことはできないのである――もちろん自分の行きたい場所を知らない場合も。

## CRMとクロスセル

　現在、企業の多くはCRMとクロスセルという言葉を同義的に使用することが多い。たとえば、顧客に多様な商品を抱き合わせ販売しようとする金融機関は、自社が顧客と築いた「関係」の数を成功の尺度とするだろう。それぞれの関係とは、販売した様々な商品を表わしている。確かにCRMは、企業がクロスセルの主導権を握るのに役立つ。CRMによる追跡が可能になったおかげで顧客データを豊富に入手できたと考えれば、CRMで生産性や利益性の高いブランド・エクスペリエンスを築く機会を得た（ブランドの存在意義を示すことができた）ということになる。CRMを適切に用いれば、販売・マーケティング・社内のサービス組織の運営を、顧客のニーズや欲求を念頭において（顧客自身が気づくより早く）、よりスムーズに行なうことができる。

　しかし第5章で述べたように、CRMは誤用されることが多い。バークレー・エンタープライズ・パートナーズによると、全体の70%ものCRMプロジェクトが利益を上げていないという。原因は無数に考えられる――不適切なツールの使用・行動力の欠如・不適切な事業形態――が、煎じ詰めれば一つの重要な問題点が浮かび上がる。CRMを導入するにあたって、ブランド・アーキテクチャーとブランド・エクスペリエ

ンスを考慮していないのである。生産性と利益率の高いブランド・エクスペリエンスを生み出すためのターゲティングのしっかりされた、データに即した戦略的な手順を踏まずに、高価なCRMシステムをいくら使用しても無駄である。

　多くの企業がテクノロジーに投資して顧客データを分析するという重要なステップは踏んでいるものの、顧客の維持と関係強化に的を絞ってブランドの意義を戦略的に考慮に入れてはいない。それではクロスセルはできても、クロスマーケティングは無理なのである。ある顧客に幾つかの付属品や関連商品を売ることができたとしても、一貫した戦略がなければそれはただの幸運な偶然で、今後もあてにできる再現可能な成功とはならないであろう。

## クロスセル前に必要なクロスマーケティング

　つまり顧客を維持する秘策とは、相手が根負けして何か買ってくれるまで店内に閉じ込めておくようなものではない。顧客があなたの会社の関連商品まで併せて購入したくなるようなマーケティング戦略を展開することが目標なのである。顧客が購入したものや購入した理由、より多くの商品を買わせるにはどう顧客に働きかけるかということ、顧客が自覚しているニーズあるいは無意識にもっているニーズに既存商品や今後開発する商品をどう合わせていけばよいかということなどを把握するために、テクノロジーを使用することができる。

　一部のマーケターが信じて（あるいは望んで）いることに反して、顧客は企業の思い通りに動くレミングの群れではない。たまたま自動車ローンを申し込んだだけの顧客に対して、銀行が納得感のあるベネフィットを首尾一貫した戦略の下に提案することなく、ただクレジットカードを抱き合わせ販売しようとするだけなら取引は成立しない。むしろ顧客は機嫌を損ねて、その銀行との取引をすべて止めてしまうかもしれない。顧客のニーズや欲求、購入の動機などを完全に理解しなければ——そして最も重要なことだが、自社ブランドが提供できるベネフィットと

それらとの関連づけが理解できなければ——新規の顧客に商品をまとめてクロスセルしたり、既存の顧客により多くの商品を販売したりする上で、望ましい結果は得られない。販売と取引を注視する内から外への視点というこれまでの見方を改め、顧客の生活、そして顧客と自社ブランドとの関係を向上させるためのベネフィットをまとめてマーケティングする方向へと視点を変えなければならないのである。

本質的にクロスセルは、事業部門レベルや販売員レベルでの戦術によって促進される。一方顧客の視点から見れば、クロスセルとは単なる製品の羅列にしか過ぎないものである。一般的にクロスセルの提案は、顧客に理解されにくい話の流れの中で示されることが多い（例：「月々の支払いが減るように、住宅ローンの借り換えを手伝ってくれるそうだ。そのホーム・エクイティ・ライン★とやらは、何のことかさっぱりわからないが！」）。

一方、クロスマーケティングは顧客中心のアプローチによって促進されるので、顧客は商品を自分のベネフィットに照らし、あなたの会社との包括的なブランド・エクスペリエンスを予想しながら検討することができる。（例：「借り換えをすれば、持ち家の資産価値を活かすことができることがわかった。キッチンのリフォームで資金が必要になったときに、ホーム・エクイティ・ラインを利用して資金を引き出せるようにするのもいいなあ」）。当然だが効果的にクロスマーケティングを行なうには、より多くの顧客の情報を集め、顧客がその時々に何を求めているかを知っておく必要があるだろう（図6-1）。

どんなに絶望的な状況に思えても、必ず希望の光はある。視点を変え、自社の商品に加えてそれ以上に自社のブランド・エクスペリエンスにも責任を持つ必要があることが理解できれば、企業はロイヤルティを持つ顧客からこれまでの何倍もの利益を得ることが可能である。

★　持ち家を担保にした借入。

図6-1●クロスセルとクロスマーケティング

抱き合わせ販売：
事業部門レベルや販売員レベルでの戦術により主導

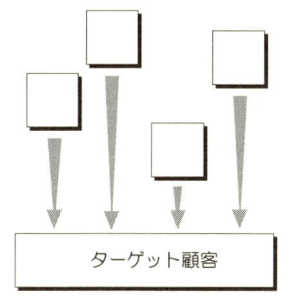

ターゲット顧客は、個々の製品がたまたま同一企業から販売されていると考える。

クロスマーケティング：
顧客中心のマーケティング戦略に基づく

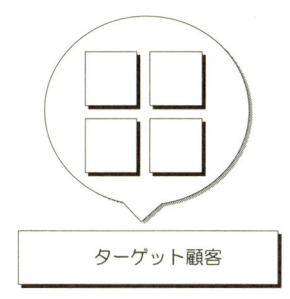

ターゲット顧客は、個々の製品の総体としてブランドの総合的な提供価値を認識する。

## クロスマーケティング・テクノロジーの展望

　クロスマーケティングのアプローチを採用しようとする企業にとって幸運なことに、マーケティングを次のレベルに進めるためのツールは広く入手でき、様々な構造化が可能である。これらのツールを使用すれば、企業は既存の市場に対するビジネスの総合的なプランを作り出せるし、現顧客と幅広く深い関係を築き、埋もれたマーケティング機会を見つけ出すことができる——つまり最も有意義で高収益が見込めるクロスマーケティングが可能になるのである。

　たとえばジーマン・マーケティング・グループは、マーケティング投資収益率（ROMI）（詳しくは第9章を参照）という豊富なデータに基づく分析ツールを使用している。ROMIを使えばマーケティング・チャネルの過去の実績を分析できる。収益目標に到達するために必要な顧客獲得数やそれに要されるコンタクト回数を予測し、進捗状況を評価するための月次の目標と予測を立てられる。こうしたツールを使えばクロスマーケティングの取り組み状況を継続的に追跡でき、今後どんな改善やリエンジニアリングが必要かを分析することが可能である。

より広い視野で見れば、エンタープライズ・マーケティング・マネジメント（EMM）によってクロスマーケティングが最も成功するよう促すことができる。たとえば、ますます複雑さを増すマーケティング・チャネルを管理するマーケティング・プロセスのリエンジニアリングは、クロスマーケティングの要である。EMMの活用によってマーケティング活動のプランニング・実行・評価をサポートすることができるのである。何よりも効果的なEMMの効能として、マーケティングのプロセスや専門性についてのこれまでの当該企業の知見と当該企業全体のナレッジマネジメントシステムに組み込んでいくことである。

現在までのところ、EMMを自社に適用し、そのテクノロジーを活用してくれている人々というのは、EMMの機能を主にマーケティング・プログラムの内容の作り込みや、業務の流れの自動化、他のアプリケーションソフトと統合することなどに利用してきている。しかし、やがて企業は、より本格的にEMMを採用・導入するようになり、戦略的にプランを立て調整し、企業内外におけるマーケティング活動の成果を評価することが可能になるであろう。

EMMの適用によって、マーケターはマーケティングに関してより良い意思決定が下せるようになり、コストを減らしたり、良いアイデアを実現して顧客へ届けるまでの時間を短くできるようになる。またEMMによって生産性が向上するため、マーケターは下位レベルの活動に時間を割く必要が少なくなり、詳細な分析・戦略的思考・創造的な取り組みなど、より価値の高い活動に多くの時間を費やせるようになるのである。

## クロスマーケティングの落とし穴

すべては非常に簡単だと思うがどうだろうか。あるブランドとマーケティング戦略と新しいテクノロジーをそろえれば、顧客は限りなく続く購買の繰り返しに喜んで加わるようになり、継続的にあなたの会社に収益をもたらし、顧客も満足するという構図である。これほど簡単なことがあるだろうか。

当然のことながらクロスマーケティングにも落とし穴があり、企業はそのリスクを認識しなければならない。最も注意しなければならない落とし穴は期待の重圧だ。顧客との関係及び彼らに対するコミットメントが深まるにつれて、顧客は企業に対して飛躍的に高いレベルの満足度を求めるようになる。企業が顧客に対して約束をし、実際にそれをかなえていくにつれて、顧客はより多くを企業に求めるようになっていく。ハードルは常に上がり続けるのである。しかし企業が顧客の期待に添えなければ、徹底したクロスマーケティングの努力によって長年築き上げてきた良好な関係を無駄にしてしまうことになる。世界中のあらゆるテクノロジーや戦略をもってしても、顧客のニーズに応えられない企業を救うことはできない。

## 広さと深さ

クロスマーケティングにおけるカギは、顧客と企業と双方にとっての市場の定義を広げ、そこでの企業ブランドの意味を深めることである。

たとえばH&Rブロックのような伝統的な税務申告代行業者は、市場を再定義することで、自社の市場シェアも顧客毎に占める自社のシェア（顧客のシェア・オブ・ウォレット）も増やすことができた。自社を「一流の財務顧問サービス企業」とポジショニングし、顧客に税務アドバイス・投資アドバイス・住宅ローンサービスを提供したのである。それによってH&Rブロックは顧客の財政状態を良好に保ち、豊かな暮らしを提供するための広範囲にわたるアドバイスをクロスマーケティングで提供する企業としての立場を確立した。同時に金融サービスにおけるパートナーとして顧客と長期的な関係を結び、利益率とリピート率の高い固定客を手に入れることができた。技術的な分析と戦略的なベンチマーキングを組み合わせることで、顧客に繰り返し利用してもらうための測定しやすく達成可能な目標を定めることができるのである。

クロスマーケティングには多くのリスクが伴う。だが成功すれば、自社を繰り返し利用してくれるロイヤルティの高い顧客との生産的かつ利益率の高い関係という、どんな企業にとっても最高に価値のある資産が得られるのである。

**CASE STUDY**

## ウェルズ・ファーゴ
### ——顧客一人ひとりとの関係を強化するクロスマーケティング

　1852年に設立された金融機関ウェルズ・ファーゴは、全米に5,400店舗と6,400台のATMを持つ金融資産3,120億ドルの企業である。時価総額840億ドルと13万4,000人の社員を抱え、2,000万世帯にサービスを提供している。ウェルズ・ファーゴが成功を収めたのは、これら2,000万世帯に積極的にクロスマーケティングを行ない、顧客それぞれに合った様々なサービスを販売できたからである。

　ウェルズ・ファーゴは、消費者向け、企業向けの銀行業務、投資サービスや投資金融商品、ベンチャー・キャピタル、国際貿易業務などの分野で330以上の関連会社を経営する。しかし同社の大きな収益源は当初から消費者向けのリテール・バンキング業務であり、年間売上全体の42％が、個人ローンを筆頭に稼ぎ出すこの分野によって占められる。

　同社は業界トップのバンク・オブ・アメリカとの差を縮めるため、顧客との関係強化に注力してきた。顧客はウェルズ・ファーゴのブランドに安全性・信頼性・頼りがい・スピード・利便性を感じていたし、ウェルズ・ファーゴも顧客にあらゆるレベルで訴求し、サービスに最善を尽していた。

　「我々は、毎日お客様に最新の情報をお届けしています」

　ウェルズ・ファーゴのCEO、ディック・コヴァセヴィッチは語る。
　「1890年にはウェルズ・ファーゴ・ポニー・エクスプレス*を通してでしたが、現在はウェルズ・ファーゴ・オンラインを通して情報をお届けしています」

　長期的な戦略プランの一環として、ウェルズ・ファーゴは顧客ごとの取引関係を強化することを決定した。ほとんどの金融機関の場合、当座預金・普通預金・住宅担保ローンなどを含めて、一顧客につき1.5件の取引関係を持っている。それに対してウェルズ・ファーゴは、一顧客につき3.8件の取引関係を持ち、これからも積極的なクロスマーケティングを進めて8.0件まで増加させることを狙っている。

★　19世紀、ウェルズ・ファーゴは馬車便を運営していた。

クロスマーケティングのプランには、顧客全員にウェルズ・ファーゴのクレジットカードやデビットカードを所有させることも含まれる。現在、顧客のうちクレジットカードを所有している割合は、2000年の21.2%から23.1%にまで増加した。3年前には59%だったデビットカードの所有割合は83%にまで増加した。

　ウェルズ・ファーゴは顧客のニーズに合わせたサービスの提供を目指している。一人につき平均7.3件のサービスを利用する上得意客との関係を保つ努力も怠らない。また、コンセコ・ファイナンス、ACO、アコーディア・インシュアランス、HDベストなど、重要な同業者の買収も行なっている。そして預金・融資・住宅ローンの分野において100%のクロスセルを行なうのが目標である。

　クロスマーケティングは、顧客が企業の提案に耳を傾けてくれなければうまくいかない。ウェルズ・ファーゴはクロスセルをする前にアドバイスとガイダンスを行なうことで、すべての顧客に対して突出した売上げを叩き出している。個々の顧客の状況・ニーズ・欲求・購入の動機にもとづいて、クロスマーケティングを行なっているのである。ライフステージ・財源・その時々のニーズを考慮に入れ、過去のデータにもとづいてクロスマーケティングのプログラムを作り上げている。

　ウェルズ・ファーゴが定めた目標は、ゆりかごから墓場まで顧客の生活のサポートをするというものである。「未来への預金」と銘打って子供向けの財政基盤作りプログラムを導入する一方、退職者向けの生活設計と資産運用サービスを完全にセットしたプログラムを提供している。

　ウェルズ・ファーゴには顧客情報を入手するための総合的なプランがある。融資の利用ごとに顧客のニーズや財源についての詳細な情報が手に入る。ホームオーナーズ・パックは、当座預金・クレジットカード・住宅ローンを一つにまとめたサービスである。またウェルズ・ファーゴのEバンクのソフトウェアは、各種の顧客データを収集蓄積し、互いに連携させている。企業内部では、全社にわたって増加するこの業務に対する責任と義務に対応するため、クロスマーケティングの目標設定が運営予算と業績目標に組み込まれている。

　つまりウェルズ・ファーゴは、クロスセルが厳密に言えば顧客中心の考え方ではないことに気づき、クロスマーケティングの秘密を解読したのである。顧客にとって企業内の業務ラインには何の意味もないため、ウェルズ・ファーゴは自社

の組織構造にもとづくのではなく、顧客の購入方法にもとづいたアプローチを行うことに決めた。それは顧客にも同社にも明確な利益をもたらした。顧客は商品をより安価に購入でき、一箇所で購入が済むために時間を短縮できる。ウェルズ・ファーゴは顧客をより高い割合で維持でき、利益率と株主配当を増やすことができたのである。

## クロスセルのためのクロスマーケティング

　幸いにも、大半の企業がクロスセルとCRMの価値を理解している。今後、鍵になるのは、両者を組み合わせて利用できるかどうかである。クロスセルの能力を足場とし、この資産をクロスマーケティングにおける成功へと転換するために企業は、ビジネスの考え方、更には事業形態までを変え、クロスマーケティングを行なう潜在能力を引き出さなければならない。

**ステップ1：常に顧客を深く理解することから始めよう**

　個々の顧客の状況・ニーズ・欲求・動機・購入理由に重点を置いて、クロスマーケティングの基礎を作る。

- サービスやサポートを提供するにあたって、顧客のライフ・ステージ、現在や将来における財源、その時々のニーズ、チャネルの好みと手段（インターネット、ワイヤレス機器の利用など）を考慮する。
- 企業の考え方・組織の構造・経営方法などは顧客にとって何の意味もないことを認識しよう——企業は顧客の立場に立って考え、顧客のニーズに従って組織化されねばならない。
- 様々な顧客がどのように商品やサービスを購入したかにもとづいて、クロスマーケティングのプログラムを作る。
- 商品やサービスが購入され消費された個々の事例を詳細に分析し、個々のケース毎に追加の消費がされた場合の理由や、新たな消費機会を作り出せたやり方についての仮説を立てる。
- 将来のニーズを予想しそれに合ったサービスの提案を展開することで、ゆりかごから墓場まで顧客をサポートするための商品やサービスを作り出す。

**ステップ2：顧客との接し方を統一する**

　クロスマーケティングを行なう場合、傍観者は存在しない。企業は、広告会社・PR会社・納入業者などのマーケティング・パートナーと更

にしっかりと結びつき、クロスマーケティングが戦略通りに行なわれるようにしなければならない。

**ステップ3：結果を評価し成功例と失敗例のフィードバックを得る**

　企業は頻繁かつ継続的にクロスマーケティングの結果を確認し、新たな知見や改善点などを数値化しなければならない。そしてこれらの情報を企業の目標や期待値、進捗管理のためのマイルストーンに照らし合わせて追跡し、軌道に沿っているか確かめる必要がある。ときには成功例に関するフィードバックを得る（どうしてこのプログラムはこんなにうまくいったのか。この成功を続けるにはどうしたらいいのか）ほうが、失敗例を分析するより重要なこともある。

　クロスマーケティングを行う上で最も重要な原理は、すべてがブランドと、顧客がブランドと築く関係の上に成り立っているということである。ブランドとマーケティング戦略を中心に据え、消費者に対して訴求して結んでいったつながりや既存顧客と時間をかけて築き上げた関係を社内に知見として蓄積させていかなければならない。

## Chapter 07

# ブランドを活性化する
# 新たなメディア

Use New Media for Brand Activation

今が1999年だったらと想像してみよう。まだインターネット革命のバブルは崩壊しておらず、インターネット業界の景気は過熱するばかりだった。誰もが金持ちで幸福に包まれ、どんなマーケティング上の決定も輝かしいものに思えたのではなかっただろうか。

現在に話を戻そう。インターネット革命のバブルが崩壊した後、破棄された有価証券・台無しになったキャリア・マーケティング名目の莫大な浪費の山によってインターネット革命の真の姿が明らかになった。インターネット革命は、新しい科学的なマーケティングの手法に想像もできないほどの打撃をもたらした。

当時、偉大なマーケティングと持てはやされた行為は、ただのギャンブルにすぎなかった。新たに任命された超大金持ちのCEOたちは、自社ブランドを創造するために4,000万ドルを費やしたなどと誇らしげに発表したものだった。

ありがたいことにそんな時代は終わり、人々は前より貧しくはなったが賢くもなった。インターネット革命で身をもって学んだ教訓は、ウェブページの訪問者数が重要だということだった——そのウェブページが訪問者に訴求しえて、財布のひもを弛め購買を誘う場合のみではあるが。さもなければ、苦労して訪問者を呼び込んでも時間の無駄になってしまう。

インターネット革命のバブルは世界中の真のマーケター達にインターネットへの不信感を与えはしたが、インターネット革命にまったくメリットがなかったわけではない。インターネット革命のおかげで、ブランド・エクスペリエンスを管理し、様々なマーケティングの要素を統合するための優れた新しいマーケティング・ツールが生まれた。新しいメディアがマーケティングの科学を現在の姿へと大きく変貌させたのである。

まず重要なことから考えてみよう——新しいメディアとは何だろうか。既存顧客や潜在顧客とコミュニケーションを取り、彼らに興味を持ってもらうためのEチャネルのツールすべてを指している。すなわち、インターネット、ウェブサイト、Eメール、インスタント・メッセージ

ング、オンライン・サービス、携帯電話、PDAなどのことである。新しいメディアの最も基本的な働きは、相手がどこにいようと顧客とコミュニケーションを取れる能力を提供することである。Eコミュニケーションは顧客がブランド・エクスペリエンスのどの段階にいても行なうことができる——ニーズを検討中だったり、商品を使用中だったり、サービスを待っているところだったり、どんな段階でも。

新しいメディアは、歴史上他に類を見ないマーケティングの機会を提供している。新しいメディアが登場するまでは、顧客とこれほど親密な現在進行形の対話を行ってブランド・エクスペリエンスを管理することは不可能だった。

もちろん企業は既にここ何十年もの間、電子ツールを用いてコミュニケーションを行ってきた。しかし電子データ交換（EDI）のようなツールは、従来は二つのコンピュータ間でデータ・ファイルを送るためにだけ用いられたものであった。それは、多くの人がコミュニケーションと考える類のものではなく、ブランド・ベネフィットになるような情報を送ることはできないだろう。

それに以前からのこうしたツールには、新しいメディアが提供する最も有益な特性がまったくなかった——何より顕著な点は、新しいメディアの大半のコストは信じられないほど安価だということである。Eメールを準備して送信するコストと、他のメディア（消費者プロモーション、コールセンター・サポート、屋外広告、印刷、ラジオ、テレビ）を利用したときのコストを比べれば、効率の面から見て新しいメディアのほうが必ずといっていいほど優れている。

新しいメディアを利用すれば、ブランド・エクスペリエンスの管理は可能になる。だが購入意思を左右するブランド・ベネフィットは顧客とのコミュニケーションを通じて伝えられることを思うと、ただそれらのメディアを放っておくだけで販売やサービスや業務が順調に行くはずはない。

ここでもマーケティングが重要な役割を果たさねばならないのである。企業の他部門は、顧客に関わる業務をちょっとした雑用程度にしか

考えていないからである。新しいメディアはあっと言う間に顧客に関わる業務すべて（例：最近では請求書もEメールで送付される）の主要なコミュニケーション手段となった。そのためマーケティング部門には、顧客とのあらゆるブランド・タッチポイントでのコミュニケーションを巧みに誘導する新しいメディアを統御していくチャンスが与えられている。Eコミュニケーションが顧客との対話の主たるものになりつつある今こそ、マーケティングが対話の主要な担い手になるべく努力するときである。マーケティングは、ブランド・タッチポイントやそこでの顧客とのやり取りがどんなものであれ、ブランドのあらゆるベネフィットを明確かつ確実にそして魅力的に伝えていくことを必ず可能にする。

　無駄にする時間はない――今すぐマーケターとしての役割を果たして、新しいメディアを利用しよう。

　しかしコンピュータの電源を入れただけではEメールの使い方を学べないのと同様に、ボタンをポンと押しただけでは新しいメディアは役に立たない。機能させるには次に示すステップが必要だ

1. 購入意思を促すブランドの特徴・機能的ベネフィット・感情的ベネフィットを組み合わせたものを明確に表わすブランド・アーキテクチャーを作成する。

2. ブランドの特徴やブランド・パーソナリティを確立する。これはマーケティング・プログラムの実行を決定し、顧客とのコミュニケーションをどんなトーン＆マナー――真剣に、奇抜に、あるいはお世辞たっぷりになど――で臨むかといった要素を決めると働き始める。ブランド・パーソナリティとは、ブランドを人にたとえて形容したものである。この個性がマーケティングを実行する上での全体的な雰囲気・トーンをはっきりとさせる。

3. ブランド・エクスペリエンスの要素を定義し、ブランド・エクスペリエンス・ブループリントを作成する。ブランド・エクスペリエンス・ブループリントには、顧客があなたの会社と関わるのに使う可能性のあるあらゆるチャネルを考慮に入れなければならない。たとえば顧客が販売代理店を通じてやり取りをする場合は、その販売代理店をブランド・エクスペリエンスのモデルに組み入れる必要がある。

ブランド・エクスペリエンス・ブループリントでは、特定の顧客の成果を企図してプランニングする際に、新しいメディアを考慮に入れなければならない。ここで成果とは、企業が顧客にこのように取ってほしいと思う行動のことである。それは顧客が購入の検討を始める際にパンフレットをダウンロードすることから、Eメールのニュースレター・サービスに登録することまで様々に設定できる。そうした成果は測定可能でなければならず、売上・利益・キャッシュフローなどの従来の財務的な測定基準を含まなければならない。

4. 設計図が完成したら、様々な行動をもとにさらにセグメント化した顧客に、新しいメディア（ウェブサイト、Eメール、インスタント・メッセージングなど）をどう結びつけていくか判断し、顧客の購入意思を左右するベネフィットを伝え続けていく。

多くの企業、特に工業製品やBtoB分野を扱う企業では、こうしたEコミュニケーションが顧客とのコミュニケーションの大半を占める。電子チャネルは企業間で連絡を取り合う場合に、技術者間、購買担当者とセールスパーソン間の連絡など、すべての部門を通して最も効率的な媒体となる。しかし残念ながらこうした分野の企業は、マーケティングの役割が企業広報（プレスリリースなど）や年次報告書の作成だけに限られていると考えがちである。新しいメディアを利用すればターゲット市場にブランド・ベネフィットを効果的に伝えられるはずのこうした企業が、その可能性に気づかずどこよりも立ち遅れている。

新しいメディアが魅力的なベネフィットをもたらすにもかかわらず、多くの企業はその最適な利用法をつかめずにいる。顧客と一対一で対話する能力と非常に強力なコスト優位をまとめて手にできるのに、なぜ新しいメディアをマーケティングの中心に導入しないのだろうか。リスクは避け実験は控えるという慎重な姿勢に加えて、大企業が新しいメディア採用を見送る理由を幾つかあげてみよう。

### 相手がわからない

　これまで新しいメディアを活用してこなかった企業には、既存顧客や見込み顧客のメールアドレスの情報がなかったからという単純な理由もある。つい最近まで、マーケターは大規模な顧客データベースを集めることの価値に疑問を抱いていた。しかし現在では、顧客データの収集はどの企業にとっても不可欠である。非常に単純なことである。今すぐ既存顧客や見込み顧客のメールアドレス収集（およびEコミュニケーションの習慣付け）を始めなければ、将来的にあなたの会社の競争力はきっと弱くなるだろう。

　顧客のメールアドレスを知らないことに加えて、多くの企業は顧客のニーズをはっきり把握していない。工業製品の企業の例をあげれば、実際に販売を行なう販売代理店が、その製品を使って別の製品を作り出す顧客企業の技術者とまったくかけ離れた場所にいるのである。コンピュータを用いた経済的なこの新しいメディアは、顧客に確実に届いてブランド・ベネフィットを伝える理想的な媒体であり、ブランド・エクスペリエンスの各段階において適切にマーケティングを実施することを可能にする。

### 何を伝えるべきかわからない

　一つのメッセージを正しく伝えるだけでも十分に難しいものである。考えうるすべての顧客とのブランド・タッチポイント、あらゆるマーケティング・コミュニケーションとメディア媒体を網羅し、高度にカスタマイズされたメッセージを届ける――つまり、実際に活気のある対話を実行する――ために、組織が設計され準備の整っている企業は非常に少ない。今のところ、必要なだけの能力を有する企業はほとんど存在しないのである。

　EMMを行なうには、ブランド・エクスペリエンスの全段階にブランド・アーキテクチャーを適用することが必要である。しかし、従来のメッセージ技術では範囲が狭すぎる。ブランド・アーキテクチャーがすべてのメッセージや対話の中心を成すことが重要であるにもかかわらず、

ありえそうなあらゆる対話や、どんなベネフィットが最大の顧客価値を構築するかをまだ考慮に入れていない企業が多いのである。たとえば企業は自社ブランドに背を向けた顧客(一度商品やサービスを購入したが、二度とそのブランドを利用しなかった顧客)とはどのようにコミュニケーションをとるべきなのだろうか。そうした顧客に自社ブランドを再び利用してもらうには、ブランド・アーキテクチャーの要素をどう伝えていけばよいのか。これらの問題点はブランド・エクスペリエンス・ブループリントを作る上で考慮すべきことのほんの一部である。

**どんな取り組みが可能なのかわからない**

企業内のマーケターと情報技術者との間に昔から存在する理解のギャップのせいで、大半のマーケターは新しいメディアを機能させる方法を想像することすらできないでいた。新しいメディアの実験は、低コストであるにもかかわらずほとんど行なわれない。データベース操作に不慣れだというような理由だけで、マーケターは売上を伸ばすために既存顧客や見込み顧客とのEコミュニケーションを活用する方法を見つけようともしないのだ。

21世紀の方法ではなく20世紀の方法でマーケティングを続ける担当者は、最も高度なマーケティング技術を使いこなせない。やるべきことを理解する重要な鍵は、まず自分が望むものを決定することである。考えてみよう。あなたの会社が目指すブランド・エクスペリエンスとはどんなものなのか。ブランド・エクスペリエンスの各段階での望ましい結果とは何なのか。より詳細に考えて、ブランド・エクスペリエンスの各段階で起こりうるシナリオにはどんなものがあるのか。そのシナリオで、どのようにブランド・ベネフィットを伝えていけばよいのか。こうした問いかけこそ、ブランド・エクスペリエンス・ブループリントを作成するときに考慮すべきことである。

顧客を中心とするマーケティングの新科学の視点をマーケターがいったん理解すれば、ブランド・エクスペリエンス・ブループリントを利用して必要なコンテンツと機能の組み合わせや修正点を特定し、現状と目標のギャップを埋めていくことが可能になるだろう。

**結果の評価方法がわからない**

　最初に新しいメディアが使用できるようになったとき、まず企業はそれをウェブサイトの閲覧者数を増やすためにだけ利用した。これは認知率に目を向けて広告を評価するのと同じことで、あまり役立つとは言えない。顧客がブランドを認識しただけでは、必ずしも購入に結びつくとは言えないからである。

　購入してもらうことが重要だとはいえ、マーケターは売上だけ数えていればいいわけではない。顧客に経験してほしいと望んだ通りに運んだ特定の顧客行動を確認することにより、ブランド・エクスペリエンスの各段階を評価することができる。たとえば、ある顧客が初めてあなたの会社のウェブサイトを訪れてあなたの会社について考えたり商品やサービスを検討しているとしたら、マーケターはこれからその顧客にどう行動してほしいと考えるだろうか。

　その答えこそ、目標とする顧客行動である——ある段階のブランド・エクスペリエンスを設計したとして、そこから何が得られるのか。ブランド・エクスペリエンスの設計後、それによって実際に顧客の購買意欲が上がったかどうかを評価できるのが新しいメディアの力である。売上を上げる鍵は、自社が提供するものを顧客に正確に知ってもらうこと——それには小さな看板をぶら下げて「商品があります」と言うだけでは不十分なのである。

## 新しいメディアのハードル——顧客をもっと知ろう

　皮肉にも、強力なマーケティング・ツールである新しいメディアが出現してから、マス市場のマーケターは受身の姿勢になった。世界的な企業であるプロクター＆ギャンブル、コカ・コーラ、クラフト——消費者とコミュニケーションをとろうと何十億ドルもの費用を費やしてきた紛れもないマーケティングの要塞——が今や苦境に陥っている。これらの企業は顧客の氏名やメールアドレスを知らないために、新しいメディアの利点を完全には活かすことができないのである。

顧客との一対一のマーケティングが可能だとわかったとき、従来の消費財のマーケターはまだ準備ができていなかった。新しいメディアを活用すべきときに、先駆者からかなり離れたところにいたのである。

　現在、新しいメディアの活用に最も適した立場にいるのは、顧客と直接の関係を築いてきた企業である。アメリカン・エキスプレス、ブロックバスター・エンターテインメント★などがそうである。マイクロソフトやアップルさえ、かなり進んだ立場にいる。小売店や第三者を通して販売を行なってきた企業はかなり不利な立場である。

　従来のブランド・マーケターがなかなか気づかずにいるのは、新しいメディアがすべてのメディアを生まれ変わらせたという事実である。新しいメディアの出現で、ほぼすべてのコミュニケーションにおいて呼びかけにかかる費用が安く済むようになった。「詳しくはCoke.comで」といったシンプルなスローガンで十分だからである。コールセンターを使用した呼びかけは、高い費用がかかり伝えられる内容もかなり限られていた。結局、カスタマーサービス担当者を通じてどれほどの広がりのコミュニケーションが図れたというのだろうか。それが今では、より完璧に双方向でのコミュニケーションができるのである。

　新しいメディアを最大限に利用したいと望む企業は、マーケティング・ミックスのあらゆる要素に新しいメディアを結びつけなければならない。新しいメディアを、マーケティングが実際に顧客に与える影響をマーケターが見るためのレンズだと考えよう。マーケティング・ミックスの全要素を常に追跡しモニターすることで、顧客が取りそうな行動をより綿密に追うことが可能になる。

　マーケターの役割は時間をかけて顧客についての知識のデータベースを作成し、新しいメディアをマーケティング・ミックスのより多くの要素に、より良い形で徐々に結びつけていくことである。

　新しいメディアはB to B企業のマーケターにも役立つ。B to B企業のマーケターは自社商品のバイヤーの住所は知っているかもしれないが、バイヤーのプロフィール作りという重要なステップを踏んでいる者はそう多くない。そうしたプロフィールにはメールアドレスを中心に、

★　アメリカのビデオレンタル大手。

二つの企業間のブランド・エクスペリエンスに関わる考えうる全担当者のものが入っているべきである。EMM では、魅力的なブランド・ベネフィットによって、あらゆるブランド・タッチポイントにおけるコミュニケーションや対話が促進されることを求めている。特に企業間の購入では、商品の買い手が商品の消費者でない場合が多い。

先にあげたナビスコの仮定上の納入業者・ACME パッケージングの例を考えると、ACME は取引を成立させるためナビスコの購買部と密接に関わって業務を行なった。しかしブランド・エクスペリエンスの構築は、購入の前の段階から購入後のサポートまで広い範囲に及ぶものである。ACME がブランド・エクスペリエンスを構築するために新しいメディアを利用するなら、パッケージ・デザイナー、クッキーやクラッカーを製造するベーカリー部のエンジニアを含めて、川上部門の真の決定者とコミュニケーションを始めることが重要だ。一方川下部門では、ナビスコのブランド・エクスペリエンスを顧客に提供すべきナビスコ側のマーケターやセールスパーソンとコミュニケーションをとらなければならない。新しいメディアは、すべての重要なブランド・タッチポイントにおいてブランド・ベネフィットを伝える力を B to B 企業のマーケターに与え、「日用品を売っているだけ」という考えに陥る罠を回避し当該企業の商品や関係の価値を高める。

企業の多くにとって、最大の困難はメールアドレスを入手することではない。いったんアドレスが手に入り、関係を築いたあとでどう行動するかが問題である。ほとんどのマーケターは抜かりなく、幅広い最新の顧客データベースを作成するために、存在するメディアすべてを活用している。この時点までの問題は、首尾一貫した目的が立てられていないために組織的な管理が行なわれないことだ。もしまだ顧客と話を始めていないなら、今日から始めよう――今ではもう、伝えたいことも伝えたい理由もわかるはずだからである。

**対話のきっかけを提供する**

買い手と直接対話するために、的を絞ったメッセージを投げかけ販売を行なうのは至難の業だ。ブランド・エクスペリエンスの全段階におけ

るあらゆるブランド・タッチポイントで顧客に必要なメッセージを伝えられるマーケティング部門が、アメリカの企業でまれなのは確かである。このようなマーケティング部門を持つ企業は、関連する感情的ベネフィット・機能的ベネフィットと共に、ブランド・アーキテクチャーを適切なメッセージに変えることができる。そしてもちろんこうしたメッセージは、新しいメディアを利用して顧客に伝えられる。

　ブランド・アーキテクチャーを魅力的なEコミュニケーションへと変えるカギは、顧客行動のシナリオへの理解を深めることだ。そのシナリオとは、ブランド・エクスペリエンス・ブループリントを作成する際に、特定のブランド・タッチポイントでの望ましい顧客の行動を設定したものである。引き続きACMEとナビスコの例を考えてみると、ブランド・エクスペリエンス全体を通して新しいメディアを機能させる重要な一歩は、潜在的な対話を要素ごとに分解することである。

**新しいメディアの可能性を理解しなければ、成功はない**

　新しいメディアをマーケティング・コミュニケーションにおける伝統的な分野に利用するようなミス（たとえばスパムメールを送信しまくるなど）を見逃すことはまずありえない。一方新しいメディアをブランド・エクスペリエンスのすべての要素で利用する方法については、詳しく明らかにされていない。マーケターは低コストの新しいメディアを利用して、物理的な接触を持つことなく顧客との生涯にわたる関係を作り、確立し、維持できる、前例のない能力を手に入れた。

　新しいメディアの長所は、あらゆるコンセプトの効き目を簡単に評価できる点である——そのためには、コンセプトを作り出す際に測定パラメーターを設定しておく必要がある。たとえば、ウェブベースのコレステロール・モニタリング・ツールは面白い特典だが、誰も利用しなければ役に立たない。またそのモニタリング・ツールの利用が投薬を続ける患者数の増加に結びつかなければ、同様に役に立っていないことになる。最も重要なのは、顧客に価値を提供し、約束したブランド・ベネフィットを提供することなのである。

## 新しいメディアをどのように測定するか？

　新しいメディアは非常に短期間で発展した。当初は「訪問者数」という概念——規定のサイトやコンテンツの選択状況を見る単純なもの——が新しいメディアを測定する限界だった。現在のソフトウェアを使えば大半のマーケターは、実際に利用できる限界以上に多くの情報を得ることができる。では新しいメディアをどのように測定すればいいのだろうか。

　どんな新しいメディアに投資するにせよ、全体的な関心は投資収益率（ROI）にある。マーケターの多くがROIについて考えてもいないことを見ると——そしてこれまでやってきたこと以上のものに挑戦する気があるなら——新しいメディアの登場は歓迎すべきことだ。

　新しいメディアの投資収益率は、以下に見るように様々なところからもたらされる。

### 同一商品のリピート販売

　ウェブサイトやほかの新しいメディアによる媒体を使用して取引を行う企業にとって、同一商品のリピート販売は実施しやすい測定基準だ。多くの企業は新しいメディアを、既存の商品や一連のサービスを販売するための新たなチャネルととらえている。

### コスト削減

　既存の顧客に対するサービスのコスト削減により代替収益が得られるだろう。銀行の場合ウェブサイトを通じて顧客に対応すれば、窓口係を配置した支店を維持するよりコストが大幅に低くて済み、しかも多くの場合により良い対応が取れる。顧客対応のコスト削減は投資収益率の向上に寄与するだろう。

**顧客維持率**

　新しいメディアを利用してブランド・エクスペリエンスの構築に取り組めば、実際に既存顧客の変動を減らせることが証明できるだろう。言い換えれば、新しいメディアを利用することで顧客維持率が増加したことになるのである。結果として売上は増え、おそらく従来のメディアや直接販売にかかっていた費用を削減できるだろう。大半の企業にとって、つかまえにくい新規の顧客を獲得しようとするより、既存顧客に、より多くの商品を販売するほうが格段に効率的だ。

**新商品の販売**

　これは新境地を開ける分野である。商品やサービスの開発や販売に新たな組み合わせを作り出すために、これまで想像もできなかったチャンスを新しいメディアが提供することを、感度の高い企業は発見している。この新しい機会をつかんだ企業の好例がゼネラル・エレクトリック（GE）である。新しいメディアが出現する前は、GE メディカルが同社の商品販売収益の大半を占めていた。

　過去数年のうちに商品販売の部門で収益シェアが大幅に落ち、サービス部門では収益シェアが急激に伸びた。更に目立つのは、商品では熾烈な競争が続いている一方で、サービスの部門では高いマージンを得ていることである。なぜそんなことが可能なのだろうか。GE は、新しいメディアを利用して持続的なサービスやソフトウェアのアップデート、長期契約を条件にしたメンテナンスを提供するといったサービス部門のほうが、医療分野ではるかに利益を得られることに気づいたのである。自動アップデート機能を備えた Microsoft Windows や Apple Mac OS X の最新版（そしてほかの多くのソフトウェア・パッケージ）と同じように、こうしたサービスの更新こそがブランド・エクスペリエンスを確かなものにし、長い目で見た収益を伸ばし高いマージンが得られることに GE は気づいた。おまけに、GE メディカルの顧客に対するサービスの質も格段に向上した。ときには顧客が問題に気づく前から、GE はメンテナンス上の問題点を適切に処理している。

**設定した顧客行動目標の達成とそのための施策の最適化**

　マーケターはより基本的なレベルで、何が売れているかだけでなく実際に売れた理由を理解する必要がある。マーケティングに科学的なアプローチを採用する理由の一つは、売上を増やす可能性のある様々な方法を実験するためだ。新しいメディアは、目標とした顧客行動が得られたかどうかにもとづいて評価することができる。クーポン券という提案を受け取ったうち25%の人々が小売店を訪れて商品を購入したことがわかったとしても、測定できたのは提案が顧客に伝わった率だけである。人々にそのクーポンをダウンロードして店に持ってきてもらうためには、どんなコンテンツまたは機能を導入したらよいのだろうか。

　一方、顧客をあなたの会社に結びつけておくために新しいメディアを利用することも重要だろう。ブロックバスターの場合、店への来客を左右するのに新しいメディアがどれほど役立つか測定したいはずだ。もっと明確に言えば、来客店数を増やすために新しいメディアを利用したがるに違いない。または既に得ている顧客の行動情報にもとづき、来店を促進するために様々なレベルの新しいメディアを利用するだろう。人々が購買サイクルから脱落してしまうのはどの時点で、サイクルに彼らを戻すにはどんな働きかけが必要なのか。ブロックバスターでの購買サイクルが短いのに対して、テーマパークを所有するディズニーのような企業のサイクルはもっと長い。ディズニーはクマのプーさんのぬいぐるみの売上だけでなく、ディズニー・ワールドへの来園のサイクルを短縮するための新しいメディアの力も測定するだろう。

　それではこうした顧客行動をどう測定すればいいのだろうか。新しいメディアの利点は、ある時点で顧客が取ったほぼすべての行動が記録できる点にある。難しい点——ありがたい点でもある——は、膨大な量のデータを扱わなければならないことだ。現在のソフトウェア業者のおかげで、マーケターは特定の顧客行動を追跡し、それに応じて取り組みやキャンペーンを調整できる。

図7-1●ウェブサイトの効果測定

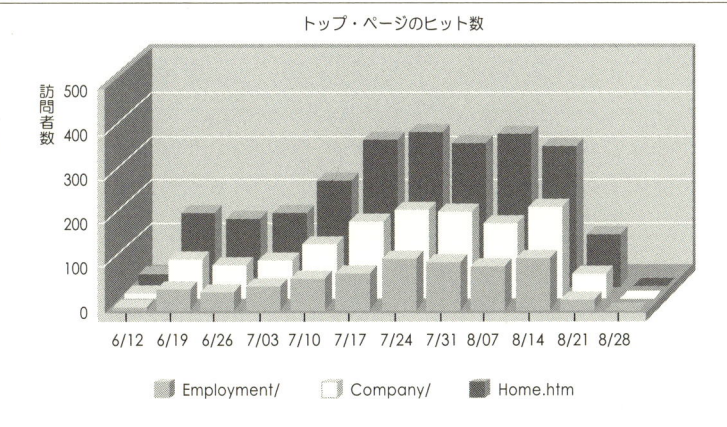

トップ・ページのヒット数

（グラフ：訪問者数、6/12〜8/28、Employment/、Company/、Home.htm）

　たとえば今日の企業の多くは、新しいメディアの効果測定結果は大抵が図7-1のグラフのようなものになると考えている。こんな測定基準を使用していては、マーケティング部門がキャンペーンの測定を諦めてしまったのも無理はない。このグラフから何がわかるのだろうか。多くの企業が抱える問題点の一つに、望むような顧客行動に沿った新しいメディアの取り組みを設計していないため、測定基準も曖昧になってしまっていることがあげられる。これでは成功するはずがない。

　新しい測定ソフトウェアを使えば、マーケターは新しいメディアと接触した顧客が実際にどんな行動を取ったか知ることができるだろう。ナビスコとACMEの例をもう一度考えてみよう。ナビスコ向けにACMEのブランド・エクスペリエンスを構築しようと取り組んだマーケターは、以下の2点について知りたいはずである。

- 望んだ顧客結果は得られたか。
- ブランド・エクスペリエンスのこの段階におけるターゲット——すなわちベーカリー部のエンジニア——の行動を正確に理解できたか。

　ACMEと情報のやり取りをする際、ナビスコのパッケージ・デザイナーはどんな行動を取るだろうか。ナビスコがACMEの新しいメディア資源とどんな情報のやり取りを望んでいるかについての、マーケティング部門の予測は正しかったのだろうか。

顧客行動を把握するために、マーケターは現場に赴き、こういった顧客行動を測定しなければならない。幸いにも現在は、顧客の実際の行動を把握できる新しいソフトウェアがあり、顧客が予想どおりの行動を取ったかどうかを確かめることができ、必要なら修正を加えることもできる。図7-2はクリックフォックスという企業の例である。顧客の行動をこうして評価することで、マーケターは新しいメディア投資が、必要とするブランド結果を生んだか否かを正しく判断できる。

　正しい質問をしなければ、データから正しい答えは導き出せない。表面的な質問からは表面的な答えしか返らない。IT部門に対して、自社のウェブサイトへの訪問者数だけでなく、顧客がどのような行動をとっているかについても尋ねるべきである。

図7-2●クリックフォックスのウェブサイトにおける顧客行動分析

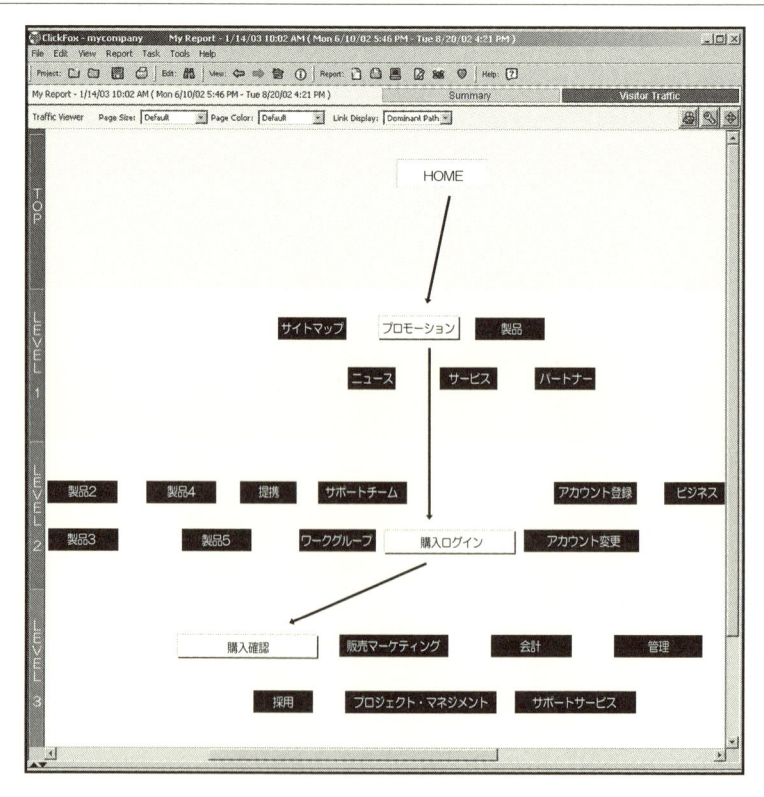

## 秘密兵器

　新しいメディアは、マーケターにとって最も魅力的な実験手段である。本気で取り組めばどの企業も利益を得られるだろう。新しいメディアをどう活用すれば、利益性の高い販売が行なえるか、ブランド・アーキテクチャーを明確に表わしたベネフィットを提供できるか、すべてのシナリオにおいて望ましい顧客結果を達成できるかを実験することである。新しいメディアを使わずに、ブランド・エクスペリエンスを管理しようとするのはまず考えられない。

　マーケターは印刷広告・テレビ広告・クーポン券などに抱いていた概念を越えて、より広い概念を新しいメディアに持たせなければならない。ブランド・エクスペリエンスを管理し主導権を握るうえで、新しいメディアがどんな秘密兵器になるか考える必要がある。ナビスコと10億ドル規模の取引をするACMEのような企業であろうと、地下室にあった車止めを売ろうとしているのであろうと、新しいメディアを利用すればビジネスの新たな高みに上ることができるはずである。

# CASE STUDY

## M&M——購買意欲を刺激する新しいメディア・プロモーション

キャンディでコーティングした「お口でとろけて、手で溶けない」チョコレートのM&Mは、マーズ社によって製造され全世界で販売されている。社史によると、チョコレートが溶けないようにキャンディでコーティングすることを思いついたのは、創業者フランク・マースの息子であるフォレスト・マースだという。フォレストは1930年代にヨーロッパで仕事をして、ヨーロッパ各地の様々な気候の影響を受けずに簡単に持ち運べる便利なお菓子があればと考えた。そのアイデアからM&Mのチョコレートが生まれた。M&Mは1日あたり4億個、年間では1,460億個以上も生産される。現在のマーズ社はまさに国際企業で、M&Mは世界的に有名だ。市場で常に革新を続け、スニッカーズ・マーズ・トゥイックスなど菓子のトップ・ブランドを次々と生産している。

革新の伝統を引き継いで、マーズ社は製品の売上を伸ばすためにインターネット・マーケティングや新しいメディアを積極的に利用したり、ターゲット顧客との結びつきを強くするためにオンライン・コミュニティを確立したりしている。マーズ社は菓子食品を紹介するためのサイトをいくつか提供しており、M&Mには少なくとも三つのユニークなサイトがある。

- **www.mms.com**——ほかのM&Mブランドを扱う多くのサイトへの入り口（ポータル）としての役割を果たす特色あるウェブサイト。このサイトではM&MがNASCAR（全米自動車競走協会）へ資金提供を行なっていることを巧みに宣伝し、若者たちにレーサーのケン・シュレーダーやM&Mのレーシング・チームと交流する機会を提供している。サイトは頻繁にアップデートされ、定期的にデザインを一新している――一方で、中心となるコンテンツはそのままである。M&Mや関連商品を買えるオンライン・ショップもある。しかしこのサイトの主な目的は、色鮮やかで高い対話性を備えた非常にエンターテインメント性の高いコンテンツによって、M&Mに興味を持ってもらうことである。M&Mが世界中で販売されていることを考慮して、サイトにはM&Mを販売する主要な国ごとのボタンもある。M&Mのサイトは数年にわたって提供されており、今ではオンライン・マーケティングのきわめて優れた成功例となっている。

- www.marsbrightideas.com——このサイトは、子供たちよりむしろ親たちをターゲットとしているようである。これはM&Mの「スポークス・チョコ」、"レッド"と"イエロー"がホスト役を務めるオンライン・コミュニティである。商品を利用してのお菓子作り・子供が喜ぶレシピ・飾り付けのアイデア・家族で楽しくすごす方法や、他にも多くの「M&Mのブランド・エクスペリエンス」を最大限に楽しむためのヒントを、役に立つ情報として親たちに提供している。サイトの訪問者はコミュニティに参加し、休日に料理するときのレシピ・家族で楽しく過ごす方法・おしゃれな手作りのアイデアを交換し合うよう勧められ、そうすることで報奨金がもらえる仕組みになっている。このサイトではM&Mのほかにも、スニッカーズ・スターバースト・ダヴ・スキットルズなど多くのマーズ社製の菓子が紹介されている。面白いことに、このサイトは季節や特別なイベント——マーズ社の商品を家族の体験を通して役立ててもらえる消費チャンス——ごとにまとめられている。

- www.colorworks.com——この革新的なサイトこそ、M&Mのオンライン売上を促進する真の要因だろう。このサイトは中心的な顧客層である子供たちだけでなく、幅広い年代層をターゲットにしている。消費者は好きな色を使って自分のオリジナルのM&Mをカスタマイズすることができる——21種類の色の中から選んで、自分だけのM&Mの袋を作れるのだ。色合わせのヒントが欲しい人のために見本も用意されている。たとえばこんなものだ。学校のチーム・スピリット・カラー（バージニア大学：紺とオレンジ）、特別な組み合わせ（愛国精神の赤、白、青）、季節の色（秋の干草ピクニック：黄、金、クリーム色）、特別な思い出の色（少年：青と白）。次の社内ゴルフ大会やプロモーション用に使用するため、企業カラーを使って作ることさえできる。またこのM&Mのカラーワークス・サイトはシンプルなアフィリエイト・プログラムも提供しており、他の企業がM&Mのリンク、バナー広告、ボタン、そしてオンライン・ストアー自体までも自分のサイトに載せられるようになっている。訪問者がその会社のサイトからのリンクをクリックしてM&Mのサイトで商品を購入すれば、コミッションを得られるのである。

M&Mは、新しいメディアを商品販売促進のために利用する上で見習うべき好例となっている。M&Mブランドは、購買意思を促進するための商品の特徴（「カリッとした、おいしいミルクチョコレート」）、機能的ベネフィット（「お口でとろけて、手で溶けない」）、感情的ベネフィット（「楽しく豊かな家族生活を」）の組み合わせを明確に表わす優れたブランド・アーキテクチャーを有している。「スポークス・チョコ」を主役にしたマーケティング・プログラムを実践し、何年もかけてブランドの特徴やブランド・パーソナリティを確立した。そうすることでこの商品ブランドは、人間になぞらえた個性を手に入れた。冗談好きで知ったかぶり、枕元のチョコレートであるレッドに、少年の心を秘めたナイス・ガイであるイエロー、そして「誰にもとろけない」女性的なヒロインであるグリーンなどである。さらにマーズ社は、消費者がM&Mによって得られるブランド・エクスペリエンスを常に自らが定義していくことが必要だと認識していた。消費者が自社ブランドとやり取りするために使用する可能性のある様々なチャネルを考慮に入れ、購買決定過程での影響要因（親など）を特定し、ブランド・エクスペリエンスに沿って起こりうる特別な消費機会（イベント、チーム・スポーツ大会など）を計画した。そうしたすべての要素を準備したマーズ社は、新しいメディア（ウェブサイト、Eメール、インスタント・メッセージングなど）を利用して消費者のM&Mブランド・エクスペリエンスをさらに高め、購買意思を促すための具体的なブランド・メッセージを発信した。そうした例のうち最も優れていたのは、マーズ社が実施した2002年の「M&M国際カラー投票」であろう。

## 国際カラー投票

　近年行なわれた最も大胆な取り組みは「M&M国際カラー投票」プロモーションである。まずマーズ社は、M&Mチョコレートに加える新色を決定する国際オンライン投票を行なうプロモーションを実施した。M&M国際カラー投票は、範囲・トーン・イメージ・実施法においてほかの消費者プロモーションとはまったく異なるものにしなければならなかった。「カラフルな楽しいチョコレート」というブランド・ポジショニングを守りつつ、世界に存在感を示すためである。国際カラー投票は、総合的なメディアを利用したキャンペーンによってアメリカで宣伝された。AP通信やBロールも利用し、オンライン報道局も作り出した。2度目の宣伝は、投票開始日である2002年の3月6日にM&Mの「スポークス・チョコ」、"レッド"のライブ・アニメーションによって行なわれた。マーズ社はこの

キャンペーンがブランドの口コミ効果を増すだけでなく、売上増に即効性の効果があるともくろんでいた。つまり消費者が投票前に、候補の色を確認するため新色のチョコが入ったM&Mのスペシャル・パッケージを購入することを期待したのである。

　このプログラムは2002年6月19日に開かれたニューヨークのイベントでクライマックスを迎えた。そこで発表された第1位はパープルだった。200カ国以上の1,000万人を超える人々が電話・Eメール・ウェブを通して投票を行なった。世界で数ヶ月間販売されたスペシャル・パッケージに含まれた候補色の中から、パープルが41%の票を獲得した。次いで水色が38%、ピンクが19%の票を集めた。残りの2%は書き込み式の投票で様々な色が挙がった。パープルのチョコは2002年8月から、従来の赤・黄・オレンジ・緑・青・茶に加えてM&Mチョコレートの仲間入りを果たした。

図7-3 ●「M&M国際カラー投票」トップページ

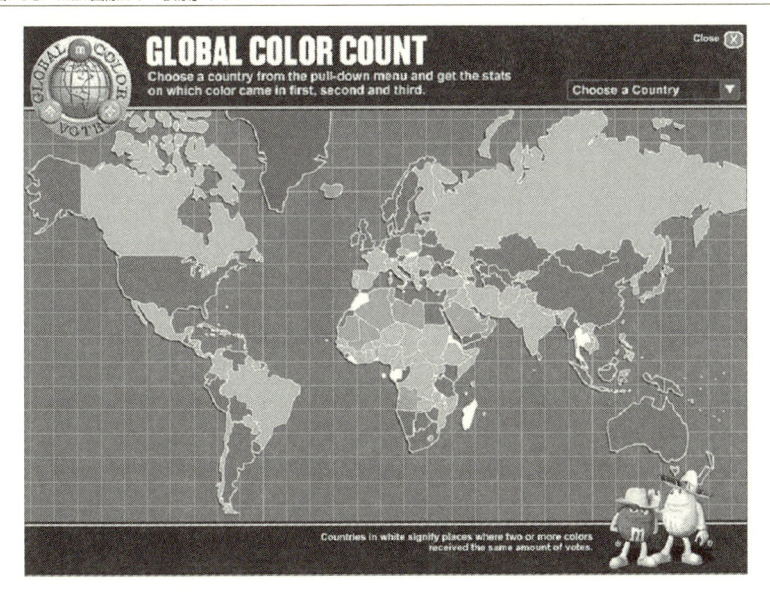

## 結果

　新しいメディアの利点は、M&M 国際カラー投票のようなプロモーションの効果を簡単に測定できることである。ニールセン・ネットレイティングスによると、このオンライン・プロモーションを開始して 3 日のうちに、M&M は 1,250 のプレースメント広告と 6 億 6,000 万以上のインプレッション広告（170% の増加）を出した。www.mms.com ウェブサイトへのアクセスは 4 倍に増加し、AOL のウェルカム画面からは一日に 60 万以上の投票と 1 万 8,000 以上の掲示板投稿が行なわれた。さらにこのプロモーションは、M&M の主要な顧客層にターゲットを絞ることに成功した。M&M のサイトは 67 対 33 の割合で圧倒的に女性の関心を集めた。「M&M による最近のオンライン広告キャンペーンは、ウェブ広告が強力なブランドを利用し、サイトへのアクセスを促進し、ブランド・ロイヤルティを高めることができると一挙に示した素晴らしい事例だ。」ネットレイティングスのメディア調査担当副社長、チャールズ・バックウォルターは語った。「マーズ社の M&M は新色の選択に一般消費者を参加させることで売上を 2 倍に伸ばし、ブランドの認知度を飛躍的に増加させた。」最も重要なのは、これによって M&M が世界最大のチョコレート・ブランドとしての地位を高め、130 億ドルの世界の菓子食品市場で高い収益率のポジションを維持することができたことである。

## ブランド活性化のための新しいメディアの利用

ブランド活性化のために新しいメディアを利用するステップを次に示す。

### ステップ1：ブランド・エクスペリエンスの段階の特定

最初のステップは、ブランド・エクスペリエンスの各段階における顧客が誰かを理解することである。多くの場合、商品を購入する顧客は多様だ。また可能な限り、これらの顧客のブランド好意度を特定することも必要である。

### ステップ2：関連するすべてのステークホルダーと顧客の特定

新しいメディア・ソリューションを準備する際に重要なのは、商品を購入する顧客の役割と位置づけを理解することだけではない。取引に関わるあらゆるステークホルダー（利害関係者）——仕入先・製造業者・販売業者・そしてあなたの会社のブランド・ベネフィットの提供に関わるほかのすべての関係者——を認識することが必要である。これら関係者が一丸となって働くことで、顧客があなたの会社のブランドとどこでどう接触しようと、首尾一貫したメッセージを届けることができる。

### ステップ3：各顧客が現在利用しているブランド・タッチポイントの特定

購入決定を行なう顧客は、様々なブランド・タッチポイントを通じて企業とやり取りする。次のステップは、企業とやり取りするようになった際の顧客の行動を理解することである。あなたの会社はどのようなやり取りをするように、顧客を「訓練」してきたのか——販売員への電話、コールセンターでの保留待ち、それともメール送信であろうか。新しいメディアを正しく機能させるには、現顧客がどのブランド・タッチポイントを利用するかの理解が不可欠である。

### ステップ4：顧客がやり取りする具体的なシナリオの作成

次のステップは、顧客があなたの会社とやり取りをする具体的なシナリオを決定することである。優れたマーケティングがすべてそうであるように、このステップでは顧客の考えを知ることが必要となる。通信容量の重いマーケティング・キャンペーンのせいで通信速度が遅くなり、オンライン顧客をいらだたせるかもしれない。インスタント・メッセージングやEメールなどで接触を図るキャンペーンは、プライバシーを守りたいと思う顧客の機嫌を損ねるかもしれない。重要なのは、それぞれの顧客がどんなやり取りを好むかを知ることである。マーケティング戦略にこのような構造的優位性を作り出すことができれば、より高いマージンと、今後何年も継続する利益性の高い売上が必ず得られるであろう。

### ステップ5：話題性を巧みに作る

各顧客セグメントにアプローチする適切な手法を決定したら、各シナリオにおけるニーズに注意を向けるための話題性を巧みに作り出さなければならない。これらのニーズは、ブランド・アーキテクチャーから発展したブランドの特徴・機能的ベネフィット・感情的ベネフィットを組み合わせたものから生まれる。このようにターゲットを絞ったマーケティングなら、手当たり次第の広告やスパムメール送信より優れた効果をあげることは明らかであろう。しかし驚くほど多くの企業が、キャンペーン資金を宙に放り投げ、それが適切な顧客に届くことを願うだけという姿勢をとっている。ターゲットを絞ったメッセージを送れば、顧客が望むとおりのものを提供できるため、企業が高いリターンを得られるのは間違いない。

### ステップ6：重要なブランド・ベネフィットを伝える新しいメディアへ

シナリオと重要なベネフィットを特定すれば、新しいメディアの内容・概念・機能を作り込み、最も効率よくベネフィットを伝えることができる。顧客と接するには対話式のウェブサイトが一番であろうか。それと

もEメールであろうか。インスタント・メッセージングだろうか。それとも、これらの方法もしくはそれ以外の新しいメディアを組み合わせたものがいいのであろうか。メッセージを伝える機会は無数にある。大切なのは、メッセージを正しい受け取り手に届ける方法を見つけることである。

不思議であるが、ブランド・エクスペリエンスの全段階におけるコンテンツを作り込む上で最も困難な点は、既に持っているツールを実際に利用するところにある。大半のマーケターはまだ新しいメディアの力を生かしきれていないので、多くの場合それはほかの全メディアのデジタル書類の墓場と化している。ほかのメディアのライブラリ程度のものになってしまっているのである。それでは新品のポルシェを買って、CDプレーヤーしか使わないようなものである。

場所を問わずに顧客と直接対話するために利用できる新しいメディアには、まだ多くの可能性が残されている。新しいメディアの価値をすべて引き出したいなら、その価値は商品の中だけでなく従業員の頭の中にも隠されていることを認識しなければならない。最上の顧客を自社の優れた従業員に対応させ理想的な形でサービスを提供すれば、製品を扱う企業の多くはすぐに新たなサービス企業へと変貌を遂げるであろう。

# Part 3

## コミュニケーションだけでなく、自分のビジネスを再構成する

### REINVENT YOUR BUSINESS, NOT JUST COMMUNICATIONS

## Chapter 08

# ビジネスモデルの再構成

Restructure Based on Brand Experience

どの業界においても、ビジネスリーダーは何度も起こる同じ難問に直面する。自社の収益性とマーケティング投資収益率（ROMI）を最大化する、効果的で効率的なビジネスモデルの設計と維持である。優れた人材・最適なプロセス・達成度の測定・テクノロジーの能力などを企業が追求することに変わりはないが、近年、企業の内外で生じた幾つかの圧力は、各業界の広範囲にわたってビジネスモデルの改革を強いてきた（図 8-1）。以下の要因がビジネスモデルにどんな影響を与えるか考えてみよう。

- 競争のグローバル化
- 技術革新による競争優位の持続性の低下
- 顧客側からの要望の増大
- 参入障壁の低下と、マーケティング投資収益率を明解に示す要望の高まり

　こうした変化により、多くの企業は効率化のためスケールメリットを求め、一定の事業領域に資源を集中投下するビジネスモデルをとらざるをえなかった。その一方で、顧客や消費者との距離を狭めるという点では大きな成果を生んでいる。一部の企業はそれを更に追求し、供給業者やチャネルパートナー、顧客、消費者、そして自社の社員たちにまで目を向けて、生産的で高い利益率を得られる関係を築く方法を徹底的に見直している。

図8-1●ビジネスモデルの再構成

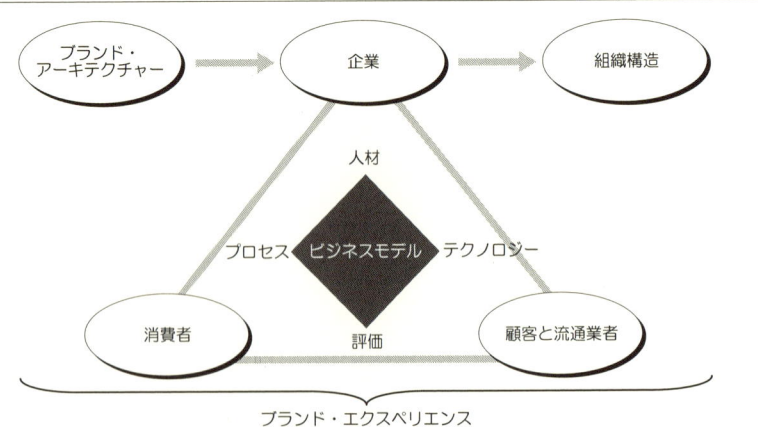

## ビジネスモデルの再評価

　企業にビジネスモデルの再設計を迫っているここ数年間にわたる競争環境の以下の変化について、より詳しく見てみよう。

- **消費者の力の増大**……競合製品やサービス、そして価格といった情報へアクセスできる環境が劇的に向上したことにより、消費者は未曾有の力を手にしている。企業はビジネスモデルをもっと消費者中心のものにし、主顧客層のニーズや欲求に応え、かつそれらを予測できるものに変えていかなければならない。
- **質の高い顧客情報の利用度の増大**……技術的な進歩のおかげで、企業は膨大な量の貴重な顧客・消費者データを手に入れたり掘り下げたりできるようになった。これらから得られる消費者インサイトを活用するため、多くの企業が鍵となる顧客層を洗い直し、データベース・マーケティングに注力している。
- **有力顧客やチャネルからの要求の増大**……多くの業界にわたって特定の顧客が購買力をコントロールしているため、供給業者はますます顧客やチャネルの需要に翻弄されている。先見の明のあるビジネスリーダーはこれらの顧客の具体的なニーズを考慮して、より顧客中心の組織を設計し、これら有力な顧客やチャネルパートナーを優先する対応策を立案している。
- **グローバル・マーケットの拡大**……貿易の自由化とコミュニケーション技術の進歩によって、従来の国際障壁が破られている。企業によっては、世界規模での一貫したブランディングとマーケティング戦略を実現するため、ブランド・マネジメントと戦略策定の機能を本社に一局集中させている。また規模の経済*を追求するために、メディアバイイングなどの業務を一局集中させている企業もある。
- **マーケティング費用の精査の厳密化**……今やマーケティング部門も、社内の他部門と同様に投資収益率（ROI）を厳しく問われている。出費の増大、及びマーケティングに関するROIをきちんと示さないことは、CEOと財務部門の大きな関心（と反発）の的だ。マーケティング投資の効率性を高めるために、多くのマーケターが規模の経済を追求し、市場調査やメディアバイイングを一局集中させている。

★　生産量の増大につれて平均費用が減少する結果、利益率が高まる傾向。

こうした変化により、ビジネスリーダーたちはビジネスモデルを再評価しようと考え、一般的に以下のどちらかの方向へ動いている。

- 全体でのオペレーション効率の向上目的や、増大した購買力や規模の経済をうまく活用した経費削減を目指して、調達などの業務を一局集中させる方向
- 顧客との関係の収益貢献度を高め、自社の戦略的ポジショニングを向上させて収益を増やすために、顧客に関連する活動を再構成する方向

いずれもビジネスの現場——中でもマーケティング——においてよく見られるケースだが、この二つの方向へ同時に向かうべき場合もある。

## 戦略と構造

第2章で述べたように、戦略はブランド・アーキテクチャーの中で具体化するので、そこから考えていこう（図8-2）。ブランド・アーキテクチャーとは、ブランドを構成する「部品」を定義するものである。部品を定義することによって、各部品が顧客の価値創造にどのように役立つのかを明らかにするためである。ブランド・アーキテクチャーはブランド・ポジショニングの基礎であり、自社ブランドについて顧客にどう考え、感じ、行動してもらいたいかを明確に示している。それによってブランドがどのように構築され、どう機能し、各要素がどう組み合わされて顧客にとって意味あるベネフィットを届けるのかが示されることで、ブランドの構造的な一貫性が示されている。

ブランド・アーキテクチャーはブランドと関わるすべてのもの、すべての人を、規定し導かなければならない。すべての人とはマーケティングに携わる人間だけでなく、文字通り"あらゆる人"を意味する。マーケティングは、マーケティング部門だけに留めておくにはあまりにも重要すぎる。競争力あるブランド・ポジショニングを十分に活用するため、すべてのブランド活動は利益拡大という基本的なマーケティング目標に焦点を当てなければならない。組織内の全部門がブランド・ポジショニングの価値を理解すれば、どの部門も売上と利益の飛躍的な増加に貢献

できる。ブランド・ポジショニングは戦略の羅針盤であり、それは顧客と直接関係するものであろうとなかろうと、当該ブランドが着手するすべてのプログラムや活動によって評価されるべきものである。

ブランド・ポジショニングのコンセプトは非常に重要なので、何度繰り返しても十分ではない。ブランド・ポジショニングと相容れない事業活動は、ましな場合でも資源の無駄遣いであり、最悪の場合は築こうとしているブランドを駄目にしかねない。

ビジネスに関する行動（語ること・語っていないこと・行動したこと・行動していないこと）は、すべてがメッセージを伝えている。スタートしたばかりの何百万ドルもかけた広告キャンペーンよりも販売員の服装のほうが、あなたの会社の業績についてはるかに多くのことを語ることもある。配送トラックや店舗内の状態のほうが、美しい屋外広告より多くのことを伝える。コールセンターのカスタマーサービス担当者の態度は、ラジオCMの気の利いたジングル★よりも力強いサインを送る。効果的なマーケティングは、コミュニケーションだけでなくビジネスモデルとその運営にも及ぶのである。生産的で利益率の高いブランド・エクスペリエンスを構築するには、ビジネスモデル全体を再考することが必要であり、それはあなたの会社が発信するすべての情報から目を離さないことを意味するのである。

図8-2●構造は戦略に従う

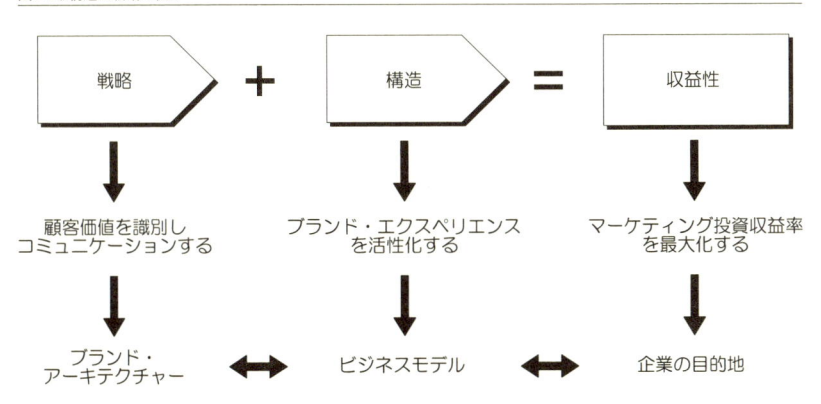

戦略 ＋ 構造 ＝ 収益性

↓　　　　↓　　　　↓

顧客価値を識別しコミュニケーションする　　ブランド・エクスペリエンスを活性化する　　マーケティング投資収益率を最大化する

↓　　　　↓　　　　↓

ブランド・アーキテクチャー　⇔　ビジネスモデル　⇔　企業の目的地

★ テレビやラジオで、コマーシャルの開始を知らせたり場面の切り替わりを知らせるなど、視聴者の注意を惹くために節目に挿入する短い音楽のこと。

# ブランド・アーキテクチャーを使って
# ブランド・エクスペリエンスを活性化する

　従来どんな企業も、成長を目指し、進化を遂げ、組織基盤を拡大してきた。そしてビジネスユニット・プロダクトユニット・サポートユニット等の組織単位を、今日のグローバル2000企業★は当たり前のように設けている。

　エンタープライズ・マーケティング・マネジメント（EMM）は、ビジネスモデルを製造中心から販売中心へ移行することを企業に求めている。言い換えれば企業の見地からではなく顧客の見地から、ブランド・プロミスを果たすためにはビジネスモデルをどう設計したらいいかということである。原材料の調達・製造・倉庫保管・配送——こうした基本的な活動は、どれも常に顧客を最優先に考えていなければならない。

## ビジネスモデルの構成要素

　ビジネスモデルとは、資産・能力・顧客に対する価値創造のための企業活動の集合体であると考えよう（図8-3）。ビジネスモデルが企業を定義するのであり、ブランド・プロミスを果たすために構築・購入・借用されるべき多様な要素が企業を特徴づけるのである。そうした要素としては以下のものがあげられる。

- **評価指標**……業績評価の尺度を定義して、マーケティング投資の効果をモニターし、マーケターやマーケティングプロジェクトに結果責任を負わせるために、評価指標の目標設定をしなければならない（第9章参照）。乏しい資産をやり繰りして投資する以上、収益性を最大化してブランド・プロミスを果たす上で、投資判断のための評価指標は不可欠である。

---

★　『Forbes』誌が発表している世界のトップ企業2,000社。

図8-3●ビジネスモデルとは

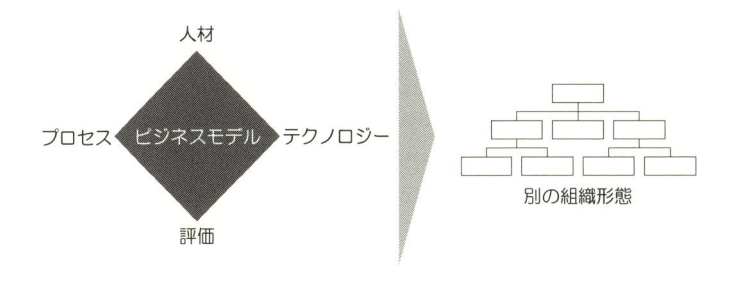

- **プロセス**……ビジネスプロセスは、企業全体での行動様式を示すレシピであり、製品を作り、売り、提供するのに必要な活動を示している。マーケティングが責任を負うプロセスについて言えば、ブランドの管理、製品開発の情報発信、販売部門との協力、キャンペーンの実施と効果の測定、外部の供給業者との協働、クリエイティブな制作作業、などがこれに含まれる。

- **テクノロジー**……ここ数年間、ほとんどの企業ではテクノロジー投資が飛躍的に伸びた。課題は、どのテクノロジーが実際に自社ブランドを差別化し好意度を維持していくことに役立つのかを判断することである。あなたの会社のビジネスモデルにおける技術革新が既存の力や優位性、コア・コンピタンスにもとづいて進められ、それらを強化する方向に進むならば、その見返りは大きいであろう。更に、戦略上でのトレードオフによって得られるメリットの強化、ブランド・ポジショニングの強化、顧客分析におけるスキルの最大限の活用、独自の顧客データや市場データへのアクセス、強力なサービス文化の育成などを可能にし、M&A戦略を遂行しやすくしたり加速したりするような技術的イニシアティブによって高い収益を見込むことができるであろう。しかし忘れてはならないことがある。技術革新に関しては、「隣人と張り合う」態度をとると多額の経費を節約できない。つまり自社の利益になる技術革新だけを利用しよう。購入可能だという理由だけで、他社が買うものを利用しないことである。

- **人材**……企業にいる誰もが自分の役割をマーケターとして理解しなければならないし、マーケティング部門は企業のあらゆる面を理解しなければならない。ビジネスモデルには、ブランド・アーキテクチャーを強化するだけでなく、勝利につながる戦略や目的を遂げるための戦法を導き出しうるマーケティング能力が備えられていなければならない。更にすべての社員が、マーケティングとは何よりもまず売上に関連したものだという見方を持つ必要がある。そうすれば彼らは結果への責任を喜んで負う気になるだろう。自社ブランドと一致した行動をとる企業風土を確立しよう。

## ブランド・エクスペリエンス・ブループリント

　この概念は第4章で最初に紹介した。ブランド・エクスペリエンスとは、顧客とブランドとのやり取りすべてを説明する方法にすぎない。もちろんブランドと顧客とのやり取りとは、あなたの会社製品と競合製品とどちらを買うかといった単純な判断だけにとどまるものではない。ブランド・エクスペリエンスには顧客が製品と関わる実体験が含まれるし、あなたの会社とのそれ以外のあらゆるやり取りも含まれる。ブランド・エクスペリエンス・ブループリントによって、あなたの会社のブランドに関する顧客体験の各ステップが明らかになる。それぞれのステップにおいて、ブランドの意味するところが強化され、理想的には顧客の購買意欲を促進していくことになる（図8-4）。

図8-4◉ブランド・エクスペリエンス・ブループリント

| | ブランド・タッチポイント | ニーズの自覚 | 選択肢の検討 | 購入 | 使用 | サポートを受ける |
|---|---|---|---|---|---|---|
| コミュニケーション | テレビ | 感情的ベネフィット① | 属性② | 該当なし | 機能的ベネフィット④ | 該当なし |
| | ラジオ | 感情的ベネフィット② | 機能的ベネフィット② | 該当なし | 機能的ベネフィット④ | 該当なし |
| | 印刷媒体 | 機能的ベネフィット① | 感情的ベネフィット① | 機能的ベネフィット④ | 機能的ベネフィット① | 機能的ベネフィット④ |
| | アウトドア広告 | 機能的ベネフィット② | 機能的ベネフィット③ | 機能的ベネフィット④ | 機能的ベネフィット③ | 該当なし |
| | ウェブ/Eメール | 属性① | 属性③ | 機能的ベネフィット④ | 属性① | 属性④ |
| オペレーション | テレマーケティング | 属性② | 感情的ベネフィット① | 該当なし | 属性② | 属性④ |
| | 店頭販売 | 機能的ベネフィット③ | 感情的ベネフィット② | 機能的ベネフィット④ | 機能的ベネフィット④ | 機能的ベネフィット④ |
| | 直接販売 | 感情的ベネフィット② | 機能的ベネフィット② | 機能的ベネフィット④ | 感情的ベネフィット② | 該当なし |
| | コールセンター | 機能的ベネフィット③ | 機能的ベネフィット② | 機能的ベネフィット④ | 機能的ベネフィット④ | 機能的ベネフィット④ |
| | ダイレクト・マーケティング | 属性③ | 属性① | 該当なし | 該当なし | 該当なし |

## 組織構造上の選択肢

　生産的で収益性の高いブランド・エクスペリエンスの提供を可能にする組織の構造は実に様々だ。しかし新しい組織の設計を始める前にブランド・アーキテクチャーを開発し、ビジネスモデルを通して顧客に届けるべきブランド・エクスペリエンスを綿密に描いていることが不可欠である。企業ブランドについて十分に考慮せず、戦略も練らずに慌てて組織の再編成に取りかかったりすれば、ブランド・プロミスをうまく伝達できない中途半端な組織設計に終わるだろう。一般的に、組織構造上の選択肢は以下の2種の変数で決まる（図8-5）。

- **集中化の度合い**——高度な集中化から高度な分散化まで
- ・集中化——企業本社の指示系統下の活動
- ・分散化——各ビジネスユニット内で独立した指示系統下にあり、理想的にはブランド戦略とビジネス戦略で区切られた枠組の中で機能する活動
- ・混成（マトリックス*）——各ビジネスユニット内でかなり自主的に活動しているが、企業の本社に報告義務を持つような活動

- **事業の焦点**——製品中心から顧客中心へ
- ・製品中心——具体的な製品やサービスのカテゴリーに沿って、または製品やサービスの必然的な分類に従った組織設計
- ・顧客中心——主要顧客との関係性に沿って、または論理的に分類された顧客層（人口動態特性やニーズにもとづいたセグメンテーションなどにより）ごとに人員を配置した組織設計
- ・混成——製品と顧客（顧客セグメントごと、あるいはそのいくつかの組合わせごとの）の双方に沿って編成された組織設計

　これら二つの構造上のパラメーターは多様な組み合わせ方が可能である。更に企業内では、様々な事業活動が異なった構造をとって存在することがある。たとえば多くの企業では、規模の経済と購買力を活用するため調達活動を中央に一局集中するなど、購買関連の組織は製品中心で設計されている。だが一方で、地理的に営業拠点が分散していたり、営業形態としてセールスパーソンが顧客企業に常駐する場合があったりするため、営業部門は大きく分散化を進めている可能性がある。それぞれ

★　一般に、職務上報告するラインが複数存在する場合の組織をマトリックスと呼ぶ。

の事業目標や顧客のブランド・エクスペリエンスをどうサポートするかに応じて、事業部門ごとに異なった構造が必要になるであろう。

　大半の企業で、マーケティング機能は進化していく中で多様な混成構造を成すに至り、ある活動は購買力を強固にするために中央に集中化され、またある活動は地元市場ごとに最適化するために高度に分散化されていたりする。ブランド・アーキテクチャーとブランド・エクスペリエンス・ブループリントに具体的に表されている戦略は、企業にとって最良の組織構造を規定し社内の各機能を組織化する。それは時には当該企業の枠組を越えて、パートナー企業や提携先企業の組織構造の規定にまで及ぶこともある。

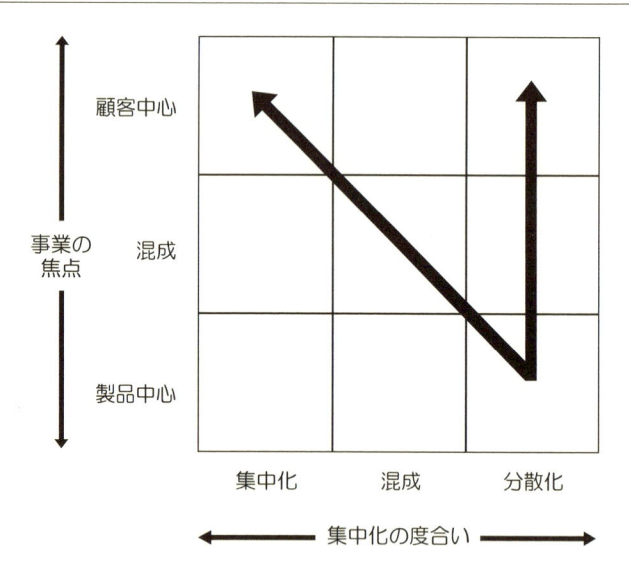

図8-5●構造の方向性

```
         ↑
       顧客中心
事業の    混成
 焦点
       製品中心
         ↓
      集中化  混成  分散化
      ←―― 集中化の度合い ――→
```

# ブランド・エクスペリエンス・ブループリントにもとづく
# ビジネスモデルの再構成

　では、顧客に価値を提供する上で重要な決定事項を社内に周知させ、ブランド・プロミスを伝えるのに適した組織構造を作っていくには、ブランド・エクスペリエンス・ブループリントをどう活用すればいいのであろうか。このプロセスの理解のために、架空の主要携帯キャリア会社、インタッチ・セル社の例を考えてみよう。

　電気通信産業の過去2年間にわたる大変革を背景に、インタッチ・セル社は現在大きな課題に直面している。どこの携帯電話キャリアにも際立った差がないので、顧客は活発にキャリアを変更し、解約数が増えているのである。昨年1年間で携帯電話ユーザーの約4分の1がサービスキャリアを変更している。ユーザーがあげた最大の変更理由は通話料、そして次は端末（電話機）の性能である。これは、この業界の競争の激しさと、インタッチ・セル社のサービスが独自性を急速に失っていることを示す。インタッチ・セル社が自社ブランドのポジショニングを見直し、逆転に向けて動かなければならないのは明らかである。

### 企業がゴールを設定する重要性

　インタッチ・セル社は、顧客のメインの通信手段になるという大胆なゴールを設けた。他の携帯電話キャリアだけでなく、あらゆる通信手段——固定電話・ファックス・Eメール・ポケットベルなど——も競争相手と見なしたのである。インタッチ・セル社は同社の製品を使用することで、親しい人との関係が豊かになる・手軽にコミュニケーションが可能・ユーザーの具体的なニーズに合致した製品やサービスが選択できるといったベネフィットが得られることを顧客に理解してほしいと願っている。他社のどこよりも顧客やそのコミュニティを理解しようと努めてきたから、インタッチ・セル社だけがこうしたブランド・プロミスをすべて履行できるのである。だとすればインタッチ・セル社は、新規顧客にとって更に魅力的な自社製品とサービスを開発し新しい料金体系によって既存顧客を維持することで、携帯電話利用の収益性を上げることができるはずである。

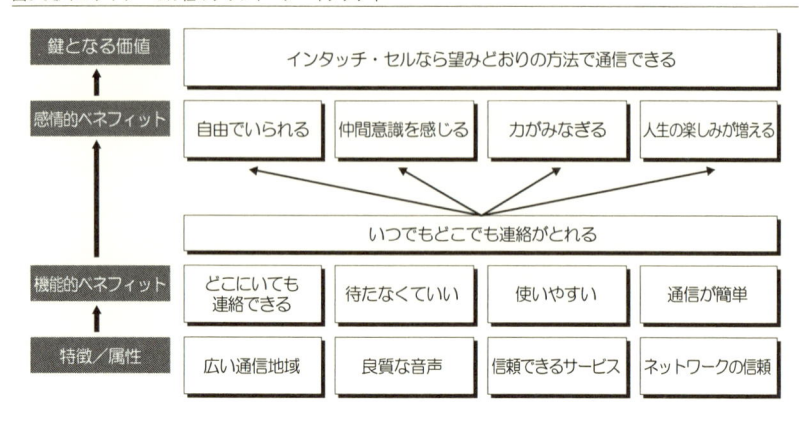

図8-6●インタッチ・セル社のブランド・アーキテクチャー

| 鍵となる価値 | インタッチ・セルなら望みどおりの方法で通信できる |||||
|---|---|---|---|---|---|
| 感情的ベネフィット | 自由でいられる | 仲間意識を感じる | 力がみなぎる | 人生の楽しみが増える ||
| | いつでもどこでも連絡がとれる |||||
| 機能的ベネフィット | どこにいても連絡できる | 待たなくていい | 使いやすい | 通信が簡単 ||
| 特徴/属性 | 広い通信地域 | 良質な音声 | 信頼できるサービス | ネットワークの信頼 ||

**ブランド・アーキテクチャーがブランド・エクスペリエンスの可能性を決める**

　インタッチ・セル社がゴールに到達するためには、他の通信手段から自社を差別化する戦略を策定し、自社のブランド好意度の持続性を高め、既存の顧客基盤で携帯電話サービスの利用を増やす戦略を策定する必要があった。図8-6はインタッチ・セル社のブランド・アーキテクチャーを示している。

　購買決定要因の市場調査によって、インタッチ・セル社は、携帯市場での自社の存在をアピールし続け競合他社から差別化しブランド好意度を確実に上げるには、以下のブランド・ベネフィットが必要であると特定した。

- 広い地域で通信が可能であること
- 接続が迅速かつ簡単にでき、中断されないこと
- 望み通りの方法で通信できることで顧客の生活を豊かにすること

## ブランド・エクスペリエンス・ブループリントがビジネスモデル設計の原動力となる

　もちろんインタッチ・セル社の最終目的は、ブランド・ポジショニングを自社ブランドのブランド・タッチポイントに結びつけることである。この目的に向けて、インタッチ・セル社のブランド・エクスペリエンス・ブループリント（図8-7）は、マーケティング・コミュニケーションに対してだけではなく、インタッチ・セル社の業務運営全体を通じた実践の手引きとして機能すべきである。主要なブランド・タッチポイントごとにブランド・アーキテクチャーを詳細に描くことにより、インタッチ・セル社はブランド・エクスペリエンスに直接影響する10個の主要な機能を割り出した（図8-8）。

図8-7●インタッチ・セル社のブランド・エクスペリエンス・ブループリント

| | ブランド・タッチポイント | ニーズの自覚 | 選択肢の検討 | 購入 | 使用 | サポートを受ける |
|---|---|---|---|---|---|---|
| コミュニケーション | テレビ | 自分の好きなように通信 | 人生の楽しみが増える | 該当なし | 自分の好きなように通信 | 人生の楽しみが増える |
| | 印刷媒体 | 仲間意識 | 力がみなぎる | 広い通信地域 | 良質な音声 | 広い通信地域 |
| | アウトドア広告 | どこにいても連絡できる | どこにいても連絡できる | 待たなくていい | どこにいても連絡できる | どこにいても連絡できる |
| オペレーション | 店頭販売 | 自分の好きなように通信 | 人生の楽しみが増える | 待たなくていい | 使いやすい | 待たなくていい |
| | コールセンター | 仲間意識 | 力がみなぎる | 待たなくていい | 該当なし | 該当なし |
| | ダイレクト・マーケティング | 自分の好きなように通信 | 自分の好きなように通信 | 該当なし | 該当なし | 自分の好きなように通信 |

図8-8●インタッチ・セル社のブランド・エクスペリエンスに影響する10個の機能

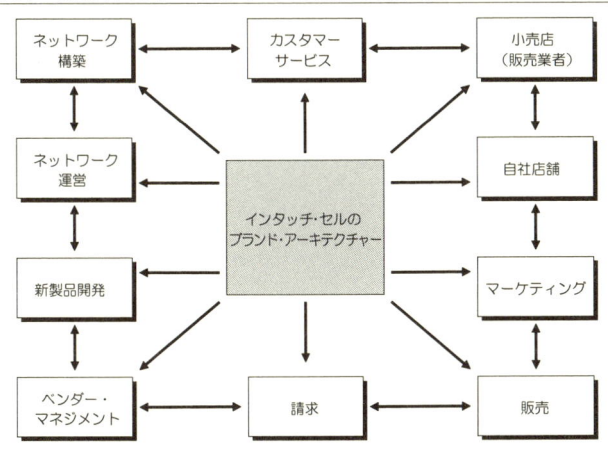

中心：インタッチ・セルのブランド・アーキテクチャー

- ネットワーク構築
- カスタマーサービス
- 小売店（販売業者）
- ネットワーク運営
- 自社店舗
- 新製品開発
- マーケティング
- ベンダー・マネジメント
- 請求
- 販売

これらはそれぞれ、インタッチ・セル・ブランドの感情的ベネフィット・機能的ベネフィット・様々な製品特性を強化する。こうした要因を明らかにし、主要なブランド・タッチポイントで各機能がブランドを活性化するのをサポートするため、インタッチ・セル社は各機能に応じた具体的なビジネスモデルを設計した。ネットワーク開発チームに向けて作られたその概要を示したのが図8-9である。次の節で詳しく見ていくこととする。携帯電話通信キャリアのネットワーク開発機能がブランド・プロミスの提供につながるようには見えないが、実際はこのチームはブランド・ベネフィットをもたらすのに重要な役割を果たすのである。

**図8-9◎インタッチ・セル社のネットワーク構築に関する計算書**

| 役割 | ネットワーク構築に関して：あらゆるベネフィットの基礎となる、最大範囲の通信地域、確かな接続、良質な音声といったブランド・プロミスを果たすネットワークを構築しなければならない。 |
|---|---|

| インタッチ・セルのブランド・アーキテクチャーの要素 | ネットワーク開発の対象／内容 | パフォーマンスの測定と評価指標 |
|---|---|---|
| ● 最大範囲の通信地域<br>● 確かな接続の提供<br>● 良質な音声<br>● 必要な時に接続できる<br>● 待たなくていい<br>● 常に連絡がとれる | ● より速い接続のためのネットワークの設定<br>● より信頼度が高く、接続中断が少ないネットワーク設計<br>● より速いデータ通信のための2.5G／3Gネットワークの開発 | ● 全市場の競合他社より速い最速の接続時間（数秒）<br>● 通話中断の割合を全通話量の数％に低減<br>● 通信地域、信頼性、音質に関する毎月の顧客満足度<br>● 通信地域、信頼性、音質における各システムの向上度（国別）をパーセント表示するベンチマークの設定 |

**ビジネスモデルの設計概要をつくる**

　ネットワーク開発チームの役割は、広い通信地域・迅速で確かな接続・優良な音質といったインタッチ・セル社のブランド・プロミスを果たすワイヤレス通信ネットワークを築くことである。それがブランド・アーキテクチャーの他のすべてのベネフィットの基礎となる。このチームが関与できるその具体的なブランド・ベネフィットとは、「必要なときに接続できる」、「待たせない」、「一番大切な人たちといつでも連絡できる」など、感情的ベネフィットと機能的ベネフィットがない交ぜとなったものである。

　こうしたベネフィットを確実に提供するため、ネットワーク開発チームは、音質を最適化し通話の中断を減らすような、より速くより確かなネットワークの設計を計画している。これが同社のブランド・エクスペリエンスの活性化にどれほど貢献したかは、競合他社と比べた接続数や通話中断の割合、通信エリアの拡張率などによって測ることができる(また測らねばならない)。同様にこうした測定手段は、ネットワーク開発チームに対する目標達成や目標値越え、ブランド・エクスペリエンスの促進などへの意欲を促す報奨や表彰プログラムの設計に利用できるのである。

　このアプローチを実践することで、インタッチ・セル社は製造中心から販売中心のビジネスモデルへと実質的に移行した。自社の見地からではなく顧客の見地から、携帯端末の調達と販売・ネットワークの構築・携帯電話利用の追跡・月次使用明細書の準備といったブランド・プロミスを果たすためにビジネスモデルを再構成したのだ。更にこのことで、従業員の一人ひとりが、事実上どれほど顧客のブランド・エクスペリエンスに影響を与える潜在力を持っているかを実証した。そして最も重要なのは、狙った正しい行動を日常的に個々人がとることがいかにブランド・ポジショニングを強化できるかを社員に示したことである。

# CASE STUDY

## アスペン・スキー社
## ――アスペン／スノウマスのリポジショニングとその競合

　アスペン／スノウマスは、アスペン・スキー会社が所有する4箇所のスキー場に付けられたブランド名である。何十年にもわたってエリート層の冬の遊び場としての役割を担ってきたアスペンの町の名は、まさに魅力と富と特権を思い起こさせる。しかしこのような印象を広く持たれていることが、このリゾート地の弱点となっていた。アスペン／スノウマスは、高価な上にアクセスが不便で豪華で近寄りがたい場所だと、多くのスキーヤーが見なしたからである。

　アスペン／スノウマスは世界でも最高のスキー場として君臨しているが、コロラド州やユタ州に台頭してきたリゾート地間の競争の激化に曝されている。1990年代のスキー産業全体の低迷を経て、2000年から2001年のスキーシーズンに幾つかのスキーリゾートで入場者数が急増したとき、アスペン／スノウマスは、マーケティングにもっと力を入れブランド・アーキテクチャーの助けを借りるべきだと判断した。この企業には、自社ブランドの意味をリポジショニングすることとその運営に新しい活を吹き込むことが必要であった。

　アスペン／スノウマスの主な利用者は、一般的なスキー人口に比べて高齢者に著しく偏っていた。将来の繁栄を確かなものにするためには、もっと幅広い層のスキーヤー（特に若年のスキーヤー）を獲得しなければならなかった。しかも、アスペン／スノウマスは新しいスキーヤーを誘致するには交通の便が悪い。アスペンの空港の規模は小さく、この町周辺の人口も限られていたため、ほとんどのスキーヤーはデンバーから車で4時間かけてアスペンに来なければならなかった。おまけに途中の道沿いには、10箇所以上もの良質のスキー場があるのだった。

　アスペン／スノウマスには、長期にわたるプランニングや実行プログラムを行う時間の余裕はなかった。2001から2002年のスキーシーズンは、スキー産業の明暗の分かれ目になろうとしていた。ユタ州で2002年冬季オリンピックが開催されることになっていたからである。ユタ州のリゾート地全体で、オリンピックイベントとその準備のためスキーヤーデー★が10%以上減少すると予測されていた。つまりおよそ50万スキーヤーデーが、そのシーズン中、他のリゾート地の手に移ることを意味していた。一方で、ユタ州の各リゾート地は2002年の冬

★　スキー場の来場者の延べ人数。

季オリンピックの開催により世界中に認められて知名度が上がるため、スキーヤーへの魅力度も増すだろう。アスペン／スノウマスは、指をくわえて眺めているわけにはいかなかった。

**戦略的なブランド目標の設定**

　アスペン／スノウマスにとって最も価値ある滞在客は、ここを最終目的地として来るスキーヤー（デスティネーション・スキーヤー）である。世界各地からスキー休暇を楽しむために飛行機でやって来る町の外の人間であり、日帰り旅行や長めの週末旅行として車で訪れる地元のスキーヤーではない。アスペンの課題は、アスペン／スノウマスが成功する最大のチャンスと可能性を示唆するこうしたデスティネーション・スキーヤーというカテゴリーを特定して、彼らをターゲットにすることだった。

　主な競合は、コロラド州とユタ州にある他の最終目的地(デスティネーション)となりうるスキーリゾート地である。ロッキー山脈の両側に位置するスキーリゾート地は、「ロッキー山脈でのスキー体験」にそれほど関心のない地元スキーヤーを惹きつける傾向にある。経営陣の仮説として、ロッキー山脈のリゾート地はあまり差別化に成功していないというものがあった。つまりロッキー山脈のリゾート地は、各々の独自の特徴ではなくスキーリゾート地に共通した特徴——最高のパウダースノー・リフト待ち時間の短さ・素晴らしい気候——を売りにしていたというものである。スキーというカテゴリーを売っていたのであって、彼ら自身のスキーブランドを売っていたわけではなかったということである。

**最初のブランド仮説を発展させて、市場で正当性を実証する**

　アスペン／スノウマスの最初のブランド・ポジショニングの仮説は、価格よりもスキー休暇の「体験」への関心をより強く持つ大きなセグメントが存在するというものであった。このリゾート地が地域内で最低価格のスキーリゾート地になることはその価格構造からしてありえない一方、最高の経験に喜んで高い金を払うスキーヤーがかなり多いことも経営陣は確信していた。世界有数のスキー場でのもてなしに加えて、アスペン／スノウマスは素晴らしい食事と買い物と宿泊が楽しめるという特徴を持ち、鉱山が栄えた時代の素朴な名残を留める町でもあった。

アスペン／スノウマスほど、卓越したスキー場と第一級のナイトライフの組み合わせを提供できるリゾート地は他にない。

当初の予想と戦略的仮説を実験・立証するために、800人のデスティネーション・スキーヤーにインタビューを行った。対象となったのは、コロラド・ユタ両州の外に住み、過去3年間に2回以上スキーをし、そのうち1回以上をコロラド州かユタ州で滑ったスキーヤーである。この調査はスキーに対する姿勢や行動、および人口動態特性からアメリカのデスティネーション・スキーヤーをセグメント化することに焦点を当て、コロラド・ユタ両州の最終スキーリゾート地を選ぶ主要な購買決定要因にも注目した。

その結果、関心によって分かれる三つの主要なセグメントが浮彫りにされた。その人数はスキー人口の48％を占めるに過ぎないが、アスペン／スノウマスの潜在的スキーヤーデー全体の90％に相当していた。これら魅力的なスキーヤー・セグメントは、人口動態特性やスキーの腕前にかかわらず、スキー休暇に求めるものの核心を共通して持っていた。

**あらゆるブランド・タッチポイントでブランドを活性化する**

最も有望なスキーヤー・セグメントの知識を手にした経営陣は、ブランド・アーキテクチャーとブランド・ポジショニングを作成し、このリゾート地を訪れてほしいターゲットに最も訴求しそうなアスペン／スノウマス特有のベネフィットと特徴を宣伝した。これらのセグメントはスキーのベネフィットには既に夢中だが、特にアスペン／スノウマスで滑るスキーのベネフィットに夢中になってもらう必要がある。策定したブランド・ポジショニングとは、ターゲット顧客セグメントがスキー休暇に求め、競合との価格競争の土俵に立たずともアスペン／スノウマスの差別化を可能にするカスタマー・ベネフィットを活用したものであった。

また経営陣は、アスペン／スノウマスの最大の障害だと思われていた立地をも、競争に有利なほうへとリポジショニングした。アスペン／スノウマスは最も望ましいセグメントに対して、このリゾート地は不便な場所ではあるものの、ハイウェイに沿って位置する混雑したリゾートから脱出できるなら時間をかけて訪れるだけの価値はあると説得することができた。アスペン／スノウマスの地理的障害は、このように特有のベネフィットとしてリポジショニングされた。デンバー近

くのリゾート地の重荷となっている厄介な地元の交通渋滞から完全に守られた休暇体験を得られるというわけである。

　最も重要なのは、新しいブランド・ポジショニングはあらゆるブランド・タッチポイントで活性化されなければならないし（図8-10）、ただ単に別の広告キャンペーンを展開するのではなく、強く差別化されたブランド・エクスペリエンスを生み出すように作用しなければならないとアスペン／スノウマスの経営陣が認識したことである。新しいアスペン／スノウマスのスローガン「いつも違った体験を（The Difference is Night and Day）」は、スキー場内外のこのリゾート地の長所を強調し、アスペンでのスキー休暇という経験全体に対して最初の期待を抱かせる。ブランド・ポジショニングは、予約係やカスタマーサービスのオペレーションを通して強調され、更にスキー学校・ホテルスタッフ・レストラン・山林の管理などの活動によっても伝達される。ビジネスモデルは、アスペン／スノウマスのブランド・エクスペリエンス（山のレストラン、スキー・スノーボード学校、プロのマウンテンスポーツ、山の管理、宿泊施設と予約、電話でのチケット販売、人材などを含む）に影響を与えるのと同時にそれを強化するチャンスも持つ主要なステークホルダーを視野に入れて設計された。成功するには、これらすべてのステークホルダーグループが新しいブランド・ポジショニングを活性化するために協力しなければならないのである。

図8-10●アスペン／スノウマスのブランド・アーキテクチャー

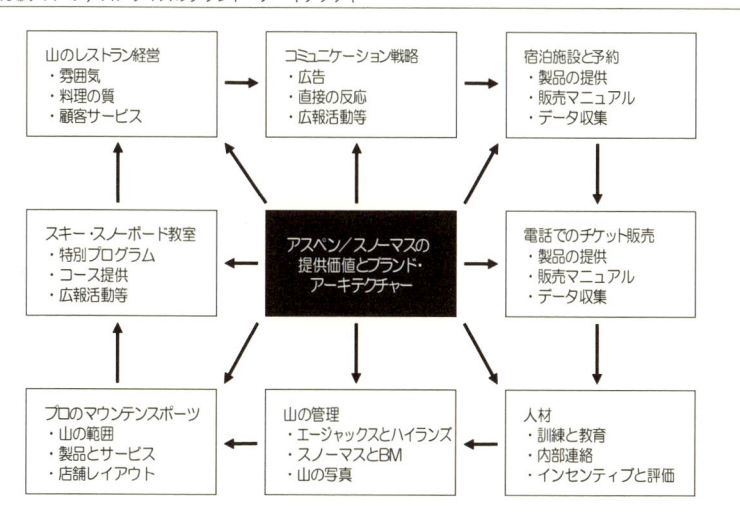

## 結果

　短期的な成果は、アスペン／スノウマスにとって驚くべきものである。2001年から2002年のスキーシーズンの初めに、アスペン／スノウマスは『Skiing』誌にアメリカでナンバーワンのリゾート地としてランクされたのである。トップにランキングされたのはこれが初めてで、前年の4位からの大躍進だった。更に、コロラド州のスキー産業が2001年から2002年のシーズン最初の数カ月で30～40％の落ち込みを見せた（9.11同時多発テロ事件と世界的な景気後退の影響による）にもかかわらず、アスペン／スノウマスは10～15％の低下で済んだ。それどころか、2001年の休暇スキーシーズン中にアスペン／スノウマスを訪れたスキーヤー数は、前年のレベルを上回っていた。しかも、競合が行っていた大幅な価格割引などの手段には頼らずにそれを達成したのであった。

　伝説となった2001年から2002年のスキーシーズンの終わりには、アスペン／スノウマスの収益は前年の36％増となった。そして、アスペン／スノウマスのスキーヤーデーが前年より4％下がっただけなのに対し、主なライバルであるヴェイル・スキー場のスキーヤーデーは前年より大幅に下がったのだった。

## ブランド・エクスペリエンスにもとづいた再構築

次にあげるのは、ブランド・エクスペリエンスにもとづいてあなたの会社のマーケティングを再構築していく各ステップである。

### ステップ1：全員が目的地を理解していることを確かめる

あなたの会社の企業ブランドはどこに向かっていて、顧客に当該ブランドについてどう考え、感じ、行動してもらいたいのかを社員が知らなければ、事業目標を達成することはできない。業務運営に関わる全員——従業員・供給業者・パートナー・サービスプロバイダー、つまりあなたの会社のブランドを顧客に伝える人は誰でも——が、あなたの会社の最終目的地を確実に理解するようにきちんと時間を取ること。目的地ステートメント★（詳しくは第2章の「マーケティングの新科学」を参照）で最終目的地を具体化し、誰もがそれを参照して、当該ブランドに影響しうるマーケティング活動や業務改善に利用できるようにしよう。全社規模の課題を考えることが大切である。たとえば、「この広告を出せば、我が社が最終目的地に着くのに役立つだろうか」、「コールセンターでの話し方マニュアルをこんなふうに変えれば、我が社が最終目的地に着くのに役立つだろうか」というように。

### ステップ2：ブランド・エクスペリエンス・ブループリントを作る

一般的に言えば、顧客は自分のニーズを認識し、選択肢を比較検討して製品やサービスを購入し、使用し、おそらくサポートも得るために、ある企業に接触する。こうした段階のすべてにおいて、顧客は当該企業のブランドを経験するわけである。そのブランド・アーキテクチャーが示す重要なベネフィット——購買意欲をそそる特徴——をブランド・エクスペリエンスの段階ごとに詳しく描くことが目標である。

あなたの会社やパートナー企業は、顧客に情報を与えたり、提案したり、商品を売ったり、顧客を啓発したり、サポートを提供したりするとき、

---

★ ブランドが最終的にめざす状態（目的地）の定義・明文化のこと。

ベネフィットを如実に伝えることによって当該ブランドに対する好意度を高めることができる。このように広範囲にわたる各段階を、あなたの会社に特有の具体的なやり取りのブランド・タッチポイント（テレマーケティング・直接販売・会計取引・コールセンター・分野別サービスやその他）に細分化すべきなのは明らかである。またこの作業工程の一部として、各ブランド・タッチポイントごとにあなたの会社の業務についての説明責任を負っている企業内外の主要なステークホルダー★1を特定するべきである。ブランドは企業全体に広がっているため、この場合のステークホルダーとは、企業の財務やオペレーション・販売・調達・法務などにわたる多くの部門に相当することになるかもしれない。

**ステップ3：ビジネスモデルを設計し、主なステークホルダーの協力を仰ぐ**

　さて、ブランド・エクスペリエンス・ブループリント、顧客とのやり取りに責任をもつ（広義の）全社内の主要なステークホルダー、そして各ブランド・タッチポイントで活性化されうる具体的なブランド・ベネフィットは開発できた。生産的で利益をあげるブランド・エクスペリエンスを実現するための最良のビジネスモデルを設計する準備が整ったわけである。今度は顧客の視点からビジネスモデルを設計するため、部門を越えたチーム（クロス・ファンクショナル・チーム）を作ろう——そのガイドとしてブランド・エクスペリエンス・ブループリントを使うこと。ビジネスモデルの設計概要の策定には、主要な顧客とのやり取りごとに以下に列挙した作業の遂行が求められる。

- 自社とのやり取りを、顧客側からの視点で定義する（例：端末機や通信可能地域、通信料金などについての情報照会）
- 活性化させるべきブランド要素を特定し、それらの優先順位を決める（例：「自分にとって重要な人々といつでも連絡がとれる」、「必要なときに連絡できる」、「全プロバイダー中で最も広い通信可能地域を提供してくれる」）
- ブランド・エクスペリエンスに説明責任を負う主なステークホルダーを特定する（例：インバウンド販売★2）。

---

★1　広義に当該企業の内部者として、企業の枠を超えて当該業務の説明責任を負っている部署・部門という意味でのステークホルダーを指す。
★2　通信販売など、テレマーケティングにおける顧客側からの電話を受けての販売。

- そのステークホルダーの役割と責任を規定する(例：顧客に情報を提供する、提案する、販売する)。
- 最良のブランド・エクスペリエンスを提供するために必要な人材のスキルと能力を規定する（製品知識・ソリューションを売り込めること、対人コミュニケーション訓練など)。
- 現行のビジネスプロセスに必要とされる変更を施す（例：感情的ベネフィットや機能的ベネフィット、製品特性に焦点を当てた販売スクリプトを再構築する)。
- ブランド・エクスペリエンスを活性化するために必要な顧客データとカスタマー・インサイトをそろえる（例：現在のところ主としてブランド・エクスペリエンスを提供している部署を特定し、主要顧客層に関して詳細なプロファイルデータを備え、そうした顧客層の製品・サービスの利用状況についてのデータやカスタマー・インサイトをそろえる)。
- 既存のテクノロジーに必要な修正や、新しく使用可能なテクノロジーの必要性に注目する（例：カスタマー・インサイトのデータベースと、コールセンターのコンタクト・マネジメント・システムとの統合)。
- ブランド・エクスペリエンスを活性化し、その結果得られるビジネス上の成果を測定するために、評価指標を確立する（例：販売契約成約率、利用増加率、最大限の認知率〈リーチ〉を上げられるようなブランド提携〈ダブルブランド戦略〉)。

　重要なステークホルダーをこのビジネスモデルの設計に協力させることは重要である――人は、自分が力を貸して作ったものを支持するものである。また社外のステークホルダー、特に事業の性格上、広義の意味で自社と捉えることのできる外部のステークホルダーで、顧客と頻繁にやり取りすることになるステークホルダーも取り込んで協力してもらうように試みよう。こうした個人はブランド・エクスペリエンスに大きな影響を与えるにも拘わらず、あなたの会社の製品やサービスを市場でどうポジショニングするかについては発言権を持つことができなかったと感じていることがある。

**ステップ4：ビジネスモデルを支える組織構造を構築する**

　この時点で、組織構造——仕事のヒエラルキー、報告構造、範囲、ブランド・エクスペリエンスの活性化と持続的な実践をサポートするために必要な層（レイヤー）——を構築する用意が整った。繰り返すが、新しい構造への協力と責任を確実にするには、これまでの段階で明らかになった重要なステークホルダー全員の参加が重要である。

　顧客セグメントのニーズの多様性によっては、極端に集中化または分散化した組織構造、あるいはそれらが混在した中間形のまま終わる可能性もある。これまでの段階で定められた役割や責任にもとづけば、活動をまとめて本来的なグループに分けたり、仕事の内容を規定することができる。一般的に、多様なステークホルダー間でのやり取りを最小限にするため、ブランド・タッチポイントは本来的な役割に従ってグループ分けされるべきである。こうしたブランド・タッチポイントのグループ分けと顧客セグメントの相対的なサイズにもとづくことで、ブランド・エクスペリエンスの提供に必要となる集中化と分散化の水準を決定することが、組織範囲や必要なレイヤーの規定と併せて可能となるのである。

# Chapter 09

# マーケティング投資収益率を測る

Measure Investment Performance

ビジネスモデルを再考する必要があるにもかかわらず、経済予測の不確実性を目の当たりにし、四半期目標を達成するなど増え続けるプレッシャーに直面すると、大半の企業リーダーは差し迫った問題にのみ焦点を絞って嵐を切り抜けようと反応してしまいがちである。9.11 同時多発テロの起きた翌年には、大幅なレイオフや投資決定の延期、「待ち」の意思決定、内向き志向（またその結果として、顧客志向の姿勢が薄れてしまった）、自由裁量の予算の大幅削減といった措置が取られた。各部門が任意に使える予算の削減は、マーケティング活動への出費も大きく削られることを意味した。大部分の近視眼的な企業経営者は、停滞している経済ではマーケティングに費用をかける余裕などない——もっとひどい者になると、かける必要がない——と主張し続けた。しかし効果的なマーケティングを行えば、たとえどんな経済状況であろうとも、顧客をもっと頻繁に企業に引き寄せ、もっと多くのお金を使わせ、より多くの製品やサービスを買うように仕向けることができるのである。

## マーケティングは投資である——そして適切な評価が必要である

　コカ・コーラやスターバックス、リッツ・カールトンなどの企業が各業界のリーダーになったのは、マーケティングは投資であり経費ではないと見なしていたからである。更に、彼らは投資の選択肢を厳密に分析し、どんなマーケティング活動やキャンペーンを評価するのにも、ROI分析のような実証的な投資マネジメントを導入した。マーケティング活動は本質的に効果の測定が困難だという事実を踏まえ、ジーマン・マーケティング・グループは、マーケティング投資収益率（ROMI）の分析過程を容易にし、どのマーケティング活動にどの程度投資することが企業にとっての実際の価値を生み出すかを判断する独自のテクニックを開発してきた。ジーマン・マーケティング・グループはこの手法を「アクティビティ・ベースド・マーケティング（ABM）」と呼んでいる（本章最後の「マーケティングの新科学」を参照）。

　マーケティングに関してこうした綿密な財務管理アプローチの必要性を認めないような傾向は、時間が経つにつれて急速に激減してきた。

理由は単純である。ROMIに注目せず、マーケティング投資を管理する技術がなければ、リーダーは間違った決断をし続け、否応なくその会社の価値を破壊することになるからである。もしあなたが経営者で、マーケティングの意義が理解できないと思っているなら、おそらく間違ったところに費用を使っているのだろう。今こそあなたの会社にとっての優先順位を再評価しなければならない。

## マーケティングのための予算計上をやめて、賢い投資を始める

多くの場合ビジネスリーダーは、マーケティング活動の集まりを年間予算項目の一つにすぎない経費のかたまりと見なしている。しかし、明確なビジョンを持つビジネスリーダーは、マーケティングに経費を割り当てたりしない。マーケティング投資戦略を展開するのである。いまだに売上目標にもとづいてマーケティング予算を算出している企業――「10%のマーケティング予算でいこう」というように――は真のマーケティングを行っているのではなく、投資を手控えているだけである。

一般的に、マーケティング・マネジャーはマーケティング投資収益率の測定については最小限の訓練しか受けていない。また高度なスキルを持ったマーケターの多くも、まだこの測定ツールを正しく戦略的に活用していない。最も単純には、ROMIは次のような計算式から算出される。

ROMI ＝（DCF − MI）／MI

DCF＝割引キャッシュフロー。将来の利益と損失のキャッシュフローは、金銭の時間価値を反映するため、現在（現在価値ではない）に戻して割り引かれなければならない。

MI＝そのキャッシュフローを生み出すのに必要なマーケティング投資。

マーケティング部門の主たる目的は、会社にとってのROMIを最大化することであるべきだ。セルジオ・ジーマンなら「より多くの商品を、より多くの人々に、より高い頻度で、より多くの金を使わせて、最も効率的に売ることである」と言うだろう。

マーケターがもっと使いやすいように、ROMIは以下のようにロジックツリーに因数分解できる（図9-1）。

たとえば前述の計算式でROMIを最大化するには、MIを減らしDCFを増やすことが必要だ。これは直感的に理解できる。キャッシュフローを増やしそのキャッシュフローを生むのに必要な投資を減らすと、リターンを最大化できる。ではDCFを生み出すのは何だろうか。これには多くの要因が影響するが、簡単化すると以下の要因に絞り込まれる。

**より多くの売上。**販売する商品やサービスの量を増やせば、DCFを増やす効果がある。もちろん、生産するのに要した費用（COGS＝売上原価）を下回らない額で売ることが前提である。

**より多くの顧客。**顧客総数を増やすことによっても、DCFを増やす効果がある。この場合も、顧客の生涯価値が顧客獲得にかかる費用（取得原価）を上回ることを前提としている。

**より高い頻度で。**顧客の購入回数や使用頻度が増えれば、実際に、より多くの人により多くの商品を売っていることになる。ここでも売上の増加分に対するマージンの確保に関しては、前出と同じ注意が適用される。DCFを左右する主な測定要素は成約率である。成約率が低ければ（顧客の購入があまり多くなかったり、あまり高頻度ではないということ）、DCFを下げる方向に働く。

**より多くの金を使わせる。**マーケティング活動を通じて、製品やサービスにプレミアム価格をつけることもできる。値下げを避けて巧みに価格を維持することは、DCFに非常に大きく影響する。顧客生涯収益は、各顧客によってDCFが長期にわたって受ける影響を理解するための主要な基準になる。また長期的に顧客にかける総経費（顧客生涯経費）を削減すると、DCFに非常に大きな影響を与えることになるのは明らかである。

**最も効率的に。**マーケティングの投資対効果を測定し、最大化することは重要である。一般的に投資収益率が減少し始めるまで、マーケティング投資は続けるべきである。マーケティング投資の効率を判断するために追跡すべき他の重要な指標には、次のものがある。

図9-1 ● ROMIの構成要素

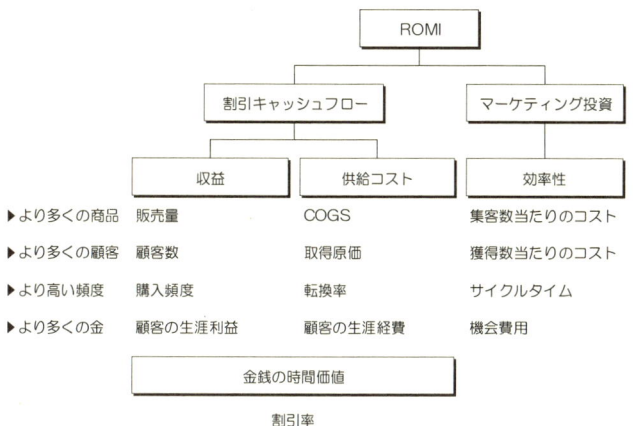

```
                          ROMI
                  ┌─────────┴─────────┐
              割引キャッシュフロー    マーケティング投資
         ┌─────────┼─────────┐          │
        収益    供給コスト              効率性
```

| | | | |
|---|---|---|---|
| ▶より多くの商品 | 販売量 | COGS | 集客数当たりのコスト |
| ▶より多くの顧客 | 顧客数 | 取得原価 | 獲得数当たりのコスト |
| ▶より高い頻度 | 購入頻度 | 転換率 | サイクルタイム |
| ▶より多くの金 | 顧客の生涯利益 | 顧客の生涯経費 | 機会費用 |

金銭の時間価値
割引率

- 集客あたりの経費：一人の顧客を集客するために平均的に要する費用
- 顧客獲得あたりの経費：一人の顧客から成約を獲得するために要する費用
- 取引にかかる時間：取引を開始してから契約を結ぶまでに平均的に要する時間
- 想定遺失利益：利益・収益率を上げるために、違ったマーケティング活動に投資していたら得られたであろう利益

マーケティング資産は、製造工場や生産設備などの他の従来の資産と同じくらい貸借対照表上で重要である。ビジネスリーダーはマーケティング資産にも同様の方法で、つまりマーケティング資産回収率（ROMA）を積極的に追尾する方法でアプローチするべきである。まずは始めることである。表9-1に掲げたマーケティング投資の新しいルールを考えてみよう。あなたの会社のビジネス思考がこの表の左側に当てはまるなら、右側のものに変える必要がある。そのためには、財務理論をマーケティング機能に適用する方法を考えなければならない。外部の経済状況如何に関わりなく、マーケティング投資の効率と効果を確実に最大化するのに役立つ評価指標とその測定方法を用いるべきである。またなるべく高いマーケティング投資収益率を達成するために、あなたの会社の社員の共有する価値と信念を変えて社内の全員に結果責任を負わせる方法も考えなければならない。

表9-1●マーケティング投資の新たなルール

| 現状 | 今後 |
| --- | --- |
| マーケティング支出は費用である | マーケティングは投資である |
| マーケティング予算を確保する | 戦略的なマーケティング投資計画を策定 |
| 個人に予算を割り当てる | プロジェクトに予算を割り当てる |
| 予算の整合性を評価する | ROMI、ROMAを測定する |
| マーケティング資産を拡張する | 現存のマーケティング資産を最大化する |
| 多くのデータを集める | 重要なデータを集めてインサイトを得る |

　人生と同じで、マーケティングにおいては慣習的な知恵がいつも正しいとは限らない。景気後退期であっても、幾らかの費用を節約するために顧客を無視し、マーケティング部門の懸命の努力を黙殺する資格など企業側にはないのである。景気後退期でも購買行動は生じ、顧客は新しい企業や新しい商品についてくる。いやむしろ、不景気のせいで真に革新的な企業こそが際立った優位を手にすることになる。誰もがじっとしている間に自分が走り続ければ、どれほど先に進めるか想像してみよう。

## ROMI追求を流行ではなく信念にする

　マーケティング部門が具体的なマーケティング・プログラムに責任を負う一方、第3章で示したようにそのプログラムは全部門の行動が一丸となったとき一層効果的に実行される。たとえばあなたの会社のブランドがカテゴリー内で最高品質の製品の代表格であるなら、高品質のものに関心があり、それに高い金額を払うことを厭わない消費者を対象とした行動を全部門がとるべきであろう。マーケティング部門はマーケティング・ミックスの要素を利用し、そうした消費者をターゲットにして商品を販売する。ある程度までは、高く設定された価格は高い価値と高い品質の両方を意味するものである。だからセールスパーソンに対してはきちんと訓練を施し、ブランドを曇らせてしまうような値引を極力しないような販売インセンティブを与えておく。

更に、マーケティングによって実現されるブランド・エクスペリエンスを補強するため、製品は高い品質水準で製造されなければならない。不備が生じるような不運な事態に備え、流通業者と現場のサービス部門はすぐに行動を起こしいつでもブランド毀損に立ち向かえるように待機していなければならない。このように価格戦略や販売インセンティブ・プログラム、製造プロセス、チャネル戦略、サービス陣営の参画が、ブランド・ポジショニングと完全に一体となって設定されそれを補強する構造になっている。マーケティング・ミックスの要素とあらゆるブランド・タッチポイントが軌を一にして、生涯にわたって続くブランド・エクスペリエンスを構築するこうした重要な感情的・機能的ベネフィットを実現するのである――もちろんすべての目的は、売上と利益の最大化である。

購買意欲を促す上でブランドが高品質という機能的ベネフィットを提供し、価格に敏感でない消費者をターゲットとする場合をここでもう一度考えてみよう。たとえば価格を安く設定し過ぎたとする。低価格のせいで企業の潜在的利益は低下し、自社が惹きつけたいと望む顧客が寄りつかなくなるであろう。価格・品質・ブランドの間の相互の関係が当該カテゴリー独自の力学によって大きく左右される一方で、顧客が価格によって価値を測る例も多い。高品質を謳っているブランドが実際にはマージンを維持するためさほど高くない水準で製造されていれば、顧客は失望するだろう。こうしたマーケティング・プログラムは、価格設定と製造品質のおかげで目的を達するように思われるかもしれない。だがいつもいつも価格と製品品質に依存してマーケティング・プログラムを実施するなら、それは次善の結果しか生まないであろう。

企業の収益性を目的にする場合も同じである。企業は、全機能が協調したときにより効果的に働く。収益性の高い会社になることを、全部門・全従業員が望むべきである。収益性がなければ、企業が長期にわたって存続することはできない。したがって、全従業員が利害関係を持ち、会社の収益性に貢献する責任を負い、収益性を獲得するために協調して働く必要があるのである。

同じ戦略と目標を全員で追求したときにこそマーケティング・プログラムが効果的になるのと同様のことが、収益性についても言える。ROMI分析を活用すれば、企業はマーケティング活動へ投資した資金に見合った十分なリターンを得ることができる。ROMIを使えば、全社で一貫したマーケティング投資の効果測定を確実に実施できるのである。

　企業は利益を上げるため様々なことに投資する。商品開発に投資し、高品質・高価値の製品をもたらす製造のために投資する。配送に投資し、費用で時間を買うということもする。マーケティングに投資し、製品需要を作り出し、より多く販売する。カスタマーサービスに投資し、リピート販売を誘発するようにする。

　企業はまた、マーケティング・キャンペーンにも投資する。キャンペーンは、そもそもの需要を喚起しそれによって売上を増やすことを目的に実施されるものである。しかしながらキャンペーン自体の成果は、派手さや話題性が先行しがちで、売上が多少上がっても、それはあくまで二次的な要素としか捉えられない傾向がある。もしキャンペーンが売上増という結果を出さなければ、それは安易に、価格や製造、あるいは天気のようにコントロールできない何か別の要因のせいにすらされてしまう。

　どんなマーケティング・キャンペーンも、企業収益への貢献度合いにもとづいて測定されるべきである。認知率ではなく、市場シェアでもない。これらは収益性の指標ではない。どんなマーケティング活動もROMIを使って評価されなければならない。ROMI分析により、それが投資する価値のある投資であるか否かが分るし、どこに追加投資すれば売上と収益アップに効果があるかを評定するサポートになるからである。

## 何を変えるべきか？

　まずマーケティングのプログラムは、すべて同じ基準で評価すべきである。つまり、「そのプログラムは売上と利益にどう貢献するのか」という基準である。なるほどこうした評価が実際には困難である理由が多いのは確かだし、この問いへの答えも予想できる。「プログラム通りに反応し、我々の商品を目指して駆けていき、それを買うような顧客などいない」、「マーケティング・プログラムと販売数を結びつけるのは難しすぎる」などである。だが「難しい」は「不可能」を意味するわけではないし、これを可能にする方法を考えられれば競合他社よりどれほど先へ進めるかもわかるだろう。

　本来、これは単純な考え方である。どんなキャンペーンやマーケティング活動にも、利益（または損失）に貢献した最終責任を負う人間が一人いるはずである。言い換えると、すべての活動は損益計算書と同様に、次の基準に従って評価されるべきなのである。

- **キャンペーン、マーケティング活動のすべてを対象にする**……すべてのプログラムの結果を例外なく測定する。例外はない。結果を測定しないなら、キャンペーンを行う必要はない。
- **責任を負うのは一人**……グループに結果の責任を負わせることはできない——複数の人間に責任を負わせても機能しない。各マーケティング活動に投資した金額と、プログラムが目的とした販売目標を確実に達成することに責任を負う人間が一人だけ必要なのである。この一人が具体的で測定可能な結果に責任を負うからこそ、この人物に報告するすべての人にとって、具体的で測定可能な結果が重要性を持つのである。
- **損益に責任を持つ**……各マーケティング活動について、損益計算書を作らなければならない。そこにはその活動の一部として実施される細かな業務ごとの投資について詳細な情報を記載するだけでなく、売上目標について明記しなければならない。

プログラムのROMIの責務を一人の人間に負わせるためには、その人物には、当該プログラムに関するタイムリーで具体的な収支情報（プログラムにかかる費用など）が必要である。そのためその活動に投資した資金の流れを追跡する必要がある。投下される資金の内訳と使途を、常に明らかにしていなければならない。その活動へ正確に幾ら投資したかを明らかにする必要があるのである。またその資金がどのように投資されたかも明確にされるべきである。広告制作に投資されたのか、メディアの買収なのか、それともプロモーションに投資されたのか。こうした情報は、特に結果が測定されている場合、資金を投資する上で価値ある洞察を提供してくれる。

また投資の結果を追跡することも必要である。これは、会社の売上に与えるマーケティング活動のインパクトを、金額という確実なものさしで測定することを意味している。ブランド認知度のような中間的な測定基準によってではない。

どんなマーケティング・プログラムを実施する場合にも、こうした行動には構造的側面と文化的な側面がある。

まず、構造的な要素を考えよう。構造的要素は、マーケティング・プログラムの貢献度を測定するのに必要なサポートを提供してくれる。構造的要素には、以下のように主に2種類がある。

- 損益の観点から、マーケティング活動を追跡する会計システム
- マーケティングと売上の間の業績管理システム

会計システムは、各プログラムのコストを、そのプログラムに対する投資それぞれについての収益貢献を分析できる詳細なレベルまで追跡できなければならない。たとえばマーケティング費用の投下額が異なる施策プログラムでも、同じような効果が上がっているものがあるだろうか。また会計システムは各プログラムの販売結果にも通じている必要がある。そしてそのデータは、タイムリーに提供されなければならない。

マーケティングと売上は、もっと強く結びつけられる必要がある。たとえば、ピオリア*でのセールス・プロモーションを行うプログラムをマーケティング部門が作るとしよう。するとそのプログラムを立てる

★　アメリカのイリノイ州の都市。

マーケティング部門の社員には、ピオリアでの販売結果が必要になる。その社員は、販売に関与した全要素と、プログラムが売上をどう向上させたのかを理解しなければならない。可能ならば、社員は売上を伸ばすような変更をプログラムに加え、それが成功したかどうかを追跡することもできる。

## 測定方法を日常的に使えるものにする

　さてこれで会計システムが変わり、販売部門との関係を変えた。だが実際の測定結果を活用したり販売部門との関係を利用したりしなければ、こうした変革は実を結ばない。では、企業全体の文化を変えるにはどうすればいいであろうか。

　まずは、従業員が自分の優先順位を上司の優先順位に合わせるという前提から始めよう。したがって、各プログラムの責任者となる主要人物の選定から始めよう。これらの社員は影響力のある中堅リーダーでなければならないし、社内階層の自分より上の人間にも下の人間にも影響を及ぼさなければならない。

　人材の選定が済んだら、彼らのやる気を各プログラムの損益管理に向けさせなければならない。彼らはまた、プログラムの進捗を上級管理職やマーケティング以外の部門にも効果的に伝えていかなければならない。こうしたリーダーたちと働く誰もが、当該プログラムの損益について知らされなければならない。

　リーダーは、チームの助けを借りて成功するプログラムを作成する。それがこのリーダーにとって優先度が高ければ、リーダーに報告をする全員にとって優先度が高いことになる――直接に報告することはないだろうが、当該マーケティングプログラムのROMIに潜在的な貢献と影響を与える当該企業外部のサービス・プロバイダーにとっても同様に優先度が高い。すぐに利用でき目標と明らかに関連する具体的な業務指標を用いた財務情報を、リーダーはチームと共有しなければならない。

たとえば、第8章で紹介したインタッチ・セル社の事例をもう一度考えてみよう。インタッチ・セル社の携帯通信キャリアブランドの複雑な感情的ベネフィットを伝えるのに、広告は最も有効な方法の一つである。そこで、インタッチ・セル社は広告のクリエイティブ・ブリーフにブランド・アーキテクチャーを活用した。

同社は、広告の第1の目的は「信念」の醸成だと判断した。すなわち、多様な顧客セグメントに訴求しうるような状況設定の下で、ベネフィットを享受している顧客の姿を広告として描き出すことで、インタッチ・セル社はこれこれの感情的ベネフィットを提供するのだという信念を、顧客の間に醸成したのである。

第2の目的は、主要な機能的ベネフィットを提供することにより、インタッチ・セル社が顧客の人生にちょっとした幸せを加味しているのだと間接的に示すことである。もちろん広告キャンペーンの最も望ましい成果とは、既存顧客の維持率を高め、新しい顧客を引き寄せて、新旧顧客双方によるサービスの総利用を増やすことである。インタッチ・セル社のこのキャンペーンを担当する幹部は、こうした望ましい目標や成果に直接結びつくような具体的ですぐに行動に反映できる測定方法に関して、自分のチーム内に伝えるべきである。表9-2に記載した評価測定が、このキャンペーン中に考案され実施された。

これらの評価測定は、測定の実施方法とその結果伝達の両方で一貫していることが重要である。つまりチームメンバーはいつも適切な情報にアクセスできなければならないし、上層部は適切な定性的・定量的基盤に則った他のマーケティング・キャンペーンの結果と比較できなければならない。どのキャンペーンでも、データが一貫している限り、成果を上げたキャンペーンがどれでその理由が何であるかがわかれば、その成果を別の試みにすぐに応用できる。最前線の販売部門から上層部まで、社内の全部署がキャンペーン活動に遅れを取ることなく動き続ければ、全員がそれぞれキャンペーンに大きな関わりを持ち、そのすべてを理解できるのである。

表9-2●キャンペーンの評価

| パフォーマンス評価指標 | ビジネス効果測定（基準） |
|---|---|
| ブランド好意度の向上 | 顧客維持率（＋15％） |
| ブランドへの反応 | 新規顧客数（＋500,000人） |
| 市場における知名度（広告効果） | 顧客あたり使用時間（＋250分） |

## マーケティング・プログラムの効果を伝える

　外国でコミュニケーションをとるには、ネイティブスピーカーに通訳してもらったり自国の言葉を理解してもらったりするよりは、その国の言語を話すほうが役に立つ。その国の言語が話せれば、人に助けを求めたり、必要なことをしたり、欲しいものを手に入れたりするのが容易になる。

　顧客とコミュニケーションをとる場合も、相手の言語を話せると役に立つ。ティーン・エージャーの市場にたどり着くためには、流行の俗語やスタイルを使用するはずである。シニア市場の製品マーケティングには、正しい言葉遣いや保守的なスタイルを活用するであろう。彼らの言語を話せれば、当該企業が求めるものを得る可能性が増える。つまり売上を上げることができるわけである。

　社内で人とコミュニケーションをとるときも、相手の言葉を話せると便利である。マーケターでなくてもマーケティングの専門用語を理解する人はいるが、マーケターは彼らに、マーケティング用語を自分たちの望む通りに解釈してもらうことを願っている。しかしそんな事態は避けたほうがいい。間違った解釈を最小限に抑えるため、相手の言語で話すことである。

相手の言語で話せば混乱を小さく抑えられるだけでなく、マーケティングが同じ目標に向かって機能していることを示すことができる。たとえば会社の他部門がROMIに則って成果を測定するなら、マーケティング部門も自分の仕事についてROMIの用語で話す必要がある。これは、報告書を提出したり上層部へ報告したりするときだけに限らない。いつでも、そして毎日でも、しなければならないのだ。「今日は売上と利益を上げるために何をしたか」という問いかけは、常に問われる質問でなければならない。

企業は、幾らの原価で何個の製品が製造されるか知っているのと同様、どのマーケティング・プログラムがどこで実施されているかを知っているべきである。当該マーケティング・プログラムのROMIや機動力となる要素は、取締役会議やスタッフミーティングでマーケターと議論されなければならない。マーケティング部門が業績について議論するときはいつでも、またマーケティング部門以外の誰かが業績について議論するときもいつでもである。マーケティング・プログラムのROMIを評価測定することにより、マーケティング資金の使い方について価値ある情報が得られる。

## 結果にもとづいて学び、向上する

知識を持っているだけでは不十分である。たとえば、どの自動車工場も内燃機関エンジンが働く仕組みや、四輪が乗用車用の最適な車輪数である理由を知っている。しかし何度も繰り返すように、競合他社との差別化を生むものはその情報の使い方である。キャンペーンに関するタイムリーなフィードバックを得て、そのROMIを販売プログラムやそのデータに結びつけ、資金の正確な流れとその成否を継続してモニターすることにより、自社をトップにするために何度でも必要なだけ路線を修正できるのである。

インタッチ・セル社の場合、携帯電話キャリア間に差がなかったことが、顧客が頻繁に入れ替わる原因になっていた。インタッチ・セル社の

幹部は、顧客がキャリア変更をする最大の理由はネットワークパフォーマンスの向上と通信可能地域の拡大によって左右されると信じ続けていた。競合社のシステムが向上すると、顧客はより良いサービスを得るためにキャリアを変えるというのである。しかし非常に興味深いことであるが、顧客に交換理由を尋ねた結果を分析すると、サービスや通信可能地域に関する満足は交換理由の上位10位にも入っていなかった。理由の1位は価格、2位は端末機（電話機の種類）であった。顧客が価格に注目しているという事実は、競合間にほとんど差がなく、顧客がただ単に最高の条件を求めているだけであるということを示していた。実際、ブランドにはほとんど関係なく、価格だけが差別化の要因となっていたのである。この結果を念頭に置けば、インタッチ・セル社の幹部は路線を修正し、マーケティング投資をカテゴリー内の「より良い類似性」ポジションから脱却させ、ブランドの本物の差別化を図りブランド好意度を醸成させることができる。

## トレードオフを成立させる

　キャッシュフローが果てしなく潤沢で、キャンペーンを次から次へと展開しあらゆる種類のアイデアが旗竿に連なっているという状況なら申し分ないであろう。だが現実には、一方を立てれば他方が立たなくなり、条件のトレードオフが必要である。資源は無限でなく、最高のリターンを得るにはマーケティング資金をどこへどう投下すればいいかを考えなければならない。ROMIを使えば、各キャンペーンに正確には幾ら投資したかに関する信頼できるデータが提供され、このトレードオフを成立させられる。どこでどう投資が行われたかを知ることで、それぞれの投資がどのように活きているのかを追跡して比較できる。この情報を基にして、次の資金をどこに投資すべきか、あるいは（これも重要なことであるが）どこに投資すべきでないかを判断できるのである。資金を無差別に――または均等に――ばら撒くのではなく、投資が実を結ぶターゲットの地域や顧客、市場を定めることができる（これについては第10章で詳しく述べる）。

## 結果と文化に対する期待値の違い

　マーケティングにおける自明の理を立てるとしたら、「同じことを何度も何度も繰り返せば、少なくとも同じだけの収益は得られる」ということが言えるだろう。自分が行きたい場所へ向かっていないなら、今の道を進んでも目的地へはたどり着けない。そこで、進む方向を決めて資源を正しく再配分するための羅針盤としてROMIを使ってみよう。あなたの会社は機能するものとしないもの両方から学ぶことができ、成果を金額というものさしで的確に測ることができる。こうした計量が手元にあれば、マーケティングはもう「認知度（awareness）」や「望ましさ（desirability）」といった微妙な測定基準に頼る必要はない。今やあなたの会社はマーケティング・キャンペーンの結果をより明瞭に社内に伝えることができ、それにより全社を上げて勝利へ向けて努力する協力体制を作り出すことができる。こうしたことが最終的に、直観や伝統ではなく堅固な戦略と評価結果にもとづいた意思決定につながっていく——どの測定方法を用いるとしても、それは良い変化なのである。

**CASE STUDY**

## ハラーズ・カジノ
### ——投資戦略でブランド・エクスペリエンスの生産性と収益性を高める

　マーケティング投資管理に、カジノ業界ほど力を入れて取り組んでいる業界はない。ギャンブラーは習性の動物であり、その習性を追跡し分析し利用することについて、ハラーズはどのゲーム会社よりも優れている。同社は所有する全米25のカジノから、顧客に関するあらゆる情報を可能な限り把握している。そして自社にとっての顧客の価値や、顧客の反応、支出意欲にもとづいて、具体的なサービスや特典を提供している。

　ハラーズは主要業務を行うメンフィスのオフィスに、全カジノにおける様々な顧客のあらゆる動きとすべての賭けに関する驚くほど詳細な記録を蓄積している。客が遊ぶマシンの数・賭けの回数・平均的な賭け金の額・マシン（コイン・インと呼ばれる）に投入した合計金額をハラーズは追跡できる。客がカジノで遊んで家に着くまでに、ハラーズは彼らのゲーム習慣の詳しいプロファイルを作り、再びカジノへ呼び込む策や、当該顧客に対する今後のマーケティング投資にも役立つ個人的な損益予測にいたるまで、十分な情報を集めてしまうのである。

　ハラーズは、遊戯中にスロットマシンやカード・テーブルに挿入して利用ポイントを記録するためのロイヤルティ・カードを通じて、顧客の情報を把握する。会社にとって利益になるのは明らかである。集まった顧客情報は計り知れないほど貴重で、自社のデータベースをますます精緻なものにし、今や顧客はカジノでの行為に応じて90の人口動態特性のセグメントに区分されている。顧客は自分のセグメントに合わせて作成された意欲をそそられるダイレクト・メールを受け取るのである。

　顧客側はそれぞれのギャンブル実績に応じて、プラチナ・ステータスかダイヤモンド・ステータスを得る。ウェブサイト www.harrahs.com を訪れて自分のポイントレベルを確認し、どんなベネフィットがあるか更に詳しく知ることができる。どの客がどの特典パッケージを選ぶかというデータ傾向にもとづいて、ハラーズはマーケティング投資に磨きをかけ、向上させ続けることができるのである。

常識に照らせば、1度に25セントか1ドルしか賭けないスロットマシン・プレーヤーなんてハラーズにとって最も価値の低い客であろう。しかしこの常識はまったく間違っているのである。スロットマシンと他の電子ゲーム機が、年間37億ドルものハラーズ社の収入の大部分を占め、同社の営業利益の80%を生み出している。スロットマシンのプレーヤーを追跡し維持しているおかげで、ハラーズはMGMエンタテインメントに続く全米第2位のゲーム会社にまで成長した。同社は3年連続で、業界で最も高い投資収益率も誇っている。総合褒賞プログラム（トータル・リワード）導入の最初の2年間で、自社のカジノで最低1回ギャンブルをした客から1億ドルの収入を増加させたのである。

　ではハラーズはどんな方法で2,500万人もの客を追跡しているのであろうか。テクノロジーと戦略的分析を組み合わせているのである。ハラーズは四つの主要情報——性別・年齢・居住地域・プレーするゲーム——から始めて、大口の出費者になりそうな客を早目に予想するために情報を利用する。そして客にまた足を運ばせるような適切なマーケティング戦略を設計するのである。製品ベース——たとえば一定の収入レベルに達するようにゲームを設計する——ではなく、顧客がどのゲームで遊ぶかにかかわらず、個別の客からの収入を最大化するような顧客ベースのビジネスモデルが戦略目標である。

　それぞれのセグメントのもつ人口動態特性要因にもとづき、顧客には一連の特典が与えられる。よその町から来た客には、ホテルの部屋や移動手段の次回割引のサービスを提示することが多く、地元客は現金や食事、エンタテインメントなどのサービス提供を受ける。サービスの有効期限が短いため、顧客はまたすぐに来店しようとかライバル社から乗り換えようとかいう気にさせられる。ハラーズは、それぞれの特典に対する顧客の反応率や投資収益率に応じて各特典の結果を追跡し、それに応じて特典プランを修正している。

　顧客データの分析によって、1度の来店で100〜500ドル使う客がハラーズでは30%にのぼり、これが会社の収入の80%を占め、利益のほぼ100%を叩き出していることがわかった。こうしたギャンブラーは多くが地元の住民で、近所のハラーズを頻繁に訪れている。

　このデータを基にして、ハラーズのマーケティングチームは理想的な顧客像を作成した。理想のギャンブラーは、カジノから30分以内の地域に住む、ビデオポーカーで遊ぶ62歳の女性だということが明らかになった。こういう女性は一

般的に自由に使える金銭を豊富に持ち、自由な時間もあり、地元にあるハラーズのカジノへ簡単に行けるのである。

　集約的なマーケティング投資と広範囲のマーケティング投資とを併用して実施したハラーズには、今やその成果が現れつつある。他社への教訓は明らかである——誰が自社にとって最良の顧客かを知ること。さもなければそうした顧客を失っても仕方ない。

## アクティビティ・ベースト・マーケティング（ABM）
## ――顧客行動ベースのマーケティング

　顧客行動にもとづく原価理論を適用することで、どのマーケティング活動が価値を生み出すかを評価するための的確なプロセスを確立できる。言い換えると、現に生じている事実にもとづいてマーケティング投資を意思決定する強固なプロセスの開発である。顧客行動にもとづいたマーケティング（ABM；アクティビティ・ベースト・マーケティング）分析の総合目標は、企業のマーケティング投資収益率（ROMI）を最大化することである。ABMは効果測定とROMI分析のためのツールを含んでおり、構造化された方法論によって以下の点を実現する。

- 企業全体で投資した全マーケティング投資収益率を最大化するために科学的指針を適用する。
- それぞれのマーケティング・チャネルごとのパフォーマンスと、チャネル全体のポートフォリオを最適化する（すなわち、どのチャネルが他と比べてパフォーマンスがよいか、どこに人材と資金を投入すべきかといったこと）。
- マーケティング投資の仮説シナリオを作成する。
- 売上目標の達成に必要な、月ごと・チャネルごとの集客数を予測する。
- データにもとづいて決定を下すマーケティングチームと幹部チームに、マーケティングの共通言語と共通認識のベースとなるデータを提供する。

　ABMを適切に実践すると、企業は以下のような大きな恩恵を得られるはずである。

- 各マーケティング活動やキャンペーンなどの効果・効率の予測にもとづいて、企業全体の各ビジネスユニットが成功するためのロードマップを作る。
- 業績目標を達成するために、リスクと必要成功要因を特定する。
- 財務目標を達成するため、販売プロセスの各段階で必要な集客数を明確にする――経営陣が正しい行動をとれるよう十分な時間を与える。
- 企業のマーケティングと顧客戦略を内部への投資（すなわち人材とプロセスとテクノロジー）に連動させる。

ABMの力は、多くの分析作業を指揮する経営陣の見識、すなわち正しい質問ができるか、事業に対する新しい理解を得られるかで決まる。ROMIのツールだけでは、答えを得られない。ROMIは業績に関するデータと、的を射た質問をするためのフレームワークを提供するものである。もちろん本章で説明したように、組織全体の参画、および組織として分析をサポートすることが重要である。

　ゴール像としては、ABM分析を適切な厳密性のレベルで実施し、業績を正しく評価したり、新たな機会を発見したり、事業の将来モデルを描くのに十分なデータを得ることである。ただし分析に麻痺してはいけない——つまり実行できないような計画を考えることに時間をかけてはいけない。

**ステップ1：過去のパフォーマンスを理解する**

　最初のステップでは、あなたの会社の事業がどこに位置するか、どこに位置していたかを深く理解することが必要である。これは顧客獲得のために行うあらゆるマーケティング活動を定義することから始める。自社の活動を十分に詳しく細分化し、顧客と自社の事業のために価値を生み出す真の助けとなるものを確実に明らかにし、その効果を測ることが大切である。

　たとえば、重要な活動の一つがブランド好意度を上げることだと考える場合、ブランド好意度を上げる活動を更に細かな幾つかの活動、つまり自社ブランドへの好みを誘引するのに役立つと考えられる活動に分割する。ニュースレターの発行・ウェブサイトのメンテナンス・セミナーの開催などは、どれもあなたの会社のブランドに対する好意度を上げる誘因になる。ここでは、「ブランド好意度向上活動」などといった大雑把な活動を行うのではなく、たとえば「ニュースレターの発行」や「ウェブサイトのメンテナンス」といった具体的な活動に落とし込んだ上で投資することが望ましい。マーケティング活動には具体的かつ明瞭な名前を与え、整合性のある趣旨説明を行うこと。そうしなければ各々の活動に関連する収入や経費を追跡把握することは困難になり、分析の価値は信用できなくなる。

次に、それぞれの活動ごとの顧客収入を算出してみよう。すると、各活動ごとの取引規模の平均値や最大値・最小値・標準偏差を算出でき、チャンスを特定することが可能になる。最初は簡潔に考えること。集客の源泉を具体的な活動に結びつけてみよう。またこの段階で、マーケティング人件費と自由裁量原価を各活動に付帯して置いてみる。いったんこれができれば、どのマーケティング活動が実際に最高のリターンを生み、事業を左右しているのかが明確にわかるようになる。表9-3は、ステップ1から出た結果の得点表の例である。

表9-3●得点表の例

| 施策 | 売上高 | 取引額 | 売上比率 | 集客 | 成約 | 比率 | 合計コスト | 集客あたりコスト | 取引あたりコスト | COS/売上 |
|---|---|---|---|---|---|---|---|---|---|---|
| 施策1 | $100,000 | $100,000 | 2% | 6 | 1 | 4% | $22,500 | $3,750 | $22,500 | 23% |
| 施策2 | $150,000 | $75,000 | 3% | 4 | 2 | 7% | $19,000 | $4,750 | $9,500 | 13% |
| 施策3 | $600,000 | $300,000 | 10% | 6 | 2 | 7% | - | - | - | 0% |
| 施策4 | $500,000 | $250,000 | 8% | 3 | 2 | 7% | $4,000 | $1,333 | $2,000 | 1% |
| 施策5 | $500,000 | $250,000 | 8% | 10 | 2 | 7% | $3,000 | $300 | $1,500 | 1% |
| 施策6 | $3,400,000 | $309,000 | 57% | 25 | 11 | 7% | $50,613 | $2,025 | $4,601 | 1% |
| 施策7 | $600,000 | $150,000 | 10% | 20 | 4 | 41% | $339,338 | $16,967 | $54,834 | 57% |
| 施策8 | - | - | 0% | 30 | 1 | 15% | $90,344 | $3,011 | $90,344 | - |
| 施策9 | $100,000 | $50,000 | 2% | 16 | 2 | 4% | $153,878 | $9,617 | $76,989 | 154% |
| 施策10 | - | - | 0% | - | 0 | 7% | $17,003 | - | - | - |
| 施策11 | - | - | 0% | - | 0 | 0% | $10,266 | - | - | - |
| 施策12 | - | - | 0% | - | 0 | 0% | $407,941 | - | - | - |
| 施策13 | - | - | 0% | - | 0 | 0% | $22,000 | - | - | - |
| 施策14 | - | - | 0% | - | 0 | 0% | - | - | - | - |
| 施策15 | - | - | 0% | - | 0 | 0% | - | - | - | - |
| 施策16 | - | - | 0% | - | 0 | 0% | - | - | - | - |
| 合計 | $5,950,000 | | 100% | 120 | 27 | 100% | $1,139,861 | $9,499 | $42,218 | 19% |

**ステップ2：将来予測モデルと仮説分析**

　次のステップでは、将来の事業業績をモデル化し、投資収益を最大化する方法を決定する。二つの異なるアプローチがある。トップダウン分析は、具体的な収益目標に対して活動を最適化するために利用する。収益目標が決まれば、分析は収入全体の増加要因の最適化に焦点を当てており、マーケティング投資と必要人材のスペック固めの考察に役立つ。ボトムアップ分析は、収入増加要因を最適化することによって得られる最大収入を決定するために行われる。収入は従属変数である。この仮説分析から、次のような考察が得られる。

- 成約確率の増大（例：訓練の促進や人材への投資）は総収入にどう影響するか。
- このマーケティング活動への投資（例：集客数を増やすための、人員やプロモーションへの投資）を増やすことにより、どのタイプのリターンが得られるか。
- 契約の平均規模を大きくすれば、どのタイプのリターンが得られるか。

**ステップ3：月次の集客数の必要条件を予測する**

　ABM分析の最終ステップは、売上目標を達するため、月ごと、販売プロセス段階ごとに必要な集客数を算出することである。4半期ごとの収入配分・平均取引規模・成約確率・取引の周期・キャッシュフローの見積などをモデル化すれば、企業は現在の業績を明確に把握できるようになり、目標に向かって進んでいける。この集客数予測手法を用いると、マーケティング活動によって得られる流通ルートへの集客数が売上目標に達する上で不十分かどうかを、企業は事前に知ることができる。

　もっとも、こうした明白な恩恵はよく見えるようになるものの、経営陣がマーケティング活動の路線を修正しマーケティング投資を再調整し目標を達成する軌道に戻すためには、もう少し時間が必要になるであろう。次章ではこれについて述べることにする。

# Chapter 10

# マーケティング投資を最適化し、収益性を高める

## Optimize Marketing Investments to Drive Profitable Sales

マーケターの誰もが、毎日重大な決定を下さなければならない。収益性を高めるために、どんなマーケティング活動に投資すべきか、または——より広く考えて——マーケティング資産をどう配分すべきかという意思決定である。たとえブランド・アーキテクチャーをうまく構築し、自社ブランドに対する購買意欲を促進する感情的ベネフィットと機能的ベネフィットを組み合わせ、こうしたベネフィットを一貫性のあるブランド・エクスペリエンスに変えてブランド・エクスペリエンス・ブループリントを作成したとしてもまだ終わりではない。売上を伸ばすためにマーケティング資金をどこに投資するかを考えなければならないのである。

ブランド・エクスペリエンス・ブループリントとは、理想的にはマーケティング・ミックスの現在の要素とあらゆるブランド・タッチポイントの両方にわたる、すべての潜在顧客とのやり取りの青写真のことである。しかしこの青写真では、マーケティング資金の投資先はわからない。市場における実験的な試みのもととなる創造的なひらめきを生み出すこともできない。そのためマーケティングに多くの科学的アプローチを適用した後でも、肩の力を抜いて創造的な思考を働かせる余地は大いに残されている。

ブランド・エクスペリエンス・ブループリントはマーケターがいろいろと「実験」する研究室のようなもので、顧客と交流して関心を惹くためのあらゆる機会が詰め込まれている。少なくとも売上を伸ばす戦術を特定する上では、この設計図から真の実験が始まる。すべてのブランド・エクスペリエンスにわたって（マーケティングにとどまらない）横断的発想で全体論的に考えれば、科学的思考をとるマーケターはマーケティング投資や実験を行なうべき場所を見出すことができる。肝心なのは、売上を伸ばしうるキャンペーンや活動に投資することである。売上につながらないアイデアに投資しても無駄である。

この考え方はEMM（エンタープライズ・マーケティング・マネジメント）の前提と一致する。マーケティング投資を行なう上で科学的なアプローチを採用する理由の一つは、間違いを犯す可能性を理解するためである。もっとも、間違いを犯す可能性すら避けようとするマーケター

が多すぎ、安全でありきたりの方法に固執してしまっているが。

　マーケターが分析的なアプローチを行なわなければならないのは確かであるが、それに加えてマーケティング活動に科学的アプローチを利用し、何が売上に寄与し何が寄与しないのかについての知識・理解を常日頃から深めていかなければならない。従来の科学と違って、マーケティングは非常に動的な「市場」というものと密接につながっている。去年学んだことが今年も通用するとは言えないのである。実際に何が効き何が効かないかを知るのに必要な厳格な原理を得るために力を注ぐ人々にとって、この絶え間ない変化こそがマーケティングという科学をものすごく刺激的なものにするのである。

　たとえばあなたの会社のマーケターは、どの投資が収益をもたらしどれがもたらさないかを詳しく説明できるであろうか。まだそこまではできないとして、どのマーケティング・ミックスがうまく機能しそうかを表すために各々の投資について序列化できるであろうか。あるいはもっと基本的なレベルでは、投資とその販売結果に関する記録をとっているだろうか。

　マーケティング投資に科学的アプローチを採用するということは、そのアプローチを最初から最後まで一貫して適用することであり、ある日突然、既に終わった投資についてROI（投資収益率）評価指標を導入しようとすることではない。マーケティング投資を行なう際、マーケティング担当マネジャーにその投資に関する財務計画を作成させているだろうか。財務計画によってこそ、支出や売上がどのように起こるかが特定できるのである。こうした情報は、あなたが苦労して稼いだ資金を株式に投資する場合にあなたが証券会社に求める情報とまったく同じだと考えてみてほしい。企業も同じ情報を求めるべきなのである。

　マーケティング資金の投資先の決定に当たって、マーケターはブランド・エクスペリエンス・ブループリントを個人の持つ有価証券一覧表のように利用できる。これは、現在の顧客とのやり取りのすべてを、ブランド・ベネフィットがうまく伝わるような形で記載しているものだからである。ブランドを活性化するには、どのレバーを引けばいいのだろうか。資金をどこに投資すべきなのか。マーケティング・ミックスのどれ

かの要素にであろうか、それともブランド・タッチポイントにおける現行のやり取りを変更するために投資すべきなのだろうか。地域やターゲット顧客セグメントごとにセールスオファーを変えるべきであろうか。マーケターは日頃から、こうした問いについて答えを出す調査設計について考えていなければならない。

確かに一冊の本を読んだくらいでは、自社の売上を伸ばすためどこにマーケティング投資を行なえばよいかを正確に学ぶことなどできない。しかし、ほとんどのマーケティング投資を行う上で採るべきアプローチの考え方や、従うべき段階については学ぶことができる。

一般的に言って、新製品の発売に投資するにせよ、現行の商品やサービスの提供を促進する場合にせよ、マーケティング投資であれば同じアプローチをマーケターは採るべきである。このアプローチはブランド・エクスペリエンス・ブループリントにおけるあらゆる潜在的な変化や投資に関連している。広告プロダクションやメディア・バイイングに支出するのが、より強力な顧客エクストラネットを作るためであろうと、営業部隊によるブランド・ベネフィットの伝達をより確実なものにするためであろうと、このアプローチは役に立つのである。

EMMを利用して収益性を高めるため、マーケターは経費を使うことを考える前に、以下に示すステップを踏まなければならない。

1. 全社の戦略とマーケティング投資の整合性をとる。
2. ブランド・エクスペリエンス・ブループリントのどの部分に投資すべきかを特定する。
 (a) マーケティング投資プログラムの作成――マーケティング・ミックスの要素に投資するのか、あるいはブランド・タッチポイントに投資するのか。
 (b) マーケティング投資における投資額と収益の見通しを立てる。
 (c) マーケティングから得られる収益の先行指標となりうる非財務的な評価指標を設定する。
3. 投資が完了する前でも、投資した活動の経過を評価するためのプロセスとシステムを実行する(「売上は増えたか」という質問に答える準備をする)。

性急にマーケティング投資を重ねたくなる気持ちは理解できるが、そうしたアプローチはEMMの原則に反する。投資で重要なのは起こりうる事態に備えることであるが、起きている事柄を評価しそこから学ぶことも同様に重要である。マーケティング活動が成功しても、それを再現できなければ何の意味があるだろうか。

　このアプローチの魅力は、個人・ブランド・企業のどのレベルでも、あらゆる投資を通じて賢く成長する機会が得られることである。このアプローチを可能にするビジネスモデルを設計しなければ、学びつつあるマーケティング投資も無駄になってしまうであろう。ホームランの何本かは打てるかもしれないが、主力選手が一人欠けていてはすぐに最下位のチームに戻ってしまう。重要なのは、マーケターとして行なったことすべてから学ぶことである。

## ブランド・アーキテクチャーとの整合性を保つ

　どこにマーケティング投資を行なうか考える前に、着手予定のマーケティング活動とブランド・アーキテクチャーの整合性をとることが重要である。ブランドの感情的ベネフィットや機能的ベネフィットはブランド・エクスペリエンス・ブループリントに既に組み込まれているだろうが、すべてのマーケティング・プログラムがその同じブランド・アーキテクチャーと一致し、整合性をもつことも重要である。

　これは、次の段階に移る前にブランド・アーキテクチャーを見直すことと同じくらい簡単だと思えるかもしれない。だが、多くのブランドがより複雑な問題に悩まされている。たとえばこんなものである。あなたの会社のブランドはフランスと日本ではどれほど違いがあるだろうか。あなたの会社のブランド・ベネフィットのうち、どれが絶対に守るべきもので、どれが解釈に任せてもよいものであろうか。

　多くのマーケターが頭を悩ますのは、あるブランド・アーキテクチャーを各国の市場でどう機能させるかという問題である。たとえばラテンアメリカ社会でペプトビズモル★の人気が高いことを考えると、ラテン

★　消化薬

アメリカ市場でこのブランドのブランド・アーキテクチャーは、もっと広いアメリカ市場と対照的にどう異なった形で適用されるべきなのであろうか。またグローバル市場とローカル市場の違いが存在する場合、グローバル・ブランドのマネジャーは全世界でのブランド・ポジショニングの一貫性を保ちつつ、地域のマーケターが各地に適したブランド・ベネフィットを構築する余地を作るためにどんな配慮ができるだろうか。

　図10-1は、こうした難問に取り組む際にマーケターが行なうべきプロセスのトレードオフを示している。重要なのは、ブランド・アーキテクチャーにもマーケティング・プロセスにもローカルに限定された要素やある地域間で共通の要素がある一方で、核となる要素も必ず存在することである。その境界線は、どちらに寄るほうがより一層売上を増すことになるかという判断で、投資に必然的に生じるトレードオフに照らして線引きの場所が決まる。先ほどの質問に答えると、ペプトビズモルのブランド・アーキテクチャーは、まさにブランド・アーキテクチャーのお手本である。ラテンアメリカ市場に特化することで得られたリターンは、ブランド・アーキテクチャーは硬直的なものではなく、市場に応じて柔軟な適用が可能であるということを理解する助けになるであろう。

図10-1●プロセスのトレードオフ

| | 日本 | カナダ | アメリカ | フランス | ドイツ |
|---|---|---|---|---|---|
| より分散的<br>地域別の組織・プロセス | 販売<br>調査<br>価格設定 | 販売<br>調査<br>価格設定 | 販売<br>調査<br>価格設定 | 販売<br>調査<br>価格設定 | 販売<br>調査<br>価格設定 |
| 共通のプロセス | プロモーション<br>広告 | プロモーション<br>広告 | | プロモーション<br>広告 | プロモーション<br>広告 |
| 企業規模または世界規模のプロセス<br>より集中的 | マーケティング人材の採用と育成<br>カスタマーサービス<br>グローバルのブランド戦略、ブランド・ポジショニング、危機に関するコンプライアンス<br>協議、マーケティング提携<br>製品戦略 |||||

## マーケティング投資にブランド・エクスペリエンス・ブループリントを活用する

　ブランド・エクスペリエンスの構築に必要なものすべてを考えると、マーケティング資産の最適な利用法を決定するのは困難に思われる。この場合のマーケティング資産には、時間・資金・ブランド・販売員・カスタマーサービス担当者など、マーケティング部門の位置付けを向上させるために利用できるすべてが含まれる。

　マーケターは、ブランド・エクスペリエンスのどこに投資を行なうか、マーケティング・ミックスまたはブランド・タッチポイントのどの要素をそこに含めるべきかという問題に悩まされている。プロモーションと広告それぞれにどれだけの費用を使うのか。利用可能な資金を新製品の開発に使うべきか、それともカスタマーサービスの向上に使うべきか。あまりにも多くの相矛盾する優先事項があり、従来のマーケティング・ミックスに加えてブランド・タッチポイントも存在するため、マーケターは最初のうち困惑するだろう。だが心配は無用である――EMMの力を借りれば、選択肢の海に溺れることはない。

## 成功へのカギ：横断的に思考する

　ブランド・エクスペリエンス・ブループリントを機能させ、優先事項を決めるためには、マーケティングにとどまらない横断的な思考が必要である。横断的に思考するとは、ブランド・エクスペリエンス全体を考慮に入れ、ネットワーク化した意思決定[★1]全体を常に考慮に入れるということである。言い換えれば、どんな（顧客との）関係にも多数のインフレクションポイン[★2]と影響を及ぼす機会があるという事実から、マーケターは従来の需要創出という業務範囲を超えて、横断的に考えなければならないということである。

---

★1　顧客に何かを売るという行為は単一のやり取りにとどまらず、複数のやり取りが介在する。ニーズを自覚し、ブランドの施すプロモーションに反応し、取引をし、アフターサービスを利用するなど、多層なやり取りとそこでのそれぞれの（当該ブランドを選ぼうとする）意思決定が複雑に絡み合っている（ネットワークになっている）。
★2　顧客の購買意思決定上マーケターが影響を及ぼしうる重要な瞬間。

多くの製造業者には真のマーケティング能力がなく、マーケティングを年次報告書やパンフレットを掲載したウェブサイト程度のものと考えがちである。またこうした企業はマーケティング部門と営業部門をひとまとめにしがちで、マーケティングの専門知識の少ない営業部員にマーケティングの仕事も任せてしまうことが多い。

　CRM（顧客関係管理）を利用した高度な販売プロセスの開発に成功した企業は、マーケティングの役割を集客や販売機会の増加として捉えている。この場合マーケティング部門は、営業担当者が利用して販売に結びつけられるような販売機会を生み出すために投資を行なう。セールス・パイプライン・モデル[★1]は、このアプローチがマーケティング投資を評価する豊富なチャンスを生む仕組みを表わしている。マーケターは投資の評価に際し、その投資がチャンスを生む能力からだけでなく、投資によってもたらされた総体の収益からも投資の効果を判断できる。あらゆるマーケティング投資を、集客によって生まれた個別の売上にまで結びつけて考えることが可能になるのである。

　セールス・パイプライン・モデルの販売プロセスは、第三者や大量販売業者を通して販売する企業（例：クラフトフーズ[★2]）とは対照的に、製品やサービスを直接提供する企業（例：金融機関）にのみ有効である。

　現在の多くの企業が既に活用しているこのアプローチは、マーケティングと販売を切り離して考えるアプローチよりは格段に優れているであろう。しかしまだ最適とはいえない。セールス・パイプライン・モデルは、マーケティングが販売にもたらす影響を測定するには優れているが、予測には向かないし、企業を非常に狭い視野で見ることになるため、機会創出の要因を発見する上でのインサイトを得ることが難しくなるというデメリットがある。優れた評価システムではあるが、投資先を決定するツールとしては役に立たないであろう。

---

★1　セールス・パイプライン・モデルとは、製品・サービスの購入を、顧客が興味を喚起されて能動的に行動する段階から始め（たとえば、ウェブサイトを訪問する、そこで資料請求を行うなど）、最終的に購買に至る段階までを通常4～6段階くらいに想定したモデル。たとえば自動車の購入では、ウェブサイトの訪問→カタログ請求→ショウルーム訪問→試乗→商談・見積→成約などとモデル化できる。それぞれの段階から次の段階へ進む顧客の割合を転換率として、当該段階のマーケティングの効果検証の指標とする。
　キャンペーンなどで、接触してから成約に至るまでの全体の効率を考えるときに、どの段階での離脱が大きいかを測ることで、キャンペーン・プロモーションの効率を上げる目的で活用する。
　日本では、パーチェス・ファネル（購買漏斗）という用語のほうが人口に膾炙している。

★2　世界第2位の食品メーカー。

重要なのは、セールス・パイプライン・モデルの結果を構成する情報を利用して、企業のマーケティング投資の詳細を作ることである。言い換えれば、セールス・パイプライン・モデルの結果によって、マーケティング・ミックスとマーケティング・プログラムが収益性を向上させる効果を把握できるのである。これは、日々マーケティングを通じて学ぶことの中でも大変重要な部分であり、マーケティングの効率性についての情報を集める主要な方法でもある。このセールス・パイプライン・モデルは、機能しているものとしていないものを測る優れたもの差しであるが、考えうる投資の選択肢や機会の優先順位付けはできない。このモデルの結果は意思決定に必要なデータではあるが、十分ではないのである。

　更に必要な要素がある。ブランド・エクスペリエンス・ブループリントにおけるすべての潜在的なマーケティング投資を評価することである。すべての主要な顧客とすべてのやり取りのための、潜在的なマーケティング投資とは何であろうか。潜在的なマーケティング投資の具体的な内容とはどんなものであろうか。

　最も高度なマーケティング組織は、顧客とのあらゆるやり取りを見渡し、動的なネットワークの一部として潜在的なマーケティング投資を評価する。すべてのマーケティング投資は相互に依存し作用し合う関係にあることを認識し、出費を最大限効果的にするために、すべての投資を全体像の中で総合的に評価するのである。

　どのマーケティング・ミックスの要素が最も機能するのだろうか。ブランド・エクスペリエンスのどの要素に焦点を当てるべきなのか。プロモーションにもっと金をかけるべきか、それともコールセンターの能力を向上させるための投資により多くの資金を費やすべきであろうか。こうした広い視野でトレードオフを行うという考え方は、旧来のマーケティングにはないものである。

　マーケターの中には、たとえば広告とプロモーションとパッケージとに関する投資の間でのトレードオフを考える者もいる。しかしそういう場合ですら、こうした投資を複合した効果を見積もって評価することはほとんどない。そして多くの場合、マーケティング部門はブランド・タッチポイントに影響するような企業の意思決定の多くに関わらない

ため、すべての投資を総合的に見ることが事実上ほとんど不可能である。

　マーケターがマーケティング・ミックスやブランド・タッチポイントへの投資を全体的な視野で捉えられる数少ない企業では、マーケティング投資を最適化するために多数の手法を用いることができる。これが、すべてのブランド・エクスペリエンスに効果をもたらすために最も科学的な手法を用いるカギである。

　科学的に見ると、最適化とは全体の目標を達成する上で、個々に固有の制限条件をもつ互いに競合し衝突する活動全体にわたって、有限な資産をどのように分配すべきかに答える数字的な方法論のことである。ディマンドチェーンに適用される場合の最適化とは、数学的な意思決定プロセスである。有限な資源を多様なチャネルや業務上の制約、そしてシナリオにわたって配分し、マーケティング投資の収益を最大化するために投資の最適な組み合わせを決定するのである。

　投資効果の追跡記録を行なうこのアプローチは現実離れして聞こえるかもしれないが、あなたの会社でもこの種のアプローチを、マーケティング部門とはまったく異なる部門では既に採用している可能性がある。業務部門や物流部門では、このアプローチを配送トラックの道順を決めるために利用しているかもしれない。CFO（最高財務責任者）や投資銀行は、これを投資ポートフォリオの理想的なモデルとして利用しているかもしれない。

　近年、最適化の概念はあらゆる業界で価格設定に利用されるようになってきている。しかし航空業界やホテル業界から、より従来的な小売業にまで利用が広がってきたのはごく最近である。価格設定の最適化の根幹をなすアイデアはかなり単純である。それは、顧客が異なれば同じ製品やサービスでも異なった値段がつくということである。価格設定に対する外的要因（航空券の販売の場合は、利用するチャネルであるとか前売りのタイミング、あるいは土曜の夜のお出かけといった要因である）は考慮に入っている。これは、ブランドの収入全体や収益性を認識し向上させるのに役立つ。本章の後半のロングス・ドラッグ・ストアのケーススタディでは、身近なドラッグストアで価格設定の最適化がどのように行なわれているかを後ほど紹介することになる。

## マーケティング投資プログラムの作成

　マーケティング投資に最適化アプローチを採用する際によい結果を出すためには、あなた自身がしっかりとしたインプットを行なうことが必要である。マーケティング投資プログラムを作成するためには、まず自分がどこへ向かっているのかをよく考えなければならない。

> マーケティング・ミックスの要素とブランド・タッチポイントにもとづいてプログラムを作る

　マーケティング資産をどこに配分するかを決定する最初のステップは、多岐にわたるマーケティング投資を想定し、実際の販売に関するマーケティング・ミックスの要素とブランド・タッチポイントを利用して、ブランドを活性化する方法を考察することである。

　投資を選択する要因の一つは、以前の投資から集めた情報である。過去の投資活動の情報のまとめとしては、その投資の内容説明や実際の支出・収入の金の流れだけでなく、販売プロセスのそれぞれの段階における集客した顧客の具体的プロフィールなどの情報も含めるべきである。

　言い換えれば、特定のマーケティング投資からどれだけの集客効果が得られたかだけでなく、販売プロセスの各段階でどれほどの顧客が成約したかも測定するべきである。マーケティングのおかげで生まれたチャンスの量を測定するだけでは足りないのである。潜在収益を考慮に入れない限り、マーケティング・プログラム同士を比較して評価することはできない。

> 投資額とそれに対する収益の時系列データを作成する

　潜在収益を考慮する必要性は次のステップにもつながる。それは、投資の詳細な内訳の作成と、最低限、その収益の見通しを立てることである（図10-3）。これこそが肝心な点である。費用を使うのが屋外看板の

ためであろうと、テレマーケティングでアウトバウンドコールのセールストークのよりよいスクリプトを作るためだろうと、ブランド・エクスペリエンスのどこに投資を行なうべきかを評価する唯一の方法は、すべての投資を同じ基準で検討することである。投資家が幾つかの投資先に注目し、これまでの業績、変動率（ベータ）、様々の財務的指標（収益率、一株あたりフリーキャッシュフロー、株主資本利益率など）を評価しなければならないのと同様、マーケターもあらゆるマーケティング投資を同じ基準で評価しなければならない。

図10-3●マーケティング投資のプロファイル

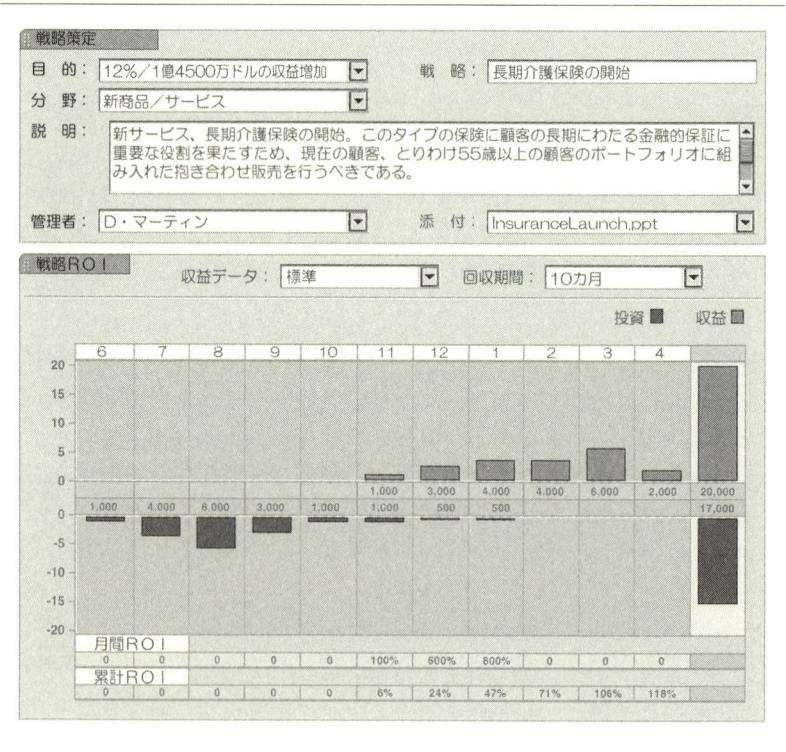

| 戦略策定 | | |
|---|---|---|
| 目的： | 12%／1億4500万ドルの収益増加 | 戦略：長期介護保険の開始 |
| 分野： | 新商品／サービス | |
| 説明： | 新サービス、長期介護保険の開始。このタイプの保険に顧客の長期にわたる金融的保証に重要な役割を果たすため、現在の顧客、とりわけ55歳以上の顧客のポートフォリオに組み入れた抱き合わせ販売を行うべきである。 | |
| 管理者： | D・マーティン | 添付：InsuranceLaunch.ppt |

戦略ROI　収益データ：標準　回収期間：10カ月

| | 6 | 7 | 8 | 9 | 10 | 11 | 12 | 1 | 2 | 3 | 4 | |
|---|---|---|---|---|---|---|---|---|---|---|---|---|
| 投資 | 1,000 | 4,000 | 6,000 | 3,000 | 1,000 | 1,000 | 500 | 500 | | | | 17,000 |
| 収益 | | | | | | 1,000 | 3,000 | 4,000 | 4,000 | 6,000 | 2,000 | 20,000 |
| 月間ROI | 0 | 0 | 0 | 0 | 0 | 100% | 600% | 800% | 0 | 0 | 0 | |
| 累計ROI | 0 | 0 | 0 | 0 | 0 | 6% | 24% | 47% | 71% | 106% | 118% | |

マーケティング・マネジャーにすべてのマーケティング支出を投資として扱わせるだけで、販売に対する考え方とアプローチの質が即座に向上する。「認知率は向上したのですが、売上はいまだに最悪なんです」などという言い訳は聞こえなくなるであろう。この考え方において求められているのは不可能なまでの正確さではなく、各々のマーケティング投資を比較して評価することで、手の内をそろえておくことである。つまりそれは、それぞれのマーケティング投資におけるROIの時系列データを用意しておくということである。しかしこれでもまだ十分ではない。もっと深く掘り下げる必要がある。

### 収益の先行指標となる非財務的な評価指標を設定する

　それぞれのマーケティング投資案件の財務的プロファイルの作成に加えて、マーケターはそれぞれの投資をより完璧に描き出せるように、非財務的な評価指標も設定すべきである。それらの評価指標は、投資の業績を示す先行指標としても役立つであろう（図10-4）。

　こうした評価指標も併せて利用しなければ、莫大な資金を無駄にし絶好の機会をつかみ損ねることにもなりかねない。多くのマーケターはラスベガスで賭けをするようにマーケティング業務を行なっている。いったん資金を使えば、サイコロを振ったのと同じでもう手出しはできず、収益や集客、機会が転がり込むかどうかは最後までまったくわからない。

　すべてのマーケティング投資には、意思決定のために一連の仮定を置く。どんな投資にも最初の意思決定を促す仮定が豊富にある――それに従って連勝しているならば、それらの仮定はさらに賭け金を上げる方向を促すであろうし、カードの手がよくなければ賭けをやめてテーブルを去ることもできるのである。

　マーケティング投資における意思決定を促すそうした仮定には、下記のものがある。

図10-4 ●パフォーマンス評価指標

| AARPとのDM共同販売促進 | | 複合市場成績：3　収益格差：200万ドル | |
|---|---|---|---|
| 目　的：12％／1億4500万ドルの収益増加 | | | |
| 戦　略：長期介護保険の開始 | | 戦術： AARPとのDM共同販売促進 | |
| ギャップの説明 | | 販売要因（市場成績の構成要素） | |
| 市場要因スコア | 説明 | 予測実費 | 予算 |
| 2 | ▶ 全販売サイクル換算率 | 70％ | 83％ |
| 3 | ▶ 現在までの実収益 | $500 | $1,450 |
| 6 | ▶ 過去の戦術実績 | 60-30-10 | 70-20-10 |
| 6 | ▶ 販売員の展望（4等級）<br>　1 - 契約なし<br>　2 - 基本的な認識<br>　3 - 十分な理解<br>　4 - 契約成立 | 3.1 | 3.6 |
| 7 | ▶ 総配当 | $45,000 | $525,000 |

- **販売サイクルのステータス転換（成約）率**……セールス・パイプラインを通るマーケティング投資はすべて、段階ごとに転換（成約）率が存在する（たとえば、「クーポン券を150人の顧客に手渡したところ、そのうちの65％が小売店を訪れ、その中の35％がクーポンを商品と引き換え、そのうち10％が他にも商品を購入した」）。これらの転換（成約）率が企業のCRMシステムの中核をなし、あるマーケティング投資が過去の同様な投資と同じ結果をもたらすかどうかを見極める優れた先行指標となる。

- **販売チャネル側の見方**……多くのマーケターの考えに反して、販売員はマーケティング投資に対する顧客の反応を予測する上で最も優れた代弁者となる。販売員や代理店は、マーケティング投資を実際に行なう前からその有効性を評価することができる。ここで重要なのは、そうした販売側からの情報の提供を過去の実績と照らし合わせることで、販売チャネルを顧客の思考回路に合ったものとして機能させることである。

- **投資リスクの評価**……測定するのは難しいが、マーケティング投資の定性的な評価をとらえることは重要である。この場合、リスク評価を加味したあなたの会社独自の評価システムを作成するということである。それによってマーケティング投資における数多くの暗黙の要素をとらえられる。ある投資がほかの投資に比べてリスクが多いかどうかマーケターに尋ねると、大半の者は直感で答えるであろう。問題はこの直感のほとんどがどこにも活かされず、多くの投資決定に組み込まれていない点である。このような直観的なリスク評価は、投資先を決定する上で重要な役割を果たすものである。

- **過去の業績**……市場もしくは特定のブランドで初めてマーケティング投資を行なう場合、投資対象に関する企業のこれまでの経験も考慮に入れるべきである。過去に企業がプリントメディアで好反応を得た、またはウェブを利用したクーポンによって小売店への来客数を増やしたという実績があれば、それを投資の決定に活かすべきである。このように過去の業績も勘案することで、ただの直感ではなく実際の業績にもとづいた真のリスク評価を行なうことができる。

> 進捗状況を評価するプロセス／システムを始動させる――売上を伸ばせそうかという問いに答える

　収益性の向上を促進するマーケティング資産のポジショニングを行なう際に鍵となるのは、実際にいつ成功を収めたかを知ることのできるシステムを作り上げることである。大半のマーケターはこのためのステップをいくつかあるいはすべて踏んできているが、実際に投資が成功しているか否かとなると、はっきり認識できていない場合が多い。第3章で述べたように、過去10年間にほとんどの企業が導入してきたシステムや財務に、マーケティングを結びつけることが重要なのはこのためである。

　高度なシステムや大きなIT部門を所有しなくても、こうした情報を常時つぎはぎしながらマーケティング投資の状態を知ることは可能である。自社のポートフォリオはどうなっているのか。収益は上がっているだろうかといったことである。

　マーケターは、情報を追跡することなど無理であると不平を言って諦めてしまってはいけない。EMMを実践するのは、評価能力や情報収集能力を高め、投資の結果がわかるようにするためである。こうしたことを完全に掌握して実践できれば、結果には多大な差が出る。

　なぜだろうか。マーケティングに投資する際、途中で投資を再評価する機会を得られるようになるからである。図10-5で示すように、投資が元の予算と比べてどのように成功していっているかを評価でき、基本的にはどの時点でも、それらの投資が最適な資源配分になっているかど

うかを見直すことができる。投資家がポートフォリオを定期的に見直すのと同じように、企業の投資にも同様の厳密さを適用すべきなのである。

マーケティング投資の効果を測定するプロセスを備えれば、収益性を上げるためにマーケティング資産をポジショニングするに当たって、EMMの実践に必要なすべてを手にすることができる。

一日の終わりに「売上は上がっているか」という単純な質問に答えられるよう準備をしておくべきである。この問いかけは、行なったマーケティング投資すべてに関係する。答えが出たら必要に応じて投資先や方法を変更しよう。マーケティング資産をどこに配分するかの決定は、手持ちの情報の質の高さ、決定する際の厳密さ、過去のすべての意思決定から学んで築いたプロセスに大きく左右される。過去は序章にすぎない——昨日学んだことを今日に活かし、今日学んだことを活かして明日の収益を伸ばすのである。

図10-5●投資対効果の評価

| 財務サマリー | | | 保険部門の戦略・戦術別評価 | | | |
|---|---|---|---|---|---|---|
| 戦術 | 市場スコア | 管理者 | 目標収益 | 実績 | 予想収益 |
| ▶ AARPとのDM共同プロモーション | 3 | H・ブラウン | $4,000 | $500 | $2,000 |
| ▶ ビジネス誌広告 | 3 | D・アーリントン | $3,000 | $1,000 | $1,500 |
| ▶ 代理店向け販売資料 | 4 | H・ブラウン | $3,000 | $500 | $2,250 |
| ▶ 既存顧客向けEメール | 5 | F・ブリンクマン | $4,000 | $1,000 | $3,750 |
| ▶ ファイナンシャル・プランナー見本市 | 6 | T・ボウルズ | $6,000 | $1,000 | $5,500 |
| 戦術合計 | | | | | |
| ▶ 長期介護保険の開始 | 6 | D・マーティン | $20,000 | $5,000 | $15,000 |

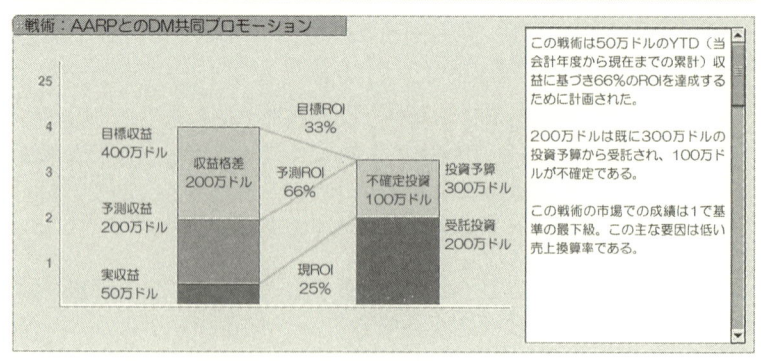

戦術：AARPとのDM共同プロモーション

目標収益 400万ドル
予測収益 200万ドル
実収益 50万ドル
収益格差 200万ドル
目標ROI 33%
予測ROI 66%
現ROI 25%
投資予算 300万ドル
受託投資 200万ドル
不確定投資 100万ドル

この戦術は50万ドルのYTD（当会計年度から現在までの累計）収益に基づき66%のROIを達成するために計画された。

200万ドルは既に300万ドルの投資予算から受託され、100万ドルが不確定である。

この戦術の市場での成績は1で基準の最下級。この主な要因は低い売上換算率である。

# CASE STUDY

## ロングス・ドラッグ・ストア
## ——迅速な売上増加のための価格設定の最適化

　ロングス・ドラッグ・ストアはアメリカで6番目の規模のドラッグストア・チェーンである。1938年にジョーとトムのロング兄弟によってロングス・セルフサービス・ドラッグスとして創立され、現在はカリフォルニア・ハワイ・ワシントン・ネバダ・コロラド・オレゴンの各州で店舗を展開している。各小売店の平均年間売上高は950万ドルを超える。

　ロングスは440以上の店舗を持ち、2002年には約43億ドルの売上を記録した。これは2001年の売上に比べて4%増という控えめな増加で、ドラッグストア産業の最大手であるウォルグリーン社の売上と比べるとかなり低い。ウォルグリーンは全米3,706店舗における2001年の売上を248億ドルと報告した。昨年のアメリカにおける薬剤の総売上高は1,652億ドルであった。1月31日を期末とするロングスの2002年度の業績はおしなべて満足のいくものではなかった。成長のバロメーターである既存店売上高で最大手に遅れを取り、マージンが低かったのである。

　ロングスとウォルグリーンの差は何であろうか。ロングスの店は1万平方フィート以上の広さのものが多く、ウォルグリーンの5千平方フィートほどの店に比べて広い。ロングスの店舗は郊外の小規模ショッピングセンターに多いが、ウォルグリーンは繁華街を中心に店舗を展開している。

　より重要なことであるが、ウォルグリーンは小売業務を改善するための新しいテクノロジーを従来から率先して導入してきた。ウォルグリーンは小売店にVSAT（超小型地上局）衛星通信を装備し、チェーン全体に販売時点管理スキャニングを導入した最初のドラッグストア・チェーンである。こうした投資は年を追うごとに利益を生み、熾烈な競争を繰り広げる業界でウォルグリーンの繁栄を支えた。一方ロングスはそうしたテクノロジーへの投資に遅れを取り、不運にも巻き返しを図る立場になってしまった。

　評者によると、ここ数年、ロングスは時代遅れのテクノロジーへの対処に取り組んでいるという。旧式のテクノロジーのせいで倉庫の在庫管理に問題が生じ、それに伴って各小売店の発注に対応するのに問題が生じていたのである。

業界最大手（ウォルマート、ウォルグリーン）を含む巨大企業に勝負を挑むなら、古い道具で遊んでいる暇はない。

ロングスは、大型食料品店や大型小売店（ウォルマート、ターゲット）の薬剤部門とのカテゴリー競争に取り組まなければならないだけではなく、ウォルグリーンや CVS といったより大きなチェーン店との競争もあり、迅速に結果の出る投資を行なう必要がある。より速く成長を遂げなくては、この状況から抜け出すことはできないであろう。ロングスが目をつけ実行した唯一のチャンスは価格設定である。

ほとんどの小売店は、各小売店ごとにもつ展望や、マーチャンダイザーまたは店長の経験から得た直感にもとづいて価格設定を行なっている。一般的に、価格設定の方法は次の三つのうちのどれかである。

- コストにもとづく価格設定
- 競合店の価格基準に従った価格設定
- 単なる直感にもとづいた価格設定

科学的アプローチによって正確なデータが手に入り、マーケターやマーチャンダイザーの行動と結果の関係が容易に理解できることを考えると、こうした科学的アプローチを行なわない場合の損失は大きい。

重要な可変要因——立地・在庫水準・天候——にもとづいた、すべての最小在庫管理単位（SKU）における最適な価格設定を行なう目的を持つ全価格データ分析は、複雑な上にコストもかかるため、これまで小売店は行なってこなかった。しかし、航空産業によって開発されたイールド・マネジメント・プログラムの研究成果を基礎とした特殊なソフトウェアが開発されたおかげで、現在では小売店は価格最適化プログラムを使用できるようになっている。

販売時点管理や ERP システムに含まれる膨大なデータを収集し分析するこれらのソフトウェア・プログラムは、確率的アルゴリズム*を利用し、各小売店における商品ごとの個別需要曲線を導き出す。この情報を手に入れることで、小売店はどの商品が最も価格志向型かを特定できる。そして各小売店の優先事項——売上・利益・シェアなど——に従って価格を調整し、理論上は最大のマージンを達成できるのである。

ロングス・ドラッグ・ストアは、まさにこうした取り組みに着手し、全体的な収益を上げるために小売店において価格設定の最適化を実行した。小売店レベルでの価格最適化の消費者視点から見た興味深い結果は、小売店の場所が違えば棚に並ぶ商品の価格は航空券がそうであるように違っていいということである。また、普通はおなじみの数字——99 セントや 95 セント——だった価格が、3 ドル 21 セントや 6 ドル 36 セントといった見慣れない額に置き換わった。

　各店舗における各商品の需要曲線の作成に加えて、これらのソフトウェア・プログラムは各店舗で各商品ごとに価格と宣伝に関する顧客感度を予測できる。そのため、収益性を高めるにはどのように戦略を実行したらよいかを判断する助けとなる。ロングスの価格最適化ソフトウェアを開発したのはデマンテックだ。この分野の競合企業にはカイメトリックス、KSS、スポットライト・ソリューションズ、プロフィットロジックスなどがある。

　ロングスはこの価格設定最適化ソフトウェア導入の結果に満足し、ソフトウェアの初期テストを小売店の大部分に拡大した。ロングス・ドラッグ・ストアの最高執行責任者（COO）であるテリー・バーンサイドは、このテクノロジーによって「売上とマージンにおいて商品カテゴリー単位での増加」がもたらされたと述べた。ロングスの収益の大部分を占める非製薬の売上で特に大きな増加が見られたという。

　しかし、ソフトウェアの導入は投資に必要な一部分に過ぎない。店舗でこのビジネスモデルが適切に適用されるよう努める必要がある——つまり、価格設定ソフトウェアを在庫価格設定メカニズムや各店舗の販売時点管理（POS）システムに統合し、レジ打ちの段階で常に「最新の」正確な価格が表示されるようにしなければならないのである。バリュー・チェーンのさらに下流においては、この価格設定最適化ソフトウェアで得た知識を集約して追加発注についての決定や連絡を伝えることができるようになる。もちろん社風の変化も起こる——最も重要なのは、商品に奇抜な価格がついていても、それがこのシステムを使った結果であるなら利益が上がると社員が信じることである。

　「OTC ★ の価格設定最適化戦略は、我が社の成長と全体的な業績において重要な役割を果たしている」とロングスの CEO は語った。「我々はこれ（価格設定最適化）を実施したことによって収益性が向上し、消費者が我が社に抱く低価格イメージが維持もしくは増強されると期待できる」。業績が回復しなければ、

---

★　乱数を使用するアルゴリズム。

ロングスは大手の買収先になる可能性が高い。残念ながら、絶えず売上や収益の向上を目指して行動を起こさなければ、競合の激しいドラッグストア業界では生き残れないのである。

　ロングスにいたっては買収の見通しすら疑わしい。ウォルグリーンは買収による事業拡大はしない方針なので、ロングスのような企業を買収することはありえないだろう。ライトエイドは以前に行なった多くの買収の処理がまだ終わっておらず、法規制スキャンダルの処理にも追われている。長い年月をかけてテクノロジーに多額の資金を投じつつゆっくりと崩壊していっているKマートの例が、ロングスの株主たちの頭に浮かぶ。ロングスも同じ道をたどるのであろうか。

　ロングスは価格最適化のアプローチを活用することで、少なくとも一時は売上を回復させた。皮肉なことに、品揃えが完全に管理され、可能な限り効率よく物流が行なわれ、社員がしっかり管理されるようかなりの大金を費やしてきているが、収益性を高めるためのマーケティングについては十分な努力を行なっていない。既存の店舗で売上を伸ばし続けなくては、勝負には勝てないのである。価格設定の最適化を行なうことで、最適化の力がビジネスにどう利用され、即効性のある効果をどうもたらすかを知ることはできるけれども。

★　オーバー・ザ・カウンター。対面販売を必要とする医薬品。

## マーケティング投資の最適化

マーケティング投資を最適化するためのステップを以下にまとめている。

### ステップ1：マーケティング投資が支援する戦略との整合性を保つ

CMO（最高マーケティング責任者）にとって戦略が明らかな場合でも、マーケティング部門全体、もしくはマーケティング投資の詳細を担当するマーケターすら戦略を理解していない場合が多い。戦略との整合性が保てれば、長い目で見て戦略からかけ離れた資金の無駄遣いとなる投資を避けることができる。

### ステップ2：ブランド・エクスペリエンス・ブループリントのどこに投資するかを特定する

- マーケティング投資プログラム（試験版）——マーケティング・ミックスの要素またはブランド・タッチポイント——を作成する。マーケティングを進め社内で理解してもらう上で、言葉は大きな効果をもたらす。マーケティング投資について話し、財務的な厳密さをもって投資を実行すればするほど、マーケティング以外の部門でもEMMを実践する者が増えていくであろう。
- 投資と収益のプロファイルを作成する。「測った範囲内での答えしか得られない」ことを忘れないように。マーケティング資金を投入する投資プロファイルについて、少なくとも知識にもとづく推測をしなければ、より賢明な判断は下せない。
- マーケティング収益の先行指標となりそうな、非財務的な評価指標を作成する。マーケティング投資では、実際の収益を得る前あるいは得ている途中で莫大な投資が必要になることもある。そのため結果に関する他の潜在的な指標を巧みにつかめば、より良い決定を下すことができる。株式市場での投資と同じことだが、マーケティング投資における先行指標とは何だろうか。

**ステップ3：進捗状況を評価するためのプロセスとシステムを構築する**

　言い換えれば、「売上は伸びているか」という質問に答えられるようにすることである。マーケティング投資を管理するために適したシステムを導入しなければ、暗闇に閉じ込められているのと同じになってしまう。情報テクノロジーに何百万ドルも投資したシステムである必要はない。正しいプロセスは集計表とミーティングから構成されるものである。

★　p.153 参照。

# Conclusion

## マーケティングの新時代

A New Day of Marketing

さてこれで結論に達したわけだが、これまでの内容を忘れてはいけない。マーケティングにおける悪い習慣は深く染みついている。それを白日の下に晒してみよう。マーケティングの新時代を迎えるにあたり、もう役に立たないものは捨て、既に手にしているもののメリットを最大限に活用しなければならない。

## 今なぜEMMを実践すべきなのか

　今なぜエンタープライズ・マーケティング・マネジメント（EMM）が必要なのであろうか。簡単に言えば、競争とイノベーションに彩られた今日の市場の趨勢が、科学的なマーケティングの導入と進化を促しているからである。この趨勢を生み出しているのは以下の要因である。

### 市場の複雑化

　市場の細分化（多様なセグメントの発生）、チャネルやブランド・タッチポイントの急増、グローバル化などにより、市場環境は非常に複雑になってきている。複雑な処理や分析に威力を発揮するのが科学的アプローチである。繰り返し適用できる標準的なプロセスを構築して実践に用いることで、マーケティング業務アプリケーションはマーケティング活動のプランニング、実施、その効果測定をサポートする。

### 市場のスピードアップ

　競争の圧力が高まるにつれて、新しい製品やサービスを開発する機会は狭まってきている。その結果マーケターは、新商品開発や新規市場開拓のサイクルを短縮する必要に迫られている。科学的なマーケティング業務アプリケーションの活用により、マーケターと企業内外のサービス提供者がマーケティングのベストプラクティスやプロジェクト管理プロセスを即時活用できるよう、協業をサポートし活性化させることができる。

## マーケティング知識の必要性の高まり

　マーケティング人材の分散や離職が増加する中、企業は長年かけて築き上げた知的資本をどう利用するかに苦心している。CRM（顧客関係管理）やERP（エンタープライズ・リソース・プランニング）アプリケーションはマーケティングの実行と評価に役立つが、現行のマーケティングを向上させるには、成功例を活用し失敗を避けるための、組織に蓄積された知見が求められる。一般的に、マーケティング部門は現在の企業の中で孤立していることが多い。企業の中核となる多くの業務プロセスやそれに付随する情報の流れ――販売・サービス・製造・財務など――から隔絶されており、企業内でも、また企業の枠を超えた外部の重要なサービス提供者との間でも、情報交換や協業が制限されている。

## 革新的なマーケティング技術の登場

　科学的マーケティングのアプリケーションや技術の初期の採用者や開発者は、その機能を主にマーケティング関係のコンテンツの開発、業務フローの自動化、フロントオフィス業務系とバックオフィス業務系のアプリケーションの統合化などに役立ててきた。しかしそうした初期のアプリケーションは氷山の一角に過ぎない。今後、科学的マーケティング・アプリケーションはより大規模に導入され活用されるだろう。ブランディングやマーケティングのプランニングを行ったり効果測定をするのに必要な機能を与えてくれるであろう。こうした業務アプリケーションと行動原理を包括するエンタープライズ・マーケティング・マネジメント（EMM）とマーケティングの新科学は、次に示すようなマーケターにとっての様々な課題を解決に導く総合的なアプローチに発展するであろう。

- 顧客、チャネルにおけるパートナー、最終消費者を理解すること
- 市場を理解すること
- ブランド管理
- プロジェクトマネジメント、キャンペーンマネジメント
- 販売チャネル、直接販売、サービス業務への統合的なサポート
- マーケティング・プログラムの評価、効果測定、その結果からの知見の獲得

### マーケティング投資収益率向上の必要性

　持続的な成長を維持しつつ、短期間で収益を上げることが企業には強く求められるようになってきた。マーケティング経費が収入全体の15～35％を占めるようになったため、マーケターはいっそう責任を持って、マーケティング投資収益率（ROMI）やマーケティング資産回収率（ROMA）の最適化を行なうことが求められるようになってきている。

## マーケティングを成功させるために企業は何をすべきか

　マーケターが現在の環境で成功する唯一の方法は、この本の科学的手法を採用し、さらに売上を伸ばすための業務に精を出すことである。順調にこの手法に取り組めるように、次の集計表に示した主要な原理を心に留めておこう。

　EMMをビジネスに利用するためには、対処すべきことが数多くある。まず、市場と顧客に対する理解——科学的な理解——を深めなくてはならない。そこで初めて、ブランド・アーキテクチャーを適切に構築し、顧客が商品を「いいと感じる」だけでなく購入するように働きかけるための最もよい方法を見つけることができる。

　あらゆる資産をマーケティング資産として考えなければならない。フランス★のシャルルマーニュ大帝は、限られた兵力で敵と戦闘する際にはどんな戦法を思いつくのかと尋ねられたとき、次のように答えたという。「岩や木々、そして空を飛ぶ鳥も、我が軍の兵士と考えたまえ」と。

　つまり市場で勝利するためには、従来のマーケティング・ミックスの要素にとらわれていてはいけないのである。販売員、カスタマーサービス担当者、Eメール、請求書、ボイスメール、あらゆる場合における顧客とのやり取り、そういったものすべてをマーケティングの機会として捉えよう。ブランドの売上を伸ばし競合他社を出し抜くには、従来のコミュニケーション媒体ばかりに頼ってはいられない。

---

★　当時はフランク帝国。

表●本書のまとめ

| Part | Chapter | 旧来の考え方 | これからの考え |
|---|---|---|---|
| 1 | 1. マーケティングはアートではなく科学である | マーケティングはアートである | マーケティングは科学である |
| | 2. ブランド・アーキテクチャー | ブランドをキャンペーンとして認識する | ブランドをビジネスとして運営する |
| | 3. マーケティングを企業につなげる | 分離、イベント重視のマーケティング活動 | 統合、結果ベースのマーケティング活動 |
| 2 | 4. ブランド・エクスペリエンスの主導権を握れ | インタラクションとトランザクション | ブランド好意度の維持 |
| | 5. マーケティングをCRMにつなげる | 顧客関係を重視 | ブランド・エクスペリエンスを重視 |
| | 6. クロスセルのためのクロスマーケティング | 顧客獲得中心 | 顧客浸透中心 |
| | 7. ブランドを活性化する新たなメディア | 認識のレバーを引く | 行動のレバーを引く |
| 3 | 8. ビジネスモデルの再構成 | 製造中心のオペレーション | 販売中心のオペレーション |
| | 9. マーケティング投資収益率を測る | 収入と支出 | 投資と出資 |
| | 10. マーケティング投資効果を最大化する | 静的な投資意思決定 | 動的で最適化された意思決定 |

ブランドをすべての顧客のための「経験」として活性化しなければならない。現在の経験が何か、どうすればその経験を最適化できるかを理解するのが遅れれば遅れるほど、売上や収益を次のレベルに引き上げるのも遅れることになる。

しかしいったんブランド・エクスペリエンスを築き上げてしまえば、あとは実行すべき計画を作るだけである。偉大な戦略だけでは市場の戦いに勝ち残れない。戦略を実行するための構造基盤を築き、顧客に真のブランド・ベネフィットと価値を提供するために行動を起こさなければならない。現在の問題の一部は、このブランド・エクスペリエンスで偶然に頼る部分が大きいことである。

企業は、新製品の開発・顧客にサービスするに十分な販売員数の維持・生産設備への投資・キャッシュフロー管理の徹底に莫大な資金を費やしている。マーケティング・ミックスの細部に、マーケティングの観点から見て価値のないものはない——販売パンフレットの色であろうと、パッケージに入れるスローガンの位置であろうと価値がある。

一方、ブランド・エクスペリエンス総体としては積極的には管理されていない。肝心なのは、マーケティング部門がさらに努力してブランド・エクスペリエンスの主導権を完全に握ることである。簡単なことではあるけれども、ほかにそれができる者はいないのである。

売上を伸ばすことの利点を説くために、企業の他部門の者を結集する必要があることは言うまでもない。現在マーケティング部門は、自らの業務をきちんと行なうことすら難しい状況にあるようである。カスタマーサービス担当者が顧客との具体的なやり取りごとにどう対応するかをマーケティング部門が決定するための助けとなる、CRMシステムなどの構造基盤への投資を行なわなければ、企業の他部門が売上促進の目標についてくる見込みはない。

売上促進の目標を掲げるのは始まりにすぎない。歩き出す前には、苦労して這い進まなければならないのである。全員が同じ目標を持つのはよいことであるが、より進歩した企業は、同じものを何度も繰り返して販売するだけでなく、どのような構成比で製品やサービスを販売するか

を考えなければならない。顧客に関連購入（クロスバイ）してもらう方法を考えるのはマーケティングの仕事であるが、実現させるには他部門の力が必要である。

ブランド・エクスペリエンスと販売取引が同じ土俵で起こる新しいメディア環境で業務を行なうのでない限り、マーケティング部門は関連購入（クロスバイ）を実現させるために、販売部門やカスタマーサービス部門に頼らなければならない場合が多い。「フライドポテトも一緒にいかがですか」といった機械的な暗記が通用した時代は終わった。現状でクロスセルを行なうために、マーケティング部門は顧客と関わる者全員の能力を向上させる必要がある。

ブランド・エクスペリエンスの主導権を握るための計画を始動したら、それを管理する能力が必要になる。どこに投資を行なうのか。どの投資が成功し、どの投資が失敗したのかといったことである。

驚くべきことに、我々が自分の私的な投資ポートフォリオで自由に手に入れられるような情報が、企業のマーケティング投資ではほとんど手に入らない。この投資のリスクはどれくらいなのか。この投資のキャッシュフロー・プロファイルはどうなっているのか。これと似た過去の投資ではどんな結果が得られたのであろうかといったような情報である。

マーケターならこれまでのキャリアの中で、根拠のない信念にもとづいてマーケティング投資を決定した経験があるだろう。その理由は、マーケティングを投資として扱うための情報インフラを持っていなかったからである。それでは本質的に、企業を大きなリスクにさらすのも同然である。

認めなくてはならないが、EMMを実践するのは非常に難しい。厳しい責任が発生するし、マーケティングに真の規範をもたらすという困難な課題をこなさなければならない。企業全体の成功に責任を持たねばならない。ご機嫌取りの業者の管理だけでは不十分で、居心地のよい領域を出て、企業の資産をうまく活用しなければならない。

ここまでくれば、マーケティングがアートではなく科学であることは明らかであろう。あなたの会社のマーケティングを改革したければ、もうその手法はつかんだはずである。科学的マーケティングの専門知識が不足し、あなたの会社でエンタープライズ・マーケティング・マネジメントを実践するための手助けが必要なら、www.marketingscientists.com が役に立つ。

　さあ、今すぐに始めよう。

## 訳者あとがき

### ブランディングと企業活動の統合運用

　近年、顧客接点（メディア）の増大、顧客の取引履歴管理・処理技術（ITインフラ）の進化、という二つの側面の変革が著しい。この変革の潮流の中で、それぞれの側面から多くの立ち位置を持ったプレイヤーが登場し、それぞれの立ち位置から独自のCRM論を展開してきた。いわく「受発注プロセスの効率化」であり「企業内情報流通の一元化」、あるいは「フリークエントショッパーズプログラム」、「コールセンター運営」など、言わばソリューションに用いられるデバイスの分だけ多種・多様のCRMが語られてきた観がある。

　周知の通り、CRMはITベンダーが主唱して始まった概念であり、確かに業務効率の向上という側面では一定の成果を上げてはいるが、本書の中で述べられているように、それだけでは企業にとって持続的なアドバンテージを得たことにはならない。

　一方、メディアの増大とITインフラの進化とは、冷静に見れば、マーケッターにとってコントロールし得る顧客とのタッチポイントが増大し、IT技術はより精緻なターゲッティングを可能にした。クリエイティブや施策の精度は高まり、さらには顧客行動を分析することで得られる顧客インサイトは、多段階に渡る顧客の購買プロセスでブランド・エクスペリエンスを的確に提供することをも可能とする。

　そこでCRMという概念を一連のテクノロジーの集合体と見た場合、これを活用し、さらなる収穫を享受する道筋が見落とされていたことに、今、我々は気づいている。

　それは、ブランディングと、CRMをはじめとする企業活動の統合運用である。

　多種・多様に語られてきたCRMの多くが、マーケターにとって、コントローラブルなフィールドを大きく広げてきたにもかかわらず、期待されたほどの成果に結実しにくかった最大の要因は、それらの諸活動を統合するブランディングの視座が脆弱であったことにある。ブランディングの視座を持ったCRM。この概念を我々は「ブランデッドCRM™」と呼んでいる。

伝統的なマス・マーケティングでは、調査によるある種スタティック(固定的)な状態で、生活者心理を捉えブランディングメッセージを続けてきた。一方新興のCRMでは動的な取引やインタラクションの状況を把握しつつも、あまりにプロモーショナルなオファーしか提供していなかったのではないだろうか。

「ブランデッドCRM™」のモデルでは、スタティックなマーケティング系データと動的な取引系データを統合し、全てのタッチポイントで、時系列的にブランド・エクスペリエンスを提供し続けること、そして、データベースを起点として、マーケティング活動のROIをつまびらかにしてゆくことに特徴がある。

2005年夏、シカゴにおいて私たちは、この本の著者の一人であるデイブ・サットン氏と意見交換を行った。日本と北米という距離を隔てながらも、ブランディングとCRMの考え方について「自分たちも同じ考え方を持っている」という共感の言葉とともに、その席上で手渡されたのが、本書の原書 Enterprise Marketing Management: The New Science of Marketing である。そこには日本に先行すること約3年の豊富なケーススタディと共に、新時代の科学的マーケティング、ブランディングのあり方について示唆に富んだ内容が書かれていた。私たちは即座にこの本の日本語版刊行を約し、ここにこうしてご紹介するに至ったわけである。

日本語版刊行に際して、日本市場への期待を込めて推奨のメッセージを頂いたノースウエスタン大学ケロッグ校のフィリップ・コトラー先生、ペンシルバニア大学ウォートン校デイブ・レイブスタイン先生、テューレン大学ビジネススクールのビクター・クック先生に、この場を借りて御礼申し上げたい。

本書が、日本のマーケティング発展の一助となることを祈念しつつ。

株式会社　博報堂
ブランドソリューションマーケティングセンター
インタラクティブプラニング室
プラニング一部長

髙宮　治

## ブランディングを真の意味で企業戦略の中心に据える

　過去10年にわたり日本の企業が取り組んできたブランド・ブランディング活動は、それ以前のCI策定・変更に端を発する狭義の活動よりも、より本質的にマーケティング・コミュニケーション活動の指針足り得るものとして深化し続けている。

　ブランディング手法として博報堂が提示しているブランドサイクルマネジメント手法は、企業ブランドがステークホルダーと対峙するあらゆるブランド・タッチポイントを一旦すべて机上に並べてみて、それぞれに於いて展開されるブランド活動が一貫して同じ心理的訴求効果を発揮する（ブランドロイヤルティを増進する）ように企画・運営され管理されなければならないと説いている。これは実際には遠大な課題であり、従来広告会社が得意としてきたマーケティングやコミュニケーション領域を超えて、ブランディング活動を本来的に事業運営そのものに言及するものとして捉えよということである。しかしながらマーケティングやコミュニケーションといった領域を超えてブランディングの指針を事業全体に行き渡らせるための根幹となる考え方、基本となるフレームワークは不十分な状態であった。

　博報堂のサービスの一つである、ブランディングとリスクマネジメントを融合したサービスであるブランドエイド®（『ブランドリスクマネジメント』、金融財政事情研究会刊）では、この壁を乗り越えて、事業運営にブランディングを展開していく一つの道筋を付けた。しかしリスクという冠を外した、定常状態としてのビジネスにブランディングを冠づける考え方は、本書で展開しているEMMの基本フレームワークに基づき、サットン氏が過去3年間にわたり培って来られた末に確立されたものが一つのスタンダードということになるであろう。ここに至って初めて、ブランディングをクリエーターやマーケターという「柔らかい職種」の手から、事業の実務を担当している方達の手に渡し込み提供できる枠組みが構築されたのである。

　サットン氏とクライン氏の提唱しているEMMは、IMC（Integrated Marketing Communication）の文脈で取り上げられる"トータル・タッチポイント・マネジメント"の概念（上述の博報堂のブランドサイクルマネジメント手法もその一つ）を拡張したものといえよう。すなわち、顧客に明示的に対峙しているブランド・タッチポイントを通して感知されるブランド・エクスペリエンスとして

の企業ブランドの価値は、当該企業に財務的な貢献（売上・収益）があって初めて意味があるのだと説き、そのためにブランド・タッチポイント全体がどのように顧客に作用して、理想的なブランド・エクスペリエンスを伝達できるようにすればよいかを、ブランド・アーキテクチャー、ブランド・エクスペリエンス・ブループリントからきちんと組み立てて行く考え方である。最も適合化されたブランド・エクスペリエンスを作り上げる上で、直接的に顧客に接しているブランド・タッチポイントの部分だけではなく、顧客視点では表面的に現れにくい企業深部を含むあらゆる企業活動が適切にマネジメントされることが必要であると説いている。これは、ブランディング・マーケティングの位置付けを一気に企業経営の中枢へ組み込ませるものであり、新しいパラダイムであるといえよう。

その意味で、ブランディングを本来そうあるべき企業経営の中核に据えるべく日々取り組んでいる我々にとって、EMM は新たな視点を与えてくれた。

博報堂ではいま、従来のブランディングの考え方をさらに進化させた"エンゲージメント"という概念に基づく企業と顧客との関係作りを提唱している。企業と顧客との間で深めていくべき「絆」の視点から、企業との取引関係の始まる以前の関係構築の第一歩としての企業ブランド認知の段階から初めての購入に至るまでのステップ（従来からここはブランディングの領域）と、初回購入後に CRM 施策を講じて再購入を促し、頻度高い選択的購入を促しロイヤルユーザー化していくステップ（ここは従来、CRM 等の顧客戦略とブランディングが別々に適用されていた領域であった）とを統合的に捉え、その良好な関係の生成と深化を目指すためのコンサルティングサービス体系を整備しつつある。それは過去に博報堂が提唱してきた、IMC やタッチポイント・マネジメントという概念・システムを包含し、より複雑化してきている顧客・企業の関係をより広い視点から捉えられるフレームワークを提供する。本書がマーケティング（ブランディング）の位置づけを昇華させたやり方を、我々は CRM 等の顧客戦略やブランディングに対して同じ意味合いの昇華を施しつつあると言えよう。

博報堂が目指す、ブランディングの事業への本質的反映、またその象徴としてのブランディングと CRM の融合を企図して、我々は 2005 年のひと夏を掛けて欧米を駆け回り、様々な実務家と接触し意見を交換した。その最大の成果としての本書の共著者の一人であるデイブ・サットン氏との邂逅、及びその後の継続的なやり取りは、我々にとって非常に刺激的であり示唆に富んだものである。

翻訳とは、まず原文（英語）が示している意味を正確に把握し、それを外国語である日本語の文章になるべく文意を変えずに、なおかつ正しい日本語の文章として読めるだけの流暢さで表現することではないかと思う。これは、素人である私には大変に難しい作業であった。前者・後者それぞれの部分で、至らない点が多いかと思う。ご指導・ご鞭撻は心より歓迎したい。なお本書では、特にブランド領域の専門用語で博報堂がトレードマークをつけて標榜しているものに関しては、原著の英語のカタカナ読みとは異なる表現を採用した（例；ブランド・タッチポイントなど）。

　15年ぶりに翻訳出版をするにあたって、私の翻訳に専門家として貴重なアドバイスを下さったYSパートナーズ主宰の杉山祐子氏に心より感謝申し上げる。インスピリアLLCの安井健太郎氏も、ネイティブスピーカーの立場から有益なアドバイスを下さった。ここに深く感謝申し上げる。また、論旨展開の不明な箇所について快く解説してくれた原著者の一人、デイブ・サットン氏に心より感謝申し上げる。校正に際し、さまざまにサポートをしてくれた株式会社博報堂キャプコの鈴木良和氏に感謝する。最後に、上梓につきもののやっかいな事務処理をさまざまにサポートしてくださった英治出版株式会社の高野達成氏に感謝申し上げる。

　本書が、著者の期待するように日本のビジネス界においてもマーケティング・ブランディングの役割を本源的な位置に据える助力となり、読者諸氏の会社のマーケティング・ブランディング活動変革の一助となれば幸いである。また今後、博報堂が提供する"エンゲージメント"を主眼に置いた、企業と顧客との絆を深める新しいコンサルティングサービスの先駆けという視点でも、本書をご一読いただければ幸いである。

株式会社　博報堂
ブランドソリューションマーケティングセンター
エンゲージメントデザイン部
ストラテジックプラニングディレクター

千葉　尚志

● 著者紹介

### デイブ・サットン（Dave Sutton）

マーケティングの科学的アプローチによりビジネスの成長を支援するマーケティング・サイエンティスト社の共同創設者。ブランド戦略、マーケティング戦略、マーケティング ROI および CRM（顧客関係管理）の専門家。世界各地の多くの企業の変革を支援している。コカ・コーラの CMO により創設されたジーマン・グループの前 CEO。
dave@marketingscientists.com

### トム・クライン（Tom Klein）

マーケティング・サイエンティスト社 共同創設者。多くの企業の販売努力と有機的成長をマーケティングの側面から支援。ナビスコ、シャネル、メリルリンチ等でブランド戦略を実現に導く。現代企業のブランド、顧客、マーケティング、販売プロセスにおける問題解決、新技術の導入に取り組んでいる。
tom@marketingscientists.com

● 訳者紹介

### 髙宮　治（たかみや　おさむ）

（株）博報堂 ブランドソリューションマーケティングセンター インタラクティブプラニング一部 部長。1984年博報堂入社。リレーションシップマーケティング部長を経て現職。ダイレクトマーケティング学会会員。

[専門分野]
- ブランデッドCRM戦略の構築。
ブランドプロミスに基づいたブランドエクスペリエンスを顧客の行動動機にアジャストさせて提供する一連のモデル・を開発・実施。
- 銀行・金融、生保・損保、自動車、FC流通、石油、飲料、食品、ホテル、通信キャリア、プロバイダー、OA機器、直販EC、ほか広範な業種に及ぶCRMソリューションの実績を持つ。
- 02年CRMとブランド戦略との関係をいち早く提唱し反響を得、アカデミア、企業での講演多数。
- ブランデッドCRMプロジェクトリーダー

[連載]
『日経情報ストラテジー』
『MBA流最新マネジメントハンドブック』

### 千葉　尚志（ちば　たかし）

（株）博報堂 ブランドソリューションマーケティングセンター エンゲージメントデザイン部 ストラテジックプラニングディレクター。東京大学理学部物理学科卒。東京大学大学院理学系研究科物理学専攻博士課程修了。博士（理学）。マッキンゼーアンドカンパニー インク ジャパンを経て、現職。

[専門分野]
- 企業ブランド戦略の構築、ブランド体系戦略の構築、新規事業ブランド開発、ブランド管理システム及び組織の構築、ブランドワークショップ等の組織的アプローチ等ブランド業務全般。
- ブランディングを主軸に、ブランディングとリスクマネジメントの融合プログラムである"ブランドエイド®"を開発したり、CRMとブランディングの融合に斬新なアイデアを出すなど、博報堂の新規ビジネス開発を推進している。
- 上記ブランドエイドプログラムの責任者やB to B企業向けブランディングプログラムの責任者を務める。またブランデッドCRMプロジェクトの主要メンバー。

[著書]
『図解でわかるブランドマーケティング』（日本能率協会マネジメントセンター、共著）
『ブランドリスクマネジメント』（金融財政事情研究会、編・共著）

### 英治出版からのお知らせ

弊社のウェブサイト (http://www.eijipress.co.jp/) では、「バーチャル立ち読みサービス」を無料でご提供しています。
ここでは弊社の既刊書を紙の本のイメージそのままで公開しています。ぜひ一度アクセスしてみてください。
また、本書に対するご意見、ご感想、ご質問などを
eメール (editor@eijipress.co.jp) で受け付けています。
お送りいただいた方には、弊社の「新刊案内メール (無料)」を定期的にお送りします。たくさんのメールをお待ちしております。

---

## 利益を創出する統合マーケティング・マネジメント

---

発行日　　2006年11月30日　第1版　第1刷　発行

著　者　　デイブ・サットン、トム・クライン
訳　者　　博報堂ブランドソリューションマーケティングセンター
　　　　　髙宮治（たかみや・おさむ）、千葉尚志（ちば・たかし）

発行人　　原田英治
発　行　　英治出版株式会社
　　　　　〒150-0022 東京都渋谷区恵比寿南 1-9-12 ピトレスクビル 4F
　　　　　tel 03-5773-0193　　fax 03-5773-0194
　　　　　url http://www.eijipress.co.jp/
　　　　　出版プロデューサー：高野達成
　　　　　スタッフ：原田涼子、秋元麻希、鬼頭穣、大西美穂
　　　　　　　　　　秋山仁奈子、古屋征紀、森萌子

印刷・製本　中央精版印刷株式会社
装　幀　　荒川伸生
翻訳協力　金井真弓

---

©HAKUHODO INCORPORATED 2006　printed in Japan
[検印廃止]　ISBN4-901234-91-9 C0034

本書の無断複写（コピー）は、著作権法上の例外を除き、著作権侵害となります。
乱丁・落丁の際は送料着払いにてお送りください。お取り替えいたします。